LOS GUARDIANES DEL JARDÍN

Por Dolores Cannon

Traducido por:
Martin Rivera

© 1993 por Dolores Cannon

Primera Impresión: 1993
Primera traducción al español: 2021

Todos los derechos están reservados. Parte del libro o en su totalidad no puede ser reproducido, transmitido o utilizado de cualquier forma o en cualquier manera, electrónica, fotográfica o mecánica, incluyendo el fotocopiado, grabaciones o cualquier otra información guardada y de sistema extraído sin permiso escrito de Ozark Mountain Publishing, Inc. A excepto de las frases breves que conforman en los artículos literarios y revisiones.

Para permiso, nuevo de series, condensación, adaptaciones o para nuestro catálogo de otras publicaciones escriba a: Ozark Mountain Publishing, Inc., P.O. Box 754, Huntsville, AR 72740-0754 Attn: Permission Department.

Librería del Congreso Catálogo en publicación Datos:
Cannon, Dolores, 1931- 2014
LOS GUARDIANES DEL JARDÍN por Dolores Cannon
   El origen de la vida de la tierra revelada a través de hipnosis de regresión de vida pasada
Incluye las descripciones de la vida en otros planetas y en otras dimensiones.

1.Extraterrestres 2. OVNIs 3. Hipnosis 4. Reencarnación 5. Terapia de vidas pasadas
I. Cannon. Dolores, 1931-2014 II. Extraterrestres III. Título
Número de tarjeta del catálogo de la librería del congreso: 2021946675
ISBN: 978-1-950608-55-3

Diseño de portada y arte: Victoria Cooper Art
Traducido por: Martin Rivera
Ilustraciones: Joe Alexander
Diseño del libro: Nancy Vernon
Ensamble en: Times New Roman
Publicado por:

P.O. Box 754 Huntsville, AR 72740-0754

Impreso en Estados Unidos de América

Hemos encontrado una extraña huella
  En el compartimiento de lo desconocido.
Nosotros tenemos profundas teorías idealizadas,
  Una después de otra para contar nuestro origen.
Al final hemos logrado reconstruir
  La creatura que hizo la huella.
¡Y oh! Es la nuestra.

                       SIR ARTHUR STANLEY EDDINTON (1882-1944)
                             Espacio, tiempo y gravitación, CH.12 (1920)

TABLA DE CONTENIDO

CAPÍTULO 1. El Descubrimiento del Niño de las Estrellas — 1
CAPÍTULO 2. La Colonia Perdida — 10
CAPÍTULO 3. La Nave Espacial — 16
CAPÍTULO 4. La Ciudad Extraña — 25
CAPÍTULO 5. La Estructura Social del Planeta Alienígena — 37
CAPÍTULO 6. El Director de Energía — 47
CAPÍTULO 7. La Ciudad de Cuarta Dimensión — 63
CAPÍTULO 8. Implantando — 74
CAPÍTULO 9. Muerte en una Aguja — 87
CAPÍTULO 10. EL Descubrimiento de las Tres Estructuras — 95
CAPÍTULO 11. Corriendo en Ayuda a la Tierra — 112
CAPÍTULO 12. Semilla Estelar — 130
CAPÍTULO 13. Los Exploradores — 138
CAPÍTULO 14. Hierbas en el Jardín — 157
CAPÍTULO 15. Los Dinosaurios — 170
CAPÍTULO 16. El Mestizaje — 180
CAPÍTULO 17. El Área para los Dignatarios — 193
CAPÍTULO 18. Otros Tipos de Seres — 201
CAPÍTULO 19. Los Extraterrestres Están Aquí — 214
CAPÍTULO 20. Terror en la Noche — 232
CAPÍTULO 21. El Descubrimiento de los Primeros Contactos — 257
CAPÍTULO 22. Perdiendo Contacto con la Realidad — 278
CAPÍTULO 23. Negación de Acceso — 286
CAPÍTULO 24. La Misteriosa Caja Negra — 306
Acerca del Autor — 323

CAPÍTULO 1

EL DESCUBRIMIENTO DEL NIÑO DE LAS ESTRELLAS

LOS EXTRATERRESTRES ESTÁN VIVIENDO EN LA TIERRA
Así es; ya no pueden ser vistos como seres que están existiendo en estrellas lejanas o viajando en sus naves espaciales alrededor del planeta. Estos seres están en todos lados aquí en la tierra, entre sus amigos, vecinos e incluso entre sus familiares. Todos estamos relacionados; a través de nuestras venas su sangre fluye; ¡Son nuestros ancestros! Nosotros somos, hermanos de los seres de las estrellas; así como son los animales de la tierra.

Esta revelación me fue otorgada en un año de trabajo intensivo de hipnosis regresiva; porque yo guio a las personas a través del espacio y el tiempo, y así visitamos el pasado de la tierra y las experiencias de vida que ahí han surgido, conociendo la historia como ha sido vivida. Sin embargo, yo nunca había tenido experiencias de visitar otros planetas, hasta que comencé a trabar con Felipe D. y era algo que siempre había anhelado, trabajar con él me fue llevando a preguntarme que seguramente algunos seres humanos ya habían logrado sentir que vivieron a parte del planeta tierra, en algún otro lugar del universo. Simplemente la idea me fascinaba, pero hasta ahora ninguna persona apropiada se había cruzado en mi camino así que pensé ¡Este tipo de personas sería muy raro de encontrar! Como trabajo con mucha gente la probabilidad de experimentarlo tarde o temprano sucedería, todavía no acertaba a saber cuando, y que tan pronto, puesto que esas personas no son fáciles de reconocer, el subconsciente los mantiene muy ocultos incluso de ellos mismos verlos así, claramente no es rápido.

Cuando comencé esta aventura inesperada yo estaba condicionada, como todos lo estamos a pensar, que todo lo que es extraterrestre es malo y nos intimida. Todo lo que no comprendemos automáticamente le tememos. Yo me sorprendí de encontrar que la imagen de estas creaturas es totalmente diferente a los que se nos presenta en las películas y en series de ciencia ficción en la televisión. Me tomo un tiempo en sobreponerme de los muchos años de la lavada de cerebro y pensando profundamente; es desde nuestro lado espiritual donde no hay diferencia; solo un malentendido.

Mi trabajo, con Felipe, se inicio por "accidente", si realmente podemos llamarlo así. Yo agendo todo tipo de personas que quieren tener una experiencia de regresión de hipnosis a vidas pasadas. Realmente no hay un verdadero tipo de persona donde este método trabaje mejor. Mis clientes realmente son un rango amplio de la humanidad. Todos ellos tienen sus propias razones para querer explorar la posibilidad de la reencarnación. Usualmente acudo a sus casas para las sesiones, porque las personas se sienten más cómodas en su ambiente familiar y así no sentirse intimidados por la idea misma. He conducido regresiones hipnóticas en casi todos los lugares imaginables desde las residencias grandes y lujosas a sencillas de motel de motel e incluso en oficinas fuera de horario laboral. He aprendido a adaptarme y sentirme tranquila incluso en circunstancias desfavorables, porque yo creo que la comodidad de la persona es uno de los ingredientes más importantes para desarrollar la confianza. Mi trabajo, no muy común en este campo su practica me ha llevado a lugares raros y finalmente he marcado la línea. Porque había estado viajando muy lejos tomándome mucho tiempo en llegar a los lugares para las sesiones; así que he puesto un limite, de no viajar más de 80 km. Así que quien fuera que viviera más lejos tendría que arreglárselas para una cita en la casa de un amigo. Estuve temerosa de rechazar a las personas porque una de ellas pudiera ser la que estuviera buscando. Y aquella persona podría ser la que me suplementaria de la información necesaria para iniciar otra travesía emocionante. Así que no hay manera de predecir y que nunca sé que es lo que me puedo encontrar hasta que lo encuentro. Estas son personas normales que no tienen ni idea de las aventuras que sus almas han experimentado en otras vidas y en otros tiempos.

Tuve una cita con una joven divorciada que se dedicaba a los negocios y tuve que manejar a mi límite, (80 km) para tener una sesión, en su casa. Ya habían sido dos veces que ella me había agendado, pero lo cancelo en el último minuto y casi siempre sospechaba que ella no estaba lista para la regresión. Algunas veces puede ser muy revelatorio, tal vez ella estaba inconscientemente temerosa de lo que podría descubrir explorando en su pasado oculto y esas fueron sus excusas para librarse. Yo no la apresure ya que tengo muchas más personas por las cuáles trabajar. Iba manejando por el lugar pensando que finalmente esta vez si haríamos la sesión ya que no me había hablado para cancelar, pero cuando estaba dando la vuelta a su calle acercándome a su casa no vi su carro.

En cambio, vi una camioneta amarilla muy inusual estacionada con una publicidad de un taller local de reparaciones de electrónicos en su cubierta. Mi primer pensamiento fue se le olvido nuestra cita y que le estaban arreglando su televisión. Esto hubiera sido muy típico de ella, y sabia que no podría hacerle la sesión de hipnosis con tal atmósfera. Conforme iba saliendo de mi carro me percate de una nota en la puerta de su casa la cuál decía que le llamaron de improvisto de su trabajo pero que consiguió un reemplazo así que no perdería el tiempo del viaje por nada. La nota también decía que el nombre del sustituto era Felipe D. que estaba esperando adentro. Era parte de su naturaleza que actuara de esa manera en el último minuto, así que no estuve totalmente sorprendida.

A pesar de que mi cliente sería un extraño total, tampoco un convenio ideal y no me hice muchas expectativas de esta sesión. Nuevos clientes pueden ser usualmente difíciles para trabajar, especialmente si no tienen ni idea del conocimiento de la hipnosis. Su guardia defensiva probablemente estará en alerta y supuse que la mayoría de la sesión estaríamos estableciendo confianza la cuál es importante en una relación de trabajo de este tipo. Estaba completamente convencida que esta solo sería una ocasión y probablemente nunca más volvería a ver Felipe.

Felipe resulto ser un joven bien parecido con cabello obscuro de 28 años, tranquilo y sospeche que era tímido. Después descubrí que esta tranquilidad era meramente seguridad en sí mismo. El tenía su propio negocio de reparaciones de electrónicos el cuál operaba desde la cochera de sus padres. Pertenecía a una familia grande, uno de cinco hijos que seguían viviendo en casa de sus padres. Lo único inusual acerca de él es que tenia un gemelo idéntico. En el transcurso del tiempo me entere más de su vida, Felipe aparentaba que tenía muy poco interés en las mujeres y que nunca había tenido una relación seria, lo cuál fue sorprendente porque él era muy atractivo. Él estuvo un tiempo en la Naval donde aprendió de los aparatos electrónicos. Una de las primeras cosas que la gente me pregunta es acerca del excelente tópico de cuáles son sus creencias religiosas. De alguna manera ellos asumen que para mostrar ciertas habilidades la persona debe de llevar una religión no ortodoxa. Eso esta muy alejado de la verdad, ya que cada sistema religioso esta representado. Pareciera como si poco influenciara el tipo de información que yo recibo. Felipe creció en un ambiente estrictamente católico y sirvió como un monaguillo en la iglesia, participando en las misas, funerales y días festivos. Él asistió a la escuela católica bajo la dirección de monjas hasta el séptimo grado así que fue adoctrinado con el catecismo. Esta no era la atmósfera para motivar los pensamientos de reencarnación, había tenido interés en las ciencias ocultas, leyendo bastante, y quería intentar una regresión de pura curiosidad. Fue muy amable y pareciera estar relajado conmigo con la idea de la hipnosis desde el comienzo del encuentro.

La primera sesión llego a ser como lo sospeche que sería. Aunque él entro fácilmente en un nivel mediano de trance, él no era muy comunicativo. Su voz murmuraba y sus respuestas gruñidas fueron muy difícil de entender si estaba diciendo si o no. Este es un problema muy común y usualmente sucede cuando la persona esta muy relajada. Sus respuestas salían muy despacio como pensamientos que salen muy perezosos hablando durante el sueño, ellos llegan a estar muy absorbidos en lo que están viendo y no están dispuestos a dar información a menos que se los pregunte. No me gusta batallar más de esta manera y por eso prefiero una comunicación libre y fluida siendo esta la razón por la cuál busco a lo que alcanzan el estado de sonambulismo.

FELIPE REVIVIÓ UNA VIDA ABURRIDA DE UN HOMBRE SIN ACONTECIMIENTOS divagando por el desierto. En una ocasión él estaba buscando agua y después que despertó él dijo que podía realmente sentir la sed, el calor, el clima seco y la combinación de miseria de aquellos alrededor de él. Esto es muy típico en la primera regresión. Es muy común de revivir una vida simple ordinaria como el subconsciente explora esta nueva experiencia. Una vez despertando el dijo que las impresiones que recibió fueron muy reales pero que estaba tan relajado que tomo un gran esfuerzo para tratar de hablar conmigo. Él dijo que ahora sabia lo que era ser viejo, porque el realmente se sintió de esa manera hacia el final de la vida de ese hombre viejo, cansado y desgastado.

Él estaba muy animado por la experiencia y ansioso de volverlo a intentar de nuevo. Me hubiera gustado decir lo mismo, pero al mismo tiempo no estaba muy emocionada en volver a trabajar con el. Fue muy difícil conseguir las respuestas así que prefiero trabajar con gente que son más espontáneas y comunicativas. Pero si alguien quiere hacer ese tipo de trabajo generalmente estoy de acuerdo. No me gusta rehusarme con alguien porque no tengo manera de saber que podría sacar del individuo en una sesión. Así que forzadamente acordamos la cita para la siguiente semana. Asumí que después de unas sesiones su curiosidad quedaría satisfecha y que yo podría seguir buscando dentro de mi línea más personas productivas.

En mi técnica yo uso diferentes procedimientos he intento varios hasta que encuentro que la persona se sienta lo más confortable; uno de los métodos que utilizo es un elevador, cuando la persona siente que han llegado al piso correcto y el elevador abre sus puertas, ellos se sienten con el deseo de salir a explorar lo que sea que están viendo. Este método lo utilice durante la segunda sesión y probo que era la favorita de Felipe. Aún la estamos usando y ha resultado ser una herramienta muy valiosa en contactar los varios lugares y niveles que hemos visitado.

Durante la segunda sesión él fue un poco más comunicativo. Él dijo de una vida en Múnich durante la guerra de Alemania. Él y otros fueron judíos contratados por un sector civil del gobierno. A pesar de que sus familias habían fallecido a ellos se les permitió vivir porque poseían habilidades que podían ser utilizadas. Tenían que vestir bandas en los brazos como identidad lo cuál él consideraba un insulto. Él fue un reclutado llamado Karl Brectht. Él y otros estaban envueltos en un trabajo secreto referente al diseño de bases submarinas, pero como era información restringida se negaba a hablar de ello. A pesar de que estos judíos fueron de beneficio a la causa alemana, ellos fueron humillados y tratados de la peor manera por sus superiores. Esto lo hizo sentir amargado. Él hablo de ver a Hitler una vez en un desfile y pensó que el hombre estaba loco. El alter ego de Felipe, Karl, murió cuando otro hombre estaba sobrevolando un pequeño avión cerca de la frontera francesa. Ellos estaban en la ruta hacia el sitio de la base submarina cuando fueron erróneamente derribados por fuego antiaéreo enemigo. Ellos se estrellaron en medio de una pequeña villa.

Una vez que despertó dijo: esta sesión tuvo un significado para él. Él había tenido un sueño muy real que era muy similar a la escena de muerte. El sueño había tenido una impresión fuerte y duradera en él. Él había pensado que era un militar alemán y que había sido derribado en el avión porque había visto suásticas en él. Pero ahora se dio cuenta que era un avión civil. Lo que más le molestó en el sueño fue la apatía total de las personas en el pueblo donde el avión se estrello. Ellos solamente se quedaron parados viéndolos morir. Aparentemente las personas estaban felices de que él había sido derribado. Ellos no se veían conmovidos por lo que estaba pasando y no trataron de ayudar en absoluto. La hostilidad de las personas le hizo sentir enojado, pero dijo que sintió más emoción en el sueño que cuando lo estuvo viendo durante la hipnosis.

Durante la sesión sus respuestas todavía fueron lentas y difíciles de escuchar, pero había mejorado. Él estaba llegando a estar más confortable conmigo.

La tercera sesión se trato principalmente de revivir la vida de una mujer en una cultura antigua centrada alrededor de una pirámide enorme que parecía estar localizada en algún lugar de América del sur. Mucha información salió a flote referente a la vida de un sacerdote y los rituales de adoración conducidos en ese tiempo. Él mencionó de una interesante ceremonia que ocurrió mientras la reina murió. Las asistentes mujeres les dieron drogas y las apuñalaron en el corazón. Esto era considerado un honor ya que todas iban hacer enterradas juntas para poder seguirla en la vida después de la muerte. Durante esta regresión Felipe revivió la experiencia de tener un bebe. Fue un extraño fenómeno de observar como un hombre experimenta todas las emociones de una mujer durante el parto. Él (ella) murió cuando un grupo de soldados españoles invadieron la villa y comenzaron a matar a la gente.

Estas son el tipo de vidas que usualmente reviven las personas cuando van iniciando; ya que estoy tan familiarizada que ya no los encuentro inusuales a menos ellos ofrezcan el tipo de información que podría ser importante. Yo he coleccionado cientos de estas y aunque podrían ser útiles para las personas de alguna manera, para mí solamente sirven como un aspecto general de historias acumuladas.

Sin embargo, algo extraño sucedió al comienzo de esta tercera sesión. Cuando las puertas del elevador se abrieron, él vio un panorama desconocido en el horizonte. Un panorama rugoso, accidentado con un cielo rojizo de fondo. Por alguna razón al verlo lo hizo sentir incómodo tanto que le molesto y se rehusó a explorar, pidiendo regresar al elevador e ir a otro lugar. Yo nunca les pido algo que les haga sentir incomodos así que deje que decidiera lo que quería. Esto fue cuando se paro enfrente de la base de una pirámide. Esto es parte de construir la confianza y permito que las personas hagan lo que les sienta cómodos, esto demuestra que ellos están en control durante la regresión. Si yo siento que allí hay algo importante que ellos deben ver lo harán eventualmente sin sentirse forzados. Tuve curiosidad acerca de la escena porque el panorama extraño no sonaba un lugar familiar. Después que lo desperté le pregunté porque no quiso ir a explorarlo.

Él me dijo que él tampoco tenia idea de donde era ese lugar. Había algo muy extraño en ese lugar que tampoco entendía, el horizonte no era como una planicie sino tenia un aspecto tipo sierra que lo perturbo. A su lado derecho llego a ver un pico o algo similar con algo que lo rodeaba en forma de dona circular. La única manera que él lo pudiera describir se veía como una dona que rodeaba al monolito cerca de la cima (ver la ilustración). Hablando suavemente con la mirada perdida dijo: "había algo acerca de esta escena que me hizo sentir incomodo". "Un sentimiento crepuscular y obscuro a la vez…. Una obscuridad que no pareciera cambiar" su mirada regreso al presente. "Estoy muy contento que no me hayas forzado a explorar y que me disté la opción de regresar al elevador; no se porque, pero me sentí seguro allí".

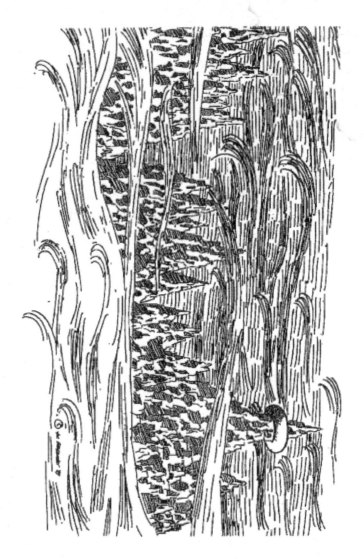

Había algo en esa escena que no era de esta tierra. ¿Dónde pudo haber sido y porque se sintió perturbado? Evidentemente su subconsciente le estaba permitiendo ver los primeros destellos de otro mundo para digerirlo. Serían semanas después para descubrir el verdadero significado de esa escena y la razón de su negación para explorarla.

En sesiones subsecuentes él parecía atraído a su vida como alemán, aunque allí tenia emociones amargas. Sintió que le removían las emociones por esas memorias, así como sentimientos de enojo, frustración e infelicidad. Quiso deshacerse de esas emociones mientras estaba en trance, pero se sentía intimidado de ofenderme si mostraba esas emociones, admitió que tenia mucha dificultad en manejarlas en su vida presente y sintió que era mejor mantenerlas e incluso no permitir que su familia viera sus sentimientos. Yo le asegure que estaba para apoyarlo y que se sintiera seguro de expresarlas. Estas liberaciones la mayoría de las veces son beneficiosas.

Durante las siguientes sesiones, ocasionalmente vio más escenas que le incomodaban. Vislumbros de una ciudad extraña con muchas torres con automóviles que volaban y flotaban en el aire. Toda la apariencia de esta ciudad era sin colores con tonos grises y luces blancas. Cada vez que esa escena se aparecía el retrocedía. Pregunto si podría regresar de nuevo al elevador e ir a otro lado. Yo estaba muy intrigada porque definitivamente las escenas sonaban fuera de este mundo o al menos futuristas y estaba ansiosa de explorarlas, pero sabia por experiencia no dejar que mi curiosidad interviniera, lo mejor es no apresurar a la persona y dejarlos descubrir estas habilidades y vidas a su propio tiempo. En este trabajo la paciencia usualmente rinde frutos.

Felipe estaba confundido, "tengo el sentimiento que hay algo que esta saliendo a la superficie que quiere revelarse casi lográndolo las últimas veces". El sitio que podía contactarlo a través del elevador si solo podría encontrar el piso o nivel adecuado para explorarlo. Yo siento de alguna manera que esta asociado con varias de las escenas del horizonte de la sierra y de la extraña ciudad.

Estábamos construyendo empatía y confianza para continuar teniendo más sesiones con Felipe como un extra a comparación de otras personas con las que he trabajado. Sus respuestas llegaban a ser más espontáneas a pesar de las escenas extrañas, pensé que posiblemente algo estaría por emerger que valdría la pena explorar. Ciertamente incremento mi curiosidad, poco sabia la aventura que más adelante nos aguardaba.

CAPÍTULO 2

LA COLONIA PERDIDA

DESPUÉS DE VARIAS SEMANAS Felipe volvió a la misma escena cuando las puertas del elevador se abrieron, vio la sierra desolada con el panorama accidentado en el fondo rojizo. aparentemente su subconsciente pensó que era tiempo para que enfrentara esa vida ya que siguió manteniendo los vislumbros para llevarlo a esas sesiones. Esta vez él decidió salir del elevador y entrar a la escena para explorar y averiguar que es lo que le incomodaba. Había aprendido que si existiera algo que no le daba confianza yo le permitiría la opción de regresar al elevador. Esto le dio el sentimiento de seguridad incluso en un ambiente muy extraño. Así que se permitió dar el primer paso a la escena e inmediatamente le sobrecogió un sentimiento de gran tristeza. Describió lo que vio:

F: Hace mucho viento…Es arenoso y polvoso. Lo veo y lo siento. El cielo esta con tonos naranjas y rojizos, estoy parado afuera de una nave espacial. Es un área despejada donde aterrizamos y estoy observando el pico de la montaña que esta a mi derecha.

Pensé desde la primera descripción de esta escena que no sonaba como ningún lugar en la tierra. Definitivamente tenia la noción de ser de un lugar fuera de la tierra. Y ahora que menciona de una nave espacial ya estaba segura de que Felipe estaba viendo una vida pasada cuando vivió lejos del planeta tierra. Al menos ya apareció lo que tanto había deseado que es: ¡explorar otros mundos!

El pico de montaña aparentemente era el extraño monolito que antes había descrito. Sobresalía del resto de la sierra por su forma muy extraña, la estructura tipo dona la cuál lo rodeaba en la parte superior, la cuál él continuo su descripción.

F: Inmediatamente a mi lado derecho están algunas tipo almacenes para guardar provisiones…. (Tristemente) las cuáles ahora están vacías.
D: *¿Están otros contigo?*
F: (Su voz tuvo un tono amargo) estamos aquí para abastecer y checar el bienestar de los científicos en este planeta. Son colonizadores del planeta de donde somos nosotros. Nuestras rutas comunes son vías de comercio establecidas. No es una ruta muy concurrida, es un área aislada de la galaxia. Esta es una colonia científica remota con el único propósito de extracción minera y hacer pruebas, sin el objetivo principal para una colonización.
D: *¿Sabés cuánto tiempo han estado en este planeta?*
F: El tiempo no se correlaciona a los años de la tierra, pero han pasado…. Siete cronómetros, aunque no sé como explicar que son los cronómetros. Han estado colonizando y haciendo pruebas por siete.
D: *¿Eso es mucho tiempo?*
F: Para estar en este planeta, si
D: *¿Cuánto tiempo has estado abasteciendo en este planeta?*
F: Nosotros venimos aproximadamente cada dos cronómetros.
D: *¿Esta gente son voluntarios para este trabajo?*
F: Sí, todos aquí son voluntarios. No hay reclutamiento.

Aunque estaba interesada en obtener la historia y averiguar la razón de tristeza de Felipe, me llego la curiosidad y le pregunte por la descripción física de la gente en la nave. Él dijo que ellos eran pequeños en estatura con cabezas calvas y grandes, de piel clara y delgados.

D: *¿Físicamente son como los humanos con sistema circulatorio, o son diferentes?*
F: Si; son similares, ellos tienen dos brazos, dos piernas, ojos, orejas y boca, pero no tienen nariz. No hay razón para que tengan nariz, eso es parte de su evolución. La boca es meramente una rayita y su único propósito es jalar aire. No tienen lengua ni cuerdas

vocales para hablar porque su único proceso de comunicación es la telepatía.

La descripción física sonó un poco repulsiva pero no parecía molestar a Felipe. Comentó después sentirse como con esos seres alienígenas.

D: *¿Esta gente come alimentos?*
F: Sí, la comida es insertada dentro de su abertura.
D: *¿Esta gente es femenina o masculino?*
F: Somos andróginos, todos los de esta raza lo son.

Al momento sabía, vagamente, el significado de la palabra no estaba segura exactamente sí significada que tenían dos sexos, como los hermafroditas, o si era tener un sexo indefinido; obviamente significaba que se reproducían por otro método diferente al que estamos familiarizados.

F: Estamos combinados o es una combinación de los dos sexos es uno, que es una unión entre características femeninas y masculinas.
D: *Tengo curiosidad al respecto. ¿Cómo se reproduce una persona andrógina? O ¿Si tenían más tiempo de vida o no tenían necesidad de reproducirse?*
F: Si hay un tiempo de vida mayor, sin embargo, no es permanente lo cuál si hay necesidad de procrear. Existen roles que son realizados. Las divisiones, sin embargo, no son mínimamente cercanas a lo que hacemos aquí en el planeta tierra.

Siendo mi curiosidad temporalmente satisfecha regrese a la historia.

D: *¿Dices que vienen a este planeta a abastecer de suministros a estos científicos? ¿Dónde están los científicos?*
F: ("Tristemente") todos; excepto uno, está enterrado en la superficie. Había un total de doce, los que son ahora, excepto uno enterrado. El último sobreviviente tiene el deber de enterrar a los otros. Es una responsabilidad compartida hasta que el último con sus

remanentes se recueste con los otros, solo si esta encima de la superficie.

D: *¿Sabés que paso con estas personas?*

F: Sí, el monolito, la aguja contenía los récords telepáticos que ocurrieron aquí. Murieron de inanición y deshidratación o sus equivalentes. Fue una muy dolorosa y lenta muerte. ¿Habrá sido esta la razón principal de negarse a ver y volver revivir esta escena? Pareciera ser doloroso para el hablar de ello.

Le di sugerencias que le permitirían no molestarle pensar y discutir de eso, y también le comenté que es muy frecuente el beneficio de sacar esas memorias.

D: *¿Tenían estos científicos alguna manera de crecer su comida por ellos mismos?*

F: No había nada en el planeta que apoyara el crecimiento natural. Imagina, que vas a crecer un jardín en el desierto del suroeste sería lo mismo. Las rocas y la tierra estaban estériles, tan estériles como te podrías imaginar en este planeta tierra. Sin embargo, el área estaba llena de minerales y era eso el propósito de estar ahí para los científicos. Ellos eran mineros.

D: *Comentaste "deshidratados o su equivalente", ¿En otras palabras no había ningún tipo de fluido o líquidos tampoco?*

F: Eso es correcto. Todo se había agotado, no habría pasado si hubiéramos llegado a tiempo. La nave que cargaba los suministros se descompuso justo antes de salir del puerto, el cuál era un puerto del espacio y no nuestro planeta de origen. El problema fue masivo y difícil de rescatar. El mal funcionamiento era de mucha proporción la cuál no hubo manera de repararlo ahí mismo en el punto. Tuvimos que regresar para facilitar la reparación. Fue un regreso que causo un gran retraso porque el tiempo que trabajamos en distancia es el mismo que aquí en la tierra. Nuestra velocidad es mucho más rápida a pesar de que podemos cubrir mayor distancia en menos tiempo. Estoy hablando en términos de 1984, ambos son estándar en tiempo y distancias. Hay necesidad de integrar estos dos tiempos, como ves sigo siendo la misma persona aquí en este cuarto. Fue necesario delinear o explicar las diferencias porque era algo que yo y ustedes estamos aprendiendo y es que somos todo al mismo tiempo.

Esto fue un extraño suceso para mí. Nunca había tenido una persona en regresión capaz de comparar el periodo de tiempo que estaba viendo con el tiempo de la vida presente apenas que estuviera en un trance muy ligero. En estado de trance ligeros ellos confunden lo que están viendo y seguido tratan de justificarlo o compararlo con algo que están familiarizados. ¡Esto no pasa en estados más profundos, pero aquí fui tomada por sorpresa! Normalmente cuando están en un estado profundo ahora como esta Felipe, el presente deja de existir para ellos. Ellos están totalmente inmersos en lo que están experienciando, pero pronto aprendí que estoy lidiando con un tipo de energía diferente con la cuál no había trabajado antes. Esto continuaría a ser más fuerte conforme cada sesión. Eventualmente encontré que estas comparaciones eran de mucho beneficio. De otra manera hubiera estado perdida sin algo familiar con que identificar. Esto era algo que no había considerado cuando anhelaba explorar vidas en el espacio exterior. El hecho de que la persona no fuera capaz de traducir lo que viera debido a la falta de comparaciones.

D: *Bueno a pesar de que el retraso causo la muerte de los científicos, quisiera entender que eso no fue su culpa no había nada ni nadie que se hubiera hecho al respecto.*
F: No, pero la carga aun es llevada, no es una carga de culpa, es una carga de tristeza, arrepentimiento y tristeza.
D: *¿Que planeás hacer ahora?*
F: (Suspira) vamos a debatir si regresar los cuerpos a nuestro planeta de origen o dejarlos aquí. El consenso fue dejarlos, por el motivo de dejarlo como si se sintiera que eso es lo que hubieran deseado. Se sintió como si dieron sus vidas orgullosamente por tal misión y la decisión fue permitirles dejarlos ahí y los doce miembros fueron enterrados. Los records y muestras que habían sido recolectadas hasta ese punto eran las cosas de importancia de ser recogidas y removidas del planeta. Los sentimientos están compartidos entre los siete los cuáles han dado el consenso entre ellos de que ninguna colonia sería enviada a tal distancia, así esto no volvería a pasar de nuevo.

D: Pero ya sabés como son los exploradores y pioneros siempre quieren llegar más lejos.

F: No somos aquellos que dictarían a aquellos que quisieran explorar esas distancias. Los científicos harán lo que desean y les damos nuestro apoyo completo. Pero es nuestro consenso de ser los que suministran y no será permitido hacerlo lo más lejos de lo que se necesita.

No quise que tomara más sentimientos de culpa hacia su vida consciente. Soy muy cuidadosa en permitir algo de la vida pasada atraviese e influya excesivamente en esta vida.

D: Quiero que te des cuenta de que no es tu culpa que esto haya ocurrido, ¿sabés esto verdad? No tiene nada que personalmente hubieras sido responsable de.

F: Eso esta entendido.

Era algo ya obvio que la carga había sido retirada de él, una carga que ni siquiera estaba enterado conscientemente de ello.

Fue muy interesante para mi que aún que las creaturas parecieran extrañas en comparación con los seres terrestres sin duda nos hubiera asustado si nos encontramos con ellos, ellos poseían emociones humanas y rasgos admirables que fácilmente nos identificaríamos. No sé que estaba esperando porque por nuestra condición no creo que esperaba que fueran humanos. Muchas historias parecen semejarse a estas creaturas como si no tuvieran nada de emociones y esta idea los hace parecer más extraterrestres, a nosotros.

Pensé que la idea pudiera ser repulsiva para Felipe al tener que vivir siendo tan extraña criatura, pero sorpresivamente no lo molesto. Él dijo que fue una muy profunda experiencia por que se sintió muy real. Se sintió muy cercano a las personas de la nave espacial, supo que todos trabajan muy bien juntos. Entonces la razón por la cuál no deseaba explorar esa escena no tenia nada que ver con la apariencia o por el hecho de que había tenido una existencia previa como un ser extraterrestre sino por las emociones que el incidente había acarreado.

CAPÍTULO 3

LA NAVE ESPACIAL

MI CURIOSIDAD SALIÓ A FLOTE DE NUEVO, había deseado conocer a alguien que regresara a una vida en otro planeta y ciertamente no dejaría pasar esta oportunidad de averiguar acerca de los seres del espacio exterior. Entonces en orden de tomar su atención fuera de las memorias dolorosas le pregunte acerca de la nave espacial.

F: Es redonda y plateada. Hay un domo en la cima, en el centro. No es para guiar; es usado para observar alrededor. A la izquierda hay una ventana y un panel de control. Más adelante en la escotilla están unos tubos, la nave tiene dos niveles. En el área de arriba esta todo en un solo cuarto. El equipo de navegación esta en ese nivel, están cuatro dormitorios y un laboratorio científico en la parte de abajo.

El área principal era un cuarto redondo de aproximadamente 9 metros de diámetro con una escalera que era usada para ir de un piso al otro.

D: *¿De qué tipo de material esta hecha la nave?*
F: Este material es muy obscuro, gris mate, no brilla. Es mucho más duro en la naturaleza y más resistente que el material usado para la construcción en la superficie del planeta de origen. Esto no es metal local del planeta, es importado. Las rutas de comercio están establecidas para traer metal de otros planetas vecinos, de donde es minado y fundido.

F: No en este tiempo, posiblemente en el futuro, pero no en el equivalente de algo aquí en este tiempo. La textura podría ser comparada con el metal más fuerte que posiblemente pudiera ser hecho en la tierra. Yo lo puedo comparar con un diamante en su fortaleza, pero no es precisamente un diamante, tiene diferentes propiedades que lo hacen fuerte. Incluso si fuera posible, un diamante no puede sostener su fuerza puesto en una lamina.

D: *¿Las naves son construidas en tu planeta?*

F: (Pausa) Es difícil de decir, no pienso que pueda responderte ahora mismo. Esto no es algo que es permitido hablar por alguna razón. No es tanto de que no me permitan, es más bien la falta de conocimiento, porque no estoy suficientemente familiarizado con el proceso de manufactura.

D: *¿Puedes ver que como se maneja la nave?*

F: Los controles se manejan mediante el tacto.

D: *¿Es de esa manera guiada o manejada?*

F: Esa es la manera que se le dan las ordenes, pero no es como se logra. Tiene que haber una relación entre quien la maneja, conoce la ruta y la guia por tacto. Esto permite al operador mandarle la señal al equipo que es lo que tiene que hacer. Por lo que hay áreas en la consola que al tocarlas dan el comando. Podría ayudar a clarificar la idea de como el tacto controla algunos de los equipos electrónicos aquí en la tierra. Existe a lo que llamamos en los círculos técnicos aparatos sensibles al tacto y no son partes que se mueven. Son sensibles a cambiar por su naturaleza al tacto. ¿Haz visto como les cambian los canales a las televisiones meramente con el tacto?

D: *Creo que si, son las nuevas generaciones que están saliendo.*

Es obvio que Felipe estaba sacando a relucir su conocimiento de reparación de televisiones al comparar con los dispositivos que estaba viendo.

F: El combustible de la nave es…. Usa el poder de un cristal. El cristal es un canal o un filtro que enfoca energías cósmicas y las dirige para generar propulsión. El cristal es aproximadamente de un tamaño de 60 cm de alto y algo más o menos de ancho. Tiene la forma de dos pirámides circulares de base a base con los puntos hacia afuera en forma trapezoidal.

D: *¿Tienen los lados lisos o facetas las pirámides redondas?*

F: Los lados tienen facetas, son planas y al final de la punta están como en forma de embudo.

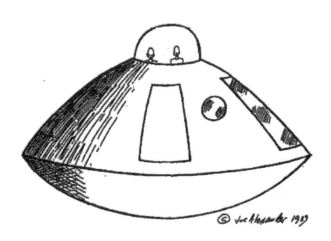

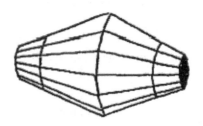

Después de que lo desperté, hice que dibujara el cristal para conocerlo de forma más precisa. Las terminaciones de las pirámides no eran puntiagudas, sino cuadradas (ver ilustración)

F: Estos cristales son naturales y han sido moldeados para su función especifica. Son hechos o cortados para este propósito específicamente. Funciones diferentes requerirían formas diferentes; es más nosotros estamos haciendo lo mismo aquí en la tierra, pero a pequeña escala. El conocimiento que se perdió ahora esta regresando.

D: *¿Dónde esta el cristal localizado en la nave?*

F: El cristal esta exactamente en el centro de la nave, en el primer nivel.

D: *¿Puedes ver el cristal o esta adentro de algo?*

F: Esta sostenido, pero puedes verlo.

D: *¿Es seguro estar cerca del cristal?*

Recuerdo (el libro de Jesús y los Esenios), decía que del material de Jesús la gente tenia que mantenerse alejada y no tocar el cristal gigante en la comunidad del Qumrán y yo pensé, que tal vez, este cristal podría ser capaz de quemar o lastimar a la gente que se le acercara.

F: No es seguro tocarlo o moverlo mientras esta funcionando porque puede cambiar las emanaciones y no es que pudiera lastimar a alguien físicamente, pero si podría causar que se altere el curso de la nave. Las emanaciones dirigen y mueven el cristal que también cambia las emanaciones.

D: *¿De donde eres los cristales son usados para otras cosas?*

F: Para todo tipo de cosas para (cocinar, calentar y viajar), de muchas maneras tanto como quisieras usar las fuentes de poder.

D: *¿Y para cada uso son diseñadas de diferente manera?*

F: Si, pero eso sería una analogía muy burda. Una vez que el cristal esta diseñado esta listo, a excepto por algunos incidentes o circunstancias especiales que podrían arruinarlo si se tratara de rediseñarlo. Es el mismo tipo de cristal, pero puede ser usado en sus diferentes energías. La energía de la propulsión es diferente ya que es otro tipo la que se utiliza al cocinar o como calefacción. La diferencia entre la calefacción y cocinar sería más un enfoque central, al cocinar sería mucho más definido el enfoque.

D: ¿No sería un tipo de cristal peligroso para el físico de la persona, si un cristal puede ser usado para cocinar y de calefacción?

F: Ciertamente. El continente de Atlántida fue destruido por un cristal eso te daría una idea del poder que puede estar disponible. Cualquier energía puede ser usada para el bien o no, dependiendo quien la use. Ciertamente la gente puede tener un daño por esas energías, pero si se usan de una manera positiva pueden ayudar tremendamente.

D: ¿Crea el cristal su propio poder o lo obtiene de alguna otra fuente?

F: El cristal simplemente enfoca su poder el cuál esta en el universo. Esta ahora alrededor de nosotros, incluso mientras hablamos, así que puedes ver que no daña a nadie, tiene poder y obviamente no nos esta lastimando ahora. No es una fuente de poder que alguno de nosotros en la tierra haya tenido experiencia en este tiempo. Proviene de muchas fuentes; de los soles, de la energía del universo que es el todo y podría llamarse Dios. La energía de Dios que permea todos lados y a todos. Existen energías cósmicas, energías astrales, energías focales, hay muchos tipos de energías que pueden ser usadas con diferentes propósitos.

Esto se estaba convirtiendo en algo confuso para mi así que cambie de tópico.

D: ¿Qué tipo de cargo tienes en la nave?

F: Soy miembro del equipo, no soy capitán solo asisto en el día a día en las funciones de la tripulación. Mi trabajo es asegurar que los sistemas diferentes de la nave operen como deberían. En otras palabras, me mantengo a cargo de la maquinaria y no de los registros que sería trabajo del navegador.

D: ¿Existe mucha maquinaria en la nave?

F: Hay suficiente equipo para hacer el trabajo y hay todo lo necesario. No esta repleto y no es incomodo estar en la nave.

D: ¿Es el equipo mecánico o eléctrico?

F: Es físico si. Trabaja con energías eléctricas, hidráulicas, neumáticas, estáticas y dinámicas. En diferentes maneras, así como las naves que hoy en día en tiempos modernos estarán en la tierra. Es el mismo principio físico.

D: *¿Si algo tiene partes movibles, es este capaz de descomponerse?*

F: Si definitivamente. Cuando existen averías es parte de mi trabajo reparar las piezas o reemplazarlas si no se pueden reparar. Nosotros cargamos con equipo necesario para arreglar. Nuestras partes no se descomponen tan frecuentemente. El proceso de manufactura ha sido definido y refinado de tan alto nivel que los desperfectos serían raros. Sin embargo, puede ocurrir y es desafortunado porque esto fue lo que había pasado en el caso de los científicos en el planeta minado, fue un gran incidente.

D: *¿Existen algunos sistemas dentro de la nave que cuides especialmente de ellos?*

F: la mayor parte de la navegación y asegurar el equipo, el cristal y los sistemas de soporte son mi trabajo.

D: *¿Es este en su mayor parte un solo sistema? ¿No funciona a través de la nave?*

F: Hay varios sistemas los cuáles cumplen diferentes funciones, pero están casi todos ubicados en una parte de la nave.

D: *¿Podrías echar un vistazo a los sistemas y describirme sus funciones?*

F: El que es de cristal que esta en el centro, tiene dos propósitos: guia y propulsión. En otras palabras, el cristal tiene un sentido de dirección y posición que genera a la vez propulsión. Hay equipos de soporte que permite que esto sea logrado pero el cristal mismo hace la actual función.

D: *Estoy tratando de visualizar la manera de como son operadas y trato de entender lo mejor que puedo. ¿Existen cables conectados al cristal?*

F: No como lo que conocemos aquí en la tierra. Existe el uso de energía, pero no es el equivalente a la electricidad.

D: *¿Qué hay acerca de la iluminación en la nave?*

F: Esta creada a través de cristales también o tipo de cristales que dan luz mediante ciertas energías. No están separadas, son cristales individuales, hay muchas piezas de... (tenia dificultad para explicarme) el equivalente más cercano sería el fosforo de un tubo fluorescente. Pero el fosforo equivalente no esta metido en un espacio sino en el techo mismo. La energía es dirigida a través del techo lo que causa que los cristales brinden luz, así que efectivamente todo el techo se convierte en luz.

Al despertar él dijo que la luz de la nave se puede entender como polvo de vidrio pintado en las paredes o techo. Los cristales eran pequeñas piezas que cuando la energía pasaba a través de ellos los hacía brillar.

D: *¿Podría haber en la nave algo equivalente a una computadora como las que conocemos?*
F: No; en el aspecto de procesamiento, la computadora aquí en la tierra obtiene información y la procesa, los sistemas en la nave toman energía y la dirigen. No es el proceso o cambio sino meramente dirigir.
D: *¿Podría ser este vehículo uno que usa antigravitación o antigravedad?*
F: El termino antigravedad es, en mayor parte preciso. Sin embargo, la sustancia no es antigravedad, con esto quiero decir que la antigravedad es obtenida. Las energías usadas son energías cósmicas. No hay alguna fuerza que revierta la gravedad. Existe o hay fuerzas que pueden ser usadas para vencer el jalón de gravedad, sin embargo, no son el lado obscuro o imágenes espejo de gravedad.
D: *Esto es lo que he escuchado que estas naves de alguna manera repelen gravedad para lograr volar.*
F: No tanto como repeler sino superar. Sería como, ir a través de líneas de magnetismo que son jalada o empujadas. ¿Puedes entender?

Realmente no, yo estaba intentando reunir información de alguien más que tuviera más conocimiento acerca de estas cosas y que podría ser capaz de entenderlas.

D: *Estoy asumiendo que son el mismo tipo de nave que personas han visto en la atmosfera de la tierra.*
F: Existen muchos diferentes tipos de naves vistas alrededor del planeta, hay de tercera dimensión, algunas de cuarta dimensión y lo que es visto no es necesariamente la misma cada ocasión.

D: *Las personas no pueden entender las velocidades tremendas que estos vehículos poseen, al estarlas observando.*

F: Esto es logrado, mediante circuitos corredores de energía. Estos circuitos de energía están conectado a diferentes partes de las galaxias entrelazados y meramente poniéndose uno mismo en estos circuitos y con la dirección apropiada de energía, uno puede ser propulsado a velocidades extremadamente rápidas. Esta nave usa los principios de levitación y el espacio común de viaje de vientos solares y ríos. Los circuitos están en ríos vastos de energía en medio de sistemas de estrellas y planetas que fluyen a través del universo y así es cuestión de alinear una nave con el rio vasto y simplemente ir conforme la corriente por así decirlo. No muy diferente, al concepto, que usamos en la navegación de ríos en el planeta tierra.

D: *¿Es mediante estas corrientes su increíble manejabilidad?*

F: Eso es correcto, el equivalente a lo que sería un magneto. Manejar en un campo magnético.

D: *Puedo imaginar que será un tiempo lejano en lo que las personas en la tierra puedan duplicar estas hazañas.*

F: No es tan lejano, no tan lejano como uno pudiera pensar. Las personas están trabajando en esta energía ahora mismo. Esto no esta lejos de nuestra evolución en la tierra. Hay un tren en Japón que usa de alguna manera este fenómeno. El tren esta suspendido en magnetismo y es propulsado a través del campo magnético. Hay magnetos dentro de las vías convencionales que los sujetan. Y los magnetos son prendidos y apagados de manera alternada siempre dirigiéndose hacia el destino lo que permite que el tren sea empujado y de esta manera es llevado recorriendo el campo magnético hacia su destino.

D: *¿Tu nave opera bajo algún principio similar?*

F: De alguna manera similar. Existe un jalón al final de la nave hacia el destino y una propulsión en el final de la nave desde el punto que partió. Así estas corrientes naturalmente jalan la nave en dirección con que la nave ha sido polarizada.

D: *Entonces esto no es un magneto, pero un principio similar.*

F: Eso es correcto.

D: *¿Qué es lo que haces cuando tomas estos vuelos en la nave?*

F: Hacemos exploraciones, colonizaciones, abastecimiento, ayudamos y enseñamos. Hay rutas regulares, rutas de exploración y rutas por aprender. Hay otras rutas donde hay instalaciones de manufactura en otros planetas.

D: *¿Quieres decir que transportan artículos?*

F: Si, artículos. Son rutas de comercio, lo cuál no sería sorpresa. El cosmos esta mucho más lleno de lo que una persona común podría sospechar. El cosmos esta extremadamente lleno, bien utilizado y recorrido. El área de nuestro planeta hogar esta más poblado lo que llamaríamos planetas habitados. Existen más planetas habitados por sector del espacio en otras palabras, es un lugar sobrepoblado.

D: *Me gustaría saber si la tierra esta en una de esas rutas.*

F: No, ni siquiera saben de la existencia del planeta, tierra, en este tiempo.

D: *¿Esta muy lejos?*

F: Simplemente no estaba en el área inmediata de nuestras exploraciones o rutas de transportación.

D: *Supongo que es muy parecida la manera donde también nosotros no estamos conscientes de otros planetas. Probablemente tampoco sabemos del planeta de donde tú vienes.*

F: Así es, estamos aquí en la tierra muy lejos de cualquier ruta además del factor de que la tecnología de aquí no ha progresado al punto donde podríamos ver esta actividad o detectarla.

Hemos abierto una puerta o quizá sería más exacto llamarla compuerta que permite memorias provengan desde otro espacio. La experiencia inicial no ha sido lo que yo me esperaba. La descripción del funcionamiento de la nave fue muy técnica para mi entendimiento. Esperaba que mis preguntas revueltas pudieran descubrir el interés de alguien, que pudiera entender este tipo de cosas. Esta rica información la cuál he podido recibir en regresiones con otras personas siempre ha dependido en mi habilidad de preguntar exhaustivamente acerca del periodo de tiempo o país donde ocurrieron los eventos. Comencé a preguntarme si tendría la capacidad de pensar las preguntas apropiadas con respecto a estos tópicos tan extraños, sin las preguntas bien planteadas no obtuviéramos las respuestas acertadas o de otra manera vinieran solamente como fragmentos.

CAPÍTULO 4

LA CIUDAD EXTRAÑA

SABÍA QUE, ESTÁBAMOS, HACIENDO PROGRESO por el cuál él pudo revivir la vida como tripulante que había visitado la colonia perdida de un planeta. Él finalmente se había permitido sacar a relucir estas memorias enterradas. Lo que su subconsciente vio no le estaba causando daño por que la información estaba saliendo rápida y furiosa sin reserva como antes lo había hecho. Es como si las barreras habían sido tiradas y ya no podía esperar más en decirme todo. Ya no había más espera y ahora esta fluyendo todo.

Así que al comienzo de la siguiente sesión cuando el elevador abrió sus puertas revelando de nuevo la ciudad extraña con torres, él ya no estaba dudando en explorarla. Ansiosamente salió del elevador a otro mundo y yo inmediatamente lo tome como una excelente oportunidad para entrevistar a un alienígena y averiguar acerca de su vida en otro planeta.

F: Estoy en las afueras de la ciudad de nuevo. Hay césped verde y puedo ver que está cerca la ciudad. Es el centro o área habitable de la ciudad. Yo aquí he vivido antes muchas veces en otra existencia. Los edificios son torres circulares, así es la arquitectura en general, pero hay de diferentes tamaños y alturas, algunos están conectados en los lados; tienen ventanas a los lados en diferentes niveles. Todos están agrupados en circulo, pero los edificios no son similares. Algunos son almacenes o utilizados como almacenes y estos son comprimidos y redondos. (ver la ilustración). Los más altos son viviendas para los habitantes; los exteriores son hechos de un metal plateado que es extraído del planeta. No es metal plateado, pero tiene su apariencia de plata. Su color resplandece el cuál lo hace que brille al reflejar el sol. Este metal, cuando es purificado, para el nivel, de usarlo para la construcción, es maleable fácil de darle forma, al trabajarlo incluso a temperatura de la atmosfera o de habitación, como diríamos nosotros aquí.

D: *¿Tiene su contraparte en la Tierra?*

F: Aluminio sería el componente de este metal, pero como sea existen otros componentes, minerales en este planeta que no existen en la Tierra, pero el aluminio sería lo más cercano. Esto es estrictamente para el exterior. Existen metales más rígidos y pesados para la estructura del edificio, que serían el equivalente al acero. Existe un marco de referencia o esqueleto, el cuál es adherido para sostener los pisos, paredes y techos. Después el exterior es montado para darle la apariencia brillante.

D: *¿Por qué le quieren la apariencia brillante?*

F: No tienen razón para reflectar, pero esta es la arquitectura actual y es atractiva. Hay mucha aprobación en la sociedad; ya que hay un consenso general de que esta es la manera que se lleva acabo y es disfrutada por la mayoría, claro que no todos, así que es la manera como se realiza.

D: *Suenan hermosos, pero quizá ¿tendrían alguna razón de función?*

F: La funcionalidad es secundaria a la apariencia.

Ya que el pudo describir muy bien los edificios, ya es tiempo para averiguar más acerca de este planeta, así que le pregunte si tenia un sol.

F: Si lo tiene. En factor es muy parecido al sol de aquí. No hay muchos montes, pero por la mayoría son planicies. El nacimiento del planeta no fue tan violento como la Tierra. Somos un planeta con dos lunas. El cielo tiene un tinte verdoso a comparación de la Tierra que es azul. Hay agua, viento, plantas y arboles. Y una estructura social, una (dijo una palabra no muy clara: ¿nefer?) estructura. Les llamaremos a sus habitantes "humano". Técnicamente son de la raza humana, aunque los de aquí no son tan parecidos a los humanos. Son seres terrestres o en otras palabras son seres de naturaleza física, en vez de naturaleza de energía o espíritu. Son seres físicos encarnados en cuerpos físicos en este planeta físico. Caminan parados y tienen el mismo o muy similar sus sistema circulatorio y respiratorio.

D: *¿Tienen brazos, manos y piernas?*

F: Si dos piernas, dos brazos y manos con cinco dedos muy similares a la forma de los seres humanos en este planeta, pero los dedos alargados y delgados para nuestros estándares. Sin embargo, su "envoltura" es diferente, sus cuerpos son altos y delgados, calvos con orejas punteadas. Ellos tienen una piel reluciente de alguna manera correosa con textura gruesa pero muy flexible en comparación con los estándares humanos. Es como es muy brillante, en su naturaleza, muy brillante y reluciente. Ellos tienen una gran capacidad cerebral, así que su frente y la parte superior de su cráneo es más amplia que los humanos. Esto es debido al incremento en su capacidad mental, sus ojos son redondos y muy buenos en la obscuridad.

D: *¿Tienen pupilas como los humanos?*

F: Son de color café y brillantes, básicamente funcionan de la misma manera.

D: *¿Ellos hablan?*

F: Tienen palabras como énfasis y connotaciones, pero mayormente su comunicación es mental; realmente sería empático en un termino más exacto. Es como una serie de vibraciones que podemos decir están ligadas en cada uno de ellos o una sensación de zumbido, como muchas de las personas en la tierra ahora están comenzando a percibir. Estas personas son muy telepáticas y conscientes de todos los sentidos, especialmente al tacto.

D: *¿Quieres decir que sus manos son muy sensibles?*

F: Sí y no solamente sus manos, pero todo su ser es muy sensible.

D: *¿El área de la piel es más sensible que los estándares de un humano?*

F: Son las áreas de las manos, las que dirigen más o menos las energías.

D: *(Le pregunte por una explicación)*

F: La energía es dirigida y recibida a través de las manos. Esto es similar a un chakra usando las manos como fuentes de energía.

D: *¿Para qué usan esta energía?*

F: Para muchas cosas: sanación, comunicación, manifestación o movimiento físico. Muchas percepciones sensoriales son sentidas a través de las manos.

D: *Tú dijiste "la comunicación es con las manos", ¿quieres decir que la comunicación mental es dirigida a través de las manos?*

F: No. Para esta naturaleza es telepático y emana dentro de la cabeza, sin embargo percibir a distancia puede ser logrado a través de las manos. Existe también la habilidad para mover las cosas a distancia con la energía dirigida a través de las manos, una manifestación del movimiento.

D: *¿Quieres decir similar a la levitación?*

F: Eso es correcto, telequinesis.

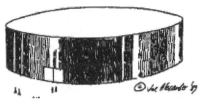

D: *¿Esto puede ser logrado a larga distancia sobre una área extensa?*
F: La mayoría de las veces puede ser logrado en el área inmediatamente. Aunque con el entrenamiento y entonación adecuada puede lograrse a grandes distancias e inclusive a distancias estelares, ósea fuera del planeta.

D: *¿Mencionaste que ellos tienen sistema respiratorio similar al nuestro?*
F: Es verdad, es similar pero no exacto o no es igual por el contenido de gases. Los pulmones aquí en la tierra toman oxigeno del aire y exhalan dióxido de carbono. La estructura entera fisiológica en el planeta es diferente por la atmosfera. Por lo tanto, los mecanismos de respiración entre la atmosfera y los sistemas, la interfaz es diferente.

D: *¿Qué tipos de gases son los que respiran, serían el equivalente a los de la tierra?*
F: Hay helio, nitrógeno, oxigeno, dióxido de carbono; como sea el punto importante es que los volúmenes de estos gases son relativos y diferentes. Hay más contenido de helio en la tierra que lo que hay en este planeta. El gas que es exhalado sería un gas desconocido en este tiempo en la tierra. No estoy completamente familiarizado con esta ciencia, porque no es mi campo de estudio o interés.

D: *Entonces aparentemente alguien de la tierra no podría respirar en ese planeta.*
F: Esto es correcto, se sofocarían por falta de oxigeno.

D: *¿Funcionan sus cuerpos muy similares a los cuerpos humanos?*
F: Eso es correcto, existe ingesta de comida, procesamiento o digestión y excreción. También hay tienen sistemas reproductores y muchos tipos de funciones iguales a las del cuerpo humano de este planeta.

D: *¿Existe algo diferente acerca del funcionamiento de sus cuerpos?*
F: La química del cuerpo de alguna manera es diferente, pero no hay diferencias significativas. Las diferencias menores se podrían atribuir a la atmosfera y la combinación diferentes de los elementos en el que el planeta esta constituido como conformación natural del cuerpo físico. De esta manera hay una diferencia en la composición física de los cuerpos.

D: *¿Existe genero masculino o femenino?*

F: Sí son masculino y femenino, son creaturas sexuales. Ellos procrean para la preservación de su especie. En los periodos de la edad no reproductiva tienen una apariencia muy similar por el hecho que no tienen cabello ya que aquí en la tierra es una diferencia marcada entre los sexos. Aquí los hombres tienen la característica distintiva de tener cabello abundante y el genero femenino muestra la falta de vello. Entonces con la falta total de cabello en los dos sexos llegan a ser muy similares en apariencia excepto en la etapa de procreación donde se hace más obvia su diferencia.

D: *¿Entonces la manera de nacer y crecer de un bebe es similar a la de la tierra?*

F: Así es, somos humanos y ellos son humanos.

D: *¿Podría ser humanoide la palabra indicada?*

F: Similar a los humanos. Ellos son de la raza humana, todos los somos. Pero este tipo de persona o creatura destacaría dramáticamente en este ambiente. Sería una experiencia impactante ver caminar en la calle aquí en la tierra a uno de estos seres.

D: *Por su altura mayormente o...*

F: Su altura, el comportamiento o la manera en la que se desenvuelven. Toda su mentalidad es diferente porque es una raza en el que su conciencia ha evolucionado a un punto máximo en el que no tienen mecanismo de defensa en sus gestos y manerismos. Nosotros aquí en la tierra estamos tan acostumbrados al lenguaje corporal de una naturaleza defensiva que sería incomodo ver o estar alrededor de alguien con falta de maniobras defensivas.

D: *¿En otras palabras ellos están muy abiertos a la gente y sus vibraciones? ¿Eso es lo que quieres decir?*

F: Ellos son abiertos unos a los otros extremadamente. Ellos serían muy intimidantes para los humanos aquí.

Este un concepto difícil de comprender. Aparentemente ellos tienen la conciencia psíquica que les permitiría percibir la verdad acerca de cualquier cosa. No existiría pretensión ni apariencias. Tratando con este tipo de persona la honestidad sería el principal requerimiento. No habría forma de esconder nada. Estos serían intimidantes para nosotros porque no estamos acostumbrados que alguien conozca nuestros pensamientos más íntimos. Los seres humanos seguramente considerarían a alguien, así como una amenaza definitiva. Nuestras actitudes defensivas han sido integradas dentro de nuestros genes desde nuestros ancestros. Sería un rasgo característico muy difícil para desaprender.

D: *Creo que puedo entender lo que quieres decir. ¿Cuándo tiempo de vida tienen estos hermanos similares a la raza humana?*

F: Ciento veinte años sería el promedio; algunos más, algunos menos. Las enfermedades siguen prevalentes, aunque no tan extensas como aquí en la tierra. El proceso selectivo de reproducción ha asegurado que la raza ha llegado a sus limites físicos, en lo que concierne hasta ahora a la salud y evolución.

D: *Bueno, cuando sus cuerpos envejecen ¿Hay cambios en su apariencia física?*

F: Si, la piel se arruga y cuelga; los huesos pierden calcio. Existe una forma de artritis, aunque no tan severa como la que existe aquí, porque la gravedad del planeta es aproximadamente una sexta parte de la gravedad de tierra. Como te das cuenta el peso del cuerpo no es mucho pero definitivamente se envejece.

D: *Has mencionado algunas enfermedades que todavía no han sido abatidas. ¿Existen otro tipo de enfermedades que más graves que otras?*

F: ¿Estas hablando en tiempo pasado o tiempo presente?

D: *Bueno de cualquier manera. ¿Existen algunas que han sido severas que hayan abatido?*

F: Hubo una enfermedad la cuál fue contagiada de un planeta que estaba siendo explorado y colonizado; la cuál no teníamos defensa biológica y esto causo consternación por así decirlo. Una tercera parte de la población, (una cuarta sería más exacto) una cuarta parte de la población murió una muerte horrible por inatención y descuido. Esto sería una lección, la causa fue aislada. Fue un germen el cuál creció en otro planeta bajo el sol que tenia un espectro de luz diferente. Este germen no fue detectado, era muy potente y virulento hacia los sistemas físicos de los visitantes.

D: *Ellos no tenían sistema inmune en contra de algo así. ¿Toman ahora precauciones ante la posibilidad que vuelva a suceder otra vez?*

F: ¡Claro, si claro, por supuesto!

D: ¿Mencionaste que existían enfermedades que todavía no han sido abatidas?
F: Así es. Estas la mayor parte son debido a la falta de atención en la dieta y procedimientos apropiados de salud. Si la persona presta atención a sus necesidades nutricionales y ejercicio como dijéramos aquí "si tuvieran conciencia de su salud tendrían una vida saludable".
D: Pero bajo las circunstancias normales y prestando atención en estas cosas, ¿ellos viven alrededor de 120 años?
F: Ese es el promedio de edad, sí.
D: ¿Tienen hospital y usan medicina?
F: Si, aún continúan, sin importar nuestros mejores esfuerzos para erradicarlos; algunas enfermedades; fallas de algunos órganos y accidentes siguen persistiendo. Esto promueven la necesidad de tecnología y medicinas para mejorar la salud.
D: ¿Ustedes utilizan cosas como vacunas contra enfermedades?
F: Sí, incluso como las conocen en este planeta. Las vacunas serían una analogía muy burda. La manera exacta sería diferente, pero es la misma idea... en otras palabras inyectar o poner la medicina en el cuerpo de alguien es lo mismo.
D: Mencionaste la falla de órganos, ¿Ustedes practican el trasplante de órganos?
F: No, eso no se ha hecho; es un área la cuál no ha sido explorada. No sé si es técnicamente imposible, pensaría que sería moralmente imposible. Simplemente no se ha logrado.
D: ¿Qué hay acerca de usar órganos artificiales?
F: Existen máquinas que pueden ser conectadas para suplir a las funciones de un órgano con enfermedad o dañado. Pero como sea, no tengo el conocimiento de las máquinas que se usan como trasplantes o implantes para ese propósito.
D: ¿Entonces tienen doctores y enfermeras?
F: Si, el equivalente, existen aquellos que escogen esa profesión de esas áreas y les podríamos llamar doctores y enfermeras; pero como sea no son tan venerados como los de este planeta. Los doctores pareciera que tuvieran una aureola aquí en la tierra lo cuál no existe en este planeta. Es gente considerada solamente que han escogido ese campo de estudio y que tienen conocimiento y eso es todo.

Sabiendo que se comunican telepáticamente me gustaría saber si también usan la menta para sanar.

F: ¡Claro que sí!, definitivamente utilizan la energía mental para sanar, lo cuál usan muy a menudo; pero como sea esa no es la última respuesta. Es valido como cualquier otro, pero no es el único método. Es utilizado cuando se puede y sí es muy útil cuando usado, pero no sería muy practico intentarlo en un brazo amputado, a través de la energía de la mente, por decir un ejemplo. (Eso es un ejemplo para no utilizar la energía de la mente). El nivel de evolución de este planeta en este tiempo particular, no se ha podido lograr la sanación instantánea a través de la mente. Ellos simplemente no han progresado a ese nivel.

D: *Has dicho que la muerte ocurre en esta gente. ¿Qué sucede con el cuerpo cuando mueren?*

F: Los cuerpos son enterrados y regresados a sus lugares de origen. Ellos no son embalsamados y sepultados como lo hacen aquí. Es un gran honor regresar al planeta aquellos químicos, minerales, elementos que fueron prestados del planeta como casa o usados como vehículo. Simplemente se regresan estas energías y materiales al planeta para volver a ser usados de nuevo.

D: *¿Qué hay de la cremación?*

F: Eso es valido, puede ser hecha. En algunos casos esto es deseable. Existen algunas enfermedades que pueden vivir en la tierra y si alguien ha muerto de estas enfermedades este método se aplica, para no contaminar esa tierra.

D: *Ya veo, mencionaste los edificios de metal, ¿utilizan madera en la construcción?*

F: No, no usamos madera. Los arboles no son para ese propósito. Existen plantas si, pero no son apropiadas para la construcción porque la madera no es tan densa para soportar, es flexible como ves. La gravedad en este planeta tierra es la razón por la que los arboles se utilizan como materiales de construcción por que su evolución ha dictado soportar la gravedad para ser mucho más rígidos. La gravedad en este planeta es solo una sexta parte comparado a la tierra; así que los arboles no son tan densos. Crecen muy altos y frondosos también, pero son de alguna manera esponjosos en comparación a los arboles de la tierra. Ellos tienen el equivalente de hojas y follaje, ellos tienen el proceso de fotosíntesis, el cuál convierte la luz del sol en nutrientes para ser usados por las plantas.

Esto me recuerda a las plantas de los plátanos. Crecen rápidamente, pero sus tallos no tienen la consistencia apropiada para ser usados como material de construcción.

D: *¿Tienen alguna forma de comida producida por árboles?*
F: Estos árboles no producen comida, de los que estamos hablando ahora; pero existen otras plantas que producen frutas y vegetales muy parecidas a las del planeta tierra. Muchas de estas plantas son de naturaleza de una vaina. Estas son nativas del planeta, sin embargo, existen algunas variedades de frutas y vegetales que han sido importada al planeta desde otros sistemas.

D: *¿Los vegetales son similares a los que crecen aquí en la tierra?*
F: Hay algunas variedades que son similares como por ejemplo los tomates tienen sus contrapartes. Pero existen variedades de tipos más grandes que serían desconocidas aquí en la tierra. Hay cultivos amplios que crecen por granjeros, otros crecen los naturales, naturalmente. Nosotros no comemos carne, simplemente no lo hacemos. Sería considerado dañino para la salud el comer carne, así que solo comemos una dieta vegetariana.

D: *¿Ellos beben líquidos?*
F: Si, son varios por ejemplo algunas plantas dan un liquido el cuál su sustancia es muy nutritiva. Proviene de una planta y no hay contraparte, pero sería una analogía a la manera que recibimos leche de las vacas aquí. Es un fluido que deriva de una planta y es muy sabroso.

D: *¿Los únicos materiales de construcción que usan son aquellos extraídos de la tierra?*
F: Existe el equivalente al vidrio, hay cables eléctricos y sus conductores. Hay conductores que no son cobre, pero cumple el mismo propósito muy bien. El cobre no es usado en este planeta. No esta disponible en las cantidades como para hacer de su uso. El cobre se utiliza de una manera como un metal semiprecioso para uso de decoración únicamente.

D: Ya veo, entonces utilizan la electricidad. ¿Existe algún equivalente de metal para se use como conductor?
F: Otra vez, el aluminio sería una analogía cercana, sin embargo, no es una analogía equivalente. Sería muy cercana, es un metal muy común, es usado mucho en la industria en el planeta porque tiene características combinadas de ser peso ligero, maleabilidad y abundante.

El ha sido muy abierto en brindarme información de temas variados y estoy sorprendida por su reacción de mi siguiente pregunta la cuál consideraría muy mundana.

D: ¿Tienen muebles como nosotros conocemos?
F: (Silencio) Este no es un tema de discusión, simplemente por el deseo de censurar algunos materiales que serían incomodos de traducir.

Esto pareciera extraño de censurar los materiales de los muebles. No podría imaginarme que este tópico ordinario sería incomodo.

D: Mmm, ¿Me gustaría saber porqué es incomodo?
F: Simplemente es difícil de traducir.
D: No te estoy presionando solamente estoy curiosa de saber porque los muebles serían un tópico incomodo. (No hay respuesta). Pero si no te tienes ganas de comentarlo esta bien.
F: Eso es correcto.

Esto parece raro, pero desde su negación no tengo ninguna manera de averiguar porque esta información ha sido censurada; Tuve que cambiar de tópico.

D: ¿Tienen entretenimiento?
F: Existe obras o lo que es equivalente a: historias, canciones, escenarios, muchas cosas que podemos encontrar en este planeta en abundancia.
D: ¿Entonces piensas que estuviste en este planeta en otra existencia?
F: (Tuvo dificultad para formar el enunciado). Hay algo de confusión en la sugerencia "pensar" por este vehículo (Felipe) que

verdaderamente habito este planeta muchas veces en algún punto de su pasado.

Este es un ejemplo de como literalmente la persona en trance, es su subconsciente o lo que sea como esta respondiendo mis preguntas. Tienes que ser muy claro acerca de qué estas preguntando.

CAPÍTULO 5

LA ESTRUCTURA SOCIAL DEL PLANETA ALIENÍGENA

D: *¿Tienen algún gobierno en el planeta?*
F: No tanto como gobierno como aquí ya que todos son muy propiamente comportados. Las leyes de la tierra no han sido escritas ni habladas. Es simplemente sabido que hacer y que no hacer, así que no hay el equivalente de políticos y aplicación de ley. Sin embargo, existe el comercio.
D: *¿Tienen algún líder?*
F: No hay un líder en particular o nación. Es una comunidad global, existen concilios de individuos que aplican política. Son escogidos por el consenso de la población por voto común.
D: *¿No sería eso una forma de política?*
F: Realmente no. El voto es un aspecto de la política de aquí en la Tierra, una faceta de la perspectiva general. Cuando la perspectiva entera en este planeta es un consenso. Hay competencia, pero no es algo como (estoy tratando de como explicar esto) el trabajo o propósito de un objetivo común. No hay partidos políticos, no existen acusaciones a las espaldas, no existen discusiones triviales ni daños a la reputación. Es un consenso en forma, así que el respeto es la diferencia ¿puedes entenderlo?
D: *Estoy tratando de entender el concepto ¿Están al servicio cierto período de tiempo?*
F: Esto varia por la posición. Algunos están "en el cargo" hasta que deciden que Han hecho lo suficiente o desean hacer algo más.

D: ¿Han tenido casos de gente queriendo remover a alguien de su cargo del concilio?
F: Esto ha pasado infrecuentemente. Ha sido de la naturaleza muy inusual, pero ha ocurrido.
D: Entonces el concilio es el que gobierna el planeta, si quisieras usar ese termino "gobierno" o guias?
F: "Gobierno" no sería un termino exacto, sería más preciso "guias".
D: ¿Nunca han tenido un problema aceptando la guia por así decirlo?
F: Desacuerdo en otras palabras ¿Eso es lo que estas preguntando? Es posible tener un desacuerdo en privado; sin embargo, las reglas, las reglas no habladas no dañan el sistema por así decirlo. El consenso popular es para el bien de todos así que sería un daño así mismo, tener un desacuerdo en privado.
D: Es un poco difícil para mi entender, que la gente sea muy fácil de llevar, nosotros tenemos mucho conflicto.
F: El corazón gobierna aquí y no la cabeza. Los planos interiores están más alineados; por lo tanto, el bien común se expresa más fácilmente.
D: ¿Tienen alguna religión en ese planeta?
F: No existe tal cosa. La religión y la política no existen. No hay necesidad de ello. La política y religión fueron inventados por una necesidad y si no hay necesidad o como sea no es necesario.
D: ¿Tienen alguna creencia de un creador o Dios?
F: Ciertamente es más que una creencia, es un conocimiento, es estar consciente. Aunque eso asemeja muy poco a lo que llaman "Religión" aquí en la Tierra. La religión es una entidad política en este momento por la mayor parte aquí en la Tierra. La asociación del conocimiento con un ser supremo o creador es similar a elevar la religión a una posición privilegiada, pero no es más importante que ser un demócrata o republicano ¿lo puedes entender? (Los dos partidos políticos del gobierno de Estados Unidos)
D: ¿Quieres decir que están más cercanos a Dios?
F: Cerca a Dios no...No es que alguien este más cerca a Dios. Aquí el estar consciente es un factor.
D: ¿Es por la habilidad de comunicación con sus mentes?
F: Eso va de la mano, pero no es la causa-efecto de la idea o situación.
D: Bueno ¿tienen algo similar a escuelas en ese planeta?

F: Ciertamente, existen grupos de aquellos que desean aprender de todos los diferentes grupos de edades y aprenden muchas diferentes cosas. No existe segregación de edad. Aquellos con intereses comunes son agrupados juntos para enseñarles. Los maestros calificados provienen de otros planetas o sistemas para enseñarles. Hay una gran variedad de áreas por enseñar como, por ejemplo: culturas alienígenas, historia, procesos de manufactura y diferentes ciencias.

D: *¿La educación es obligatoria? Aquí por ejemplo es obligatorio para un niño atender a la escuela en cierta edad para adelante.*

F: Este es un concepto extraño ya que naturalmente todos desean aprender para su evolución personal. Esa situación no necesita que sea obligatoria. El deseo de todos es aprender porque eso significa un crecimiento tan seguro, como su crecimiento físico. La educación se pregunta para ser proveída y desde un punto de vista diferente; aquí en la Tierra la educación no es vista equitativa.

D: *¿Y si alguien no desea aprender, son obligados?*

F: No es una situación obligatoria. Un equivalente de aquí en la Tierra podría ser como la elección de aislarse de la sociedad o como si alguien no pudiera relacionarse con la demás gente. Esto es estrictamente una analogía, ya que todos desean tener amigos, queridos y respetados. Esto es un impulso natural inherente en este planeta y en el otro planeta es lo misma situación. Existen aquellos que, no son culpables, de tener mentes erróneas o como tú podrías decir retrasados. Y el impulso en esas personas desafortunadas no es evidente, como dije, no es culpa de ellos simplemente esa es su situación.

D: *¿Esas personas son permitidas que tengan una vida normal o son recluidos en algún lugar en específico?*

F: Eso depende del grado de su capacidad. Aquellos que pueden encontrar un nicho en la sociedad se les recomienda y aquellos que ni siquiera pueden hacer eso son protegidos y atendidos. Esto se ha empleado por miles de años para elevar a la raza por procreación selectiva; y así deshacerse de esos especímenes desafortunados de la población.

D: *Entonces ese no es un planeta con gente perfecta. ¿Tienen el equivalente de la policía o que aplique las leyes?*

F: No hay el equivalente porque cada uno sabe comportarse; así que no hay necesidad de policías o ejércitos. Un ambiente de policías y ejércitos simplemente no es necesario cuando todos se protegen.

D: ¿Entonces no tienen ningún problema con los tipos de gente negativa?

F: Ocasionalmente existe gente inferior y a veces no se comportan bien y llegan a ser no necesariamente que no funcionen, pero un comportamiento enfermo. El equivalente de aquí sería un enfermo mental. Existen aquellos quienes por las circunstancias simplemente son auto destructivos o se conducen ellos mismos a experiencias que se convierten en comportamientos enfermos.

D: ¿Quieres decir que podrían lastimar a otras personas?

F: No mucho a otros, pero con sí mismos. Son apoyados con todo el amor que se les puede dar para que puedan tomar su responsabilidad de su...error. Y de esta manera son ayudados para su recuperación.

D: Entonces no tienen como prisiones o centros de detención.

F: No, el equivalente sería los hospitales. Estos pobres desafortunados son hospitalizados y se les provee de atención especial. No hay castigo, sin embargo, no es algo predeterminado y solo es, un malentendido.

D: ¿Entonces no tienen casos de delitos pre meritados entre la población?

F: Eso es muy raro, y no es frecuentemente, es casi inexistente y si acaso ha sucedido alguna vez, no estoy consciente de haber sido intencional.

D: Entonces han evolucionado más allá de eso.

F: Eso es correcto es un concepto evolucionado.

D: ¿Existen otras razas?

F: Hay una clase de creaturas que son inferiores, las cuáles son usadas benignamente para objetivos y labores de servicio. No son realmente inferiores y tampoco se les ve de menos. Tampoco se les considera de menos simplemente se les considera menos desarrollados. Tienen una capacidad mental inferior, pero son muy útiles y se desempeñan como mineros extrayendo el metal que nosotros utilizamos. Ellos son entre comillas "sirvientes" pero son muy cuidados y protegidos. Pertenecen a una raza que es indígena del planeta antes de la llegada de la raza superior y fueron integrados durante el alzamiento de la conciencia planetaria. Tienen la apariencia de una bestia, sus cuerpos están cubiertos de vello, son de estatura pequeña, se agachan de hombros. Nosotros de cariño les llamamos los pequeños, son queridos y protegidos como una hermandad.

D: *¿Son usados para otros objetivos?*

F: Ellos no son "usados" como… (hizo una pausa como para pensar y encontrar la palabra correcta). Esto es difícil de traducir porque no hay un concepto como este que se pueda traducir. La traducción más cercana podría ser "esclavitud", pero esto no es del todo preciso. Ellos saben su lugar, nosotros de su lugar y hay aceptación. Existe armonía, de la cuál hay muy poca aquí en la Tierra. Ellos han aceptado su estación con mucha dignidad Su mal comportamiento ocasional o como dirías ruptura de las creaturas no es intencional. Se llegan a enfermar como los demás; aunque esto no es intencional llegan a causar estragos. Lo que es importante aquí es la intención, pero no existe el motivo y solamente es el esfuerzo de servir; por su naturaleza bestial. Si son explotados o provocados, ellos tienen la habilidad de volverse violentos, así que tienen que tratarse con cuidado y a un así eso no es intencional. Solo es una reacción emocional bajo las circunstancias. Cuando la provocación es removida, desaparece la reacción. Si no son provocados o antagonizados, ellos no muestran esa reacción. Lo que estoy hablando son de las posibilidades, son muy raras, pero son posibles. No suceden a menudo, como dije, porque la mayor parte de la raza a "mejorado sus reacciones" por así decirlo.

D: *¿Entonces no tienen necesidad de algún tipo de armas?*

F: No existen armas de combate de persona a persona. Pero existen reptiles de enormes proporciones en los bosques, de aproximadamente 9 metros muy similares a los dinosaurios de este planeta. Si alguien esta en los bosques de esa naturaleza, necesitarían protección de ellos. Bajo ciertas circunstancias, si alguien llegara a perturbar su nido ellos atacan por defender a sus crias. Pueden ser repelidos con cargas de pulsos eléctricos. El dispositivo de carga eléctrica es de forma redonda tubular con un control en un extremo para variar la intensidad de la carga. Es portada por su eje (inseguro de la palabra) y un extremo es presionado en el cuerpo del animal si deseás repelerlo. Este artefacto en particular es, para protección, un arma defensiva y no ofensiva. No mataría al animal, sólo lo repelería, ellos aprenden rápido para no estar a no exponerse al artefacto de nuevo porque el aturdimiento les genera dolor, el animal de inmediato se da la vuelta hacia la otra dirección. Pero no todas las creaturas son enormes; la mayoría no son más grandes de la gente que usa el dispositivo de protección. Estas creaturas viven en la densidad de las áreas que no están pobladas y alejadas de las ciudades. La mayoría son reptiles de naturaleza, pero no todos; también existen creaturas de piel cubiertas de vello. Y estos dispositivos de protección funcionan muy bien para las dos especies.

D: *¿Pero nunca tendrías que matar a alguien?*

F: Podríamos llegar a ese punto si así fuera se haría, pero siempre se intenta repeler a la creatura. Las cargas no tienen la suficiente carga como para matar. Existen el equivalente a las pistolas; estas son armas que usan cosas como balas. Solo se usarían si fuera necesario.

D: *¿Por qué la gente va a los lugares donde viven estos animales?*

F: En el planeta existe la exploración y hay aquellos que eligen vivir en ese ambiente.

D: *¿Estos son los únicos tipos de animales salvajes?*

F: Son mayormente los únicos peligrosos; también existen creaturas desde las pequeñas a las más grandes y diferentes variedades; aunque no tan variadas como aquí, en la Tierra. La mayoría de ellos en las áreas densas son reptiles y vegetarianos por naturaleza. Hay planicies en el planeta donde habitan creaturas peludas. Existen el equivalente de peces o aquellas creaturas que viven en el agua y aquellas creaturas que viven en el aire.

D: *¿Tienen animales domesticados?*

F: Sí la mayor parte existen como mascotas. Existen caballos o su equivalente los cuáles pueden ser usador para jalar como ves. Esto es lo único para lo que son usados. Existen animales domesticados que son similares a los monos. Hay algunos que pareciera como creaturas muy extrañas si estuvieran aquí en la tierra serían muy espantosas para los niños; pero son inofensivas y adorables también, son como unos amiguitos. Todos los animales se ven diferentes a comparación de los animales de aquí de la tierra hay similitudes, pero hasta lo que sé, no son el equivalente exactamente. Hay características y diferencias de los animales con los que yo he convivido, pero yo no he convivido con todos los animales de esta tierra así que no puedo decir o asegurar con precisión, pero de los que yo he visto allá no son el equivalente. Hay algunos que son muy parecidos a los otros por ejemplo como dije el caballo tiene su equivalente parecido en este planeta. La vaca realmente no tiene un equivalente.

D: Entonces ustedes no usan leche o algo parecido de los animales.

F: Hay animales que dan leche, pero no es consumida.

D: ¿Estas creaturas habitaban donde sea en este planeta cuando lo colonizaron por primera vez?

F: Algunos sí y algunos fueron traídos de otros planetas. Hay muchos aquí. Tenemos ciudades, tenemos pueblos, tenemos cascadas, pájaros, árboles y picnics. No tenemos carros ni contaminación o anuncios espectaculares. Estas son manifestaciones de la cultura de la tierra en este tiempo, las cuáles simplemente no existen.

D: ¿Qué tipo de transportación tienen?

F: Hay vehículos automáticos que viajan en las carreteras, hay vehículos que viajan por el aire y hay vehículos que viajan en el agua.

D: ¿Qué tipo de energía utilizarían?

F: Los vehículos que viajan a través del aire usualmente utilizan cristales para su propulsión. También hay vehículos que flotan y funcionan con magnetismo. Su cubierta esta hecha de un material de tipo aluminio. Existen vehículos pequeños los cuáles planean en corrientes energéticas o caminos. Estas vías han sido construidas como las carreteras de este planeta de este tiempo.

D: ¿Quieres decir algo como corrientes eléctricas?

F: Sí, eso sería una analogía aproximada.

D: ¿Pudieran salirse de las vías?

F: Eso no es correcto porque tienen la habilidad de viajar independientemente de ellas; como sea es mucho más eficiente si usan las vías porque no requieren de fuente de energía externa, como lo requeriría al viajar fuera de las vías.

D: Ya veo, solamente viajan con el flujo y usan otra fuente de energía si es que se salen. ¿Qué tipo de fuente de energía es esa?

F: Es una celda de acumulación, el equivalente en la tierra es a una batería la cuál almacena su misma energía, la cuál sería después dirigida a través del vehículo polarizando la fuerza de las líneas magnéticas del planeta y así el viajar sería logrado simplemente según polarizando la dirección deseada, como sea puede ser a través de ángulos o en líneas o cualquiera de las combinaciones.

D: *¿Este vehículo se puede manejar de cualquier manera o es automático?*

F: Si hay un control manual; muy similar a las funciones direccionales de los automóviles del planeta en este tiempo. Habrá más información dada al planeta en un tiempo futuro para la construcción de estos vehículos. Ya que estos son energías útiles inherentes en el planeta. Estas energías no son del tipo que son usadas como fuentes no renovables tal como es el carbón o el petróleo, pero son del tipo de energías las cuáles son interminables o muy abundantes y eficientes. Estas serían usadas y no contaminarían al medio ambiente. Estos son conceptos universales que serán traídos a los niveles físicos en un futuro para el planeta tierra.

D: *¿Tienen estaciones en los años?*

F: No, no tenemos. Hay un cambio gradual sobre los periodos de años del clima debido a la orbita tan grande alrededor del sol. Una orbita mucho más grande que la que realiza este planeta Tierra a su sol. Las estaciones son mucho menos dramáticas, como sea o extremas, tienden de ser templadas a calientes o en el contraste la experiencia en este planeta es como ir de un verano temprano a un agosto o de un verano tardío y regresar a un verano temprano.

D: *¿Quieres decir que nunca se convierten en frio como nuestros inviernos?*

F: Eso es preciso. Como vés los cambios de la temporada en la tierra son causadas por el movimiento de su eje. Así como su luna nunca muestra su lado obscuro a la tierra, este planeta nunca se mueve en su eje y no es posible que cambie sus estaciones. Así que siempre es placentero o caliente. El contraste de esta experiencia permanecería templado o placentero y después de caliente a muy templado. Esto es simplemente una transición por lo que no es percibido como incomodo en ese planeta, como sea para poder traducir la experiencia debe ser comparada a las variaciones conocidas de temperatura en este planeta. El planeta está en una evolución arreglada y su movimiento es tal que el clima es fijo. No hay estaciones diferentes, pero hay climas diferentes en diferentes partes del planeta. Como sea no se cambian a esa parte del planeta. El lado obscuro es más denso e inhabitado. La mayor parte de la población reside en el lado de la luz del planeta.

D: ¿Es frio en el lado obscuro?

F: Más o menos, pero no drásticamente. Existe una fuente de calor interna la cuál genera calor a todo el planeta.

D: ¿Entonces no depende totalmente de la luz del sol para que se caliente?

F: Eso es correcto.

D: ¿Haz estado en el lado obscuro?

F: Me aventurado en el área. La vegetación es mucho más densa, la topografía no se aprecia muy diferente. El planeta en sí no tiene cordilleras montañosas ni elevaciones extremas.

D: Me estaba preguntando; ¿como las plantas podrían crecer en el lado obscuro sin el sol?

F: ¿Acaso no hay plantas que crecen en la obscuridad aquí en la tierra o en el fondo de los océanos? Entonces hay un precedente. Estas plantas, crecen debido a los gases en la atmosfera, no dependen de la luz para su sustento el cuál lo consiguen a través de la tierra. La luz es solamente una manera del proceso de las plantas.

D: ¿Qué hay de la vida animal en el lado obscuro, sería diferente?

F: Los animales de la obscuridad no van a las regiones de luz porque han evolucionado a adaptarse a la obscuridad. En sus características son diferentes. Existen algunos animales que pueden ir y venir en la luz y obscuridad sin ningún problema.

D: ¿Las dos lunas de su cielo están al mismo tiempo?

F: Si ellas giran, hay veces cuando las dos están en cielo al mismo tiempo y en otras ocasiones cuando una o ninguna esta en el cielo.

D: ¿Acerca de la lluvia? ¿Tienen algo similar que caiga desde el cielo?

F: Así no, no como en la tierra. La lluvia en la tierra es causada por la gravedad. Como dije, la gravedad es una sexta parte. En este planeta es mucho más parecido como la neblina con grandes gotas, este es un caso extremo de humedad, esto ocurre durante ciertos cambios de los vientos, el clima es mucho más estable, pero cambia. Arruina un picnic, nosotros nos divertimos, tenemos vacaciones, tenemos pájaros y hormigas con quien lidiar.

D: Entonces también tienen insectos. ¿Hay ríos o mares?

F: Si es preciso. Hay ríos y grandes reservas de agua; sin embargo, no tan extensos como en este planeta. El clima es mucho más seco como casi no hay reservas de agua. Ellos son capaces de tener cultivos alrededor del año con mucho menos irrigación requerida.

D: ¿Tienen días y noches? Aquí son causados por la rotación de nuestro planeta.

F: La respuesta es no, no hay cambio en el día en esa parte del planeta. Tengo un sentimiento como casi de tristeza que nosotros no tenemos. Una parte es por siempre en crepúsculo y una parte no lo es. Esto es; debido a la evolución del planeta. No fue tan traumático como la evolución de la tierra.

Más adelante se me ocurrió lo que él dijo de la gente de este planeta que tenían ojos que podían ver extremadamente bien en la obscuridad. Esto no sería tan contradictorio porque también él dijo que su gente había colonizado este planeta y no eran nativos de ahí. Únicamente "la gente pequeña", animales y plantas eran indígenas. Tal ves esto podría explicar su tristeza, al recordar a través de los genes que puede ver de noche en su planeta de origen.

CAPÍTULO 6

EL DIRECTOR DE ENERGÍA

D: *Tú hablaste de comercio. ¿Podrías decirme más acerca de eso?*
F: Existe comercio; de aquéllos en el planeta y aquéllos quienes son de otros planetas y otros sistemas. Algunos de los metales que son extraídos en el planeta y son abundantes son necesitados en otras áreas donde estos metales no son tan abundantes y así es establecido el comercio de minería.
D: *¿Está es la principal actividad que exportan, sería correcto?*
F: Eso es un termino enteramente apropiado. Sin embargo, eso no es la única actividad. Existe el comercio agrícola (vegetales y frutas) el cuál también exporta.
D: *¿Qué tipo de cosas serían importadas que no tienen en ese planeta?*
F: Existen algunos metales importados que son muy útiles en la construcción y que no son nativos del planeta, así como también suministros médicos. Hay otros sistemas que han alcanzado un estado alto de tecnología médica y ellos importan sus "medicinas". También hay conocimiento y técnicas para vivir las cuáles son importadas, conocimiento como hacer la vida mejor y como hacer la vida más fácil.
D: *¿Qué utilizan como medio de intercambio cuando importas y exportas?*
F: No existe el dinero, tal como es, es un sistema de trueque; cinco libras de mineral podrían ser intercambiadas por cinco libras de conocimiento, este es únicamente un ejemplo y no debe de ser tomado literalmente.
D: *¿Porqué podría ser difícil pesar el conocimiento?*

F: Exactamente.

D: *¿Alguna vez han tenido problemas con alguien intentando hacer trampa en este tipo de sistema?*

F: Eso sería imposible debido a la transparencia con la cuál tratamos. Somos totalmente honestos como ya lo hemos discutido antes.

Nosotros estamos en un nivel que nos excluye de engañar o esconder, de hacer trampa o cualquier cosa obscura, o instintos basados como el egoísmo o la ganancia personal.

D: *Podría concebir esta raza teniendo esas características, especialmente porque se comunican con sus mentes pero que hay de otras personas de otros planetas ¿cómo tratan con esto? ¿todos serán del mismo nivel alto de desarrollo?*

F: En el área inmediata del planeta del que estoy hablando existe una igualdad de evolución. Podrías decir es un vecindario evolucionado del universo. Hay planetas los cuáles no han evolucionado en ese alto nivel, pero la ventaja es con aquellos que pueden ver a través de los engaños. Es mucho más fácil de ver a través de quién esta engañando cuando uno viene de un nivel más allá del engaño, no habría, uso ni siquiera, el intento para engañar es totalmente transparente.

Lo hizo que se escuchara tal fácil, lógico y concebible, aunque la idea es extraña para nuestra manera de pensar.

D: *Hablaste de tener rutas de comercio usando naves que vuelan a través del espacio. ¿Su gente también tiene el conocimiento de viajar a través del tiempo?*

F: El tiempo no es algo en el cuál puedes viajar, a través, el tiempo; realmente no existe, el tiempo; es un concepto, el tiempo, no es un ... (el estaba buscando las palabras adecuadas) un material existente con funcionalidad; es simplemente, un concepto. Si uno puede viajar a través de un concepto, entonces si pudiera ser posible. Sin embargo, esto no se ha logrado a nuestro nivel.

D: *La gente de la tierra siempre piensa que viajar hacia atrás o adelante en el pasado y en el futuro.*

F: Esta perspectiva de mostrar estos eventos son estrictamente para beneficio de la comprensión humana. Todo es simultáneo, entonces todo lo que paso o pasara esta sucediendo. El tiempo es simplemente un concepto el cuál los humanos han divisado para poder entender mejor o llevarlo a su nivel.

D: *Es muy difícil para mi entender un concepto como ese porque nosotros pensamos de los eventos pasados como influyen en el presente y en los eventos futuros.*

F: Esto es simplemente una manera de entender. Si funciona esta bien, si cumple su propósito. Si es incomodo el intentar percibir lo que no es, entonces no intentes percibirlo. Permanece en el nivel el cuál es entendible, como tú desees saber más buscalo y se presentara, en sueños, en situaciones en la vida, en la gente que conozcas. Ciertamente existen muchas ideas extrañas en este planeta las cuáles están de moda en otras áreas de la galaxia. La verdad es lo que tú creas.

Este concepto del tiempo simultáneo siempre me ha incomodado por la dificultad de comprenderlo. Así que volví hacer las preguntas de asuntos mundanos.

D: *Bueno, si no tienen dinero o algún sistema parecido, ¿Qué hace una persona común para conseguir comida y cosas materiales?*

F: Todos hacen algo útil con lo que pueden intercambiar. Hay muchas cosas que se pueden hacer; es una elección de cada individuo que puede realizar, y de esa manera, tienen su potencial de intercambio. Existen aquellos que cosechan, aquellos que enseñan, aquellos que curan, aquellos que construyen. Elije tu oficio y tienes un método para obtener, comida, ropa, refugio, esto es estrictamente una decisión personal. No tenemos dinero, por lo tanto, no tenemos supermercados o negocios en esta forma de comercio. Eso no existe en el planeta. Existen aquellos que se ocupan de crecer alimentos; así que si necesitás alimentos acudes con ellos.

D: *¿Qué tipo de ropa usan en ese planeta?*

F: La descripción general sería ropa ajustada, pero cerrada y reluciente, con decoraciones plateadas; como un traje entero pero ajustado al cuerpo más parecido como una gran pieza de ropa interior. Es elástica se estira por la parte del cuello, después lo puedes jalar a través de tus piernas y subirlo en todo el cuerpo. El material es un metal, tipo brilloso, que aparenta ser plateado; aun asi es suave al tacto como cualquier fibra textil de aquí de la tierra.

D: *¿Eso no sería caliente?*

F: No, estos atuendos son modestos y decorativos en vez que sean calientes ya que no hace frio en el planeta; como he dicho, en la mayor parte de este planeta el clima es muy estable. Muestra propiedades no parecidas como aquí en la Tierra, debido al espectro solar. Los rayos del sol no son tan intensos o para ser más precisos, no afectan en la misma manera en ese planeta.

D: *Entonces sus atuendos no los protegen del clima.*

F: La ropa es para protegerse del clima, pero la luz del sol es sólo; un aspecto del clima, existen partículas en el aire las cuáles pueden ser sopladas por el viento y pueden causar alguna herida en el cuerpo de alguien, si no usan protección. Estos podrían ser partículas de piedra, partículas de vidrio o de muchos tipos de partículas. No caen en el suelo tan rápido en ese planeta debido a la baja gravedad y por lo tanto son más susceptibles a que sean acarreadas por el viento; y se pueden considerar como proyectiles.

D: *¿Estas son partículas naturales en el aire?*

F: Algunas si, otras son generadas por accidente.

D: *¿Y que hay del rostro, se lo llegan a cubrir de alguna manera?*

F: En casos extremos se llega a usar una mascara, esta cubierta, es usada generalmente como una manera casual, si alguien se dirige a una tormenta de viento, usaría esta protección adicional.

D: *Bueno ¿Y como afecta en la respiración de una persona o acaso respirarían esas partículas?*

F: Esto solo fue un ejemplo no hay problemas al respirar en ese planeta, si tú aquí estuvieras en una tormenta de arena, ¿acaso no tendrías problemas al respirar? La respuesta sería "si" mucho en la misma manera allá.

D: *Pensé que solo te referías a que las partículas solo estaban siempre en el aire.*

F: No tanto, se presentan cuando hay tormentas de polvo en el aire.

D: *Ya veo, ¿Utilizan algo para protegerse los pies como botas o zapatos?*

F: Si, existen protección para las extremidades, pero eso depende del gusto particular de la persona y también del ambiente en el que se encuentran. Es perfectamente aceptable caminar en el hábitat propio o en el hogar descalzos. En público es acostumbrado calzado en los pies.

D: *¿Los hombres y las mujeres usan tipos similares de atuendos?*

F: Si, sus atuendos si son muy similares.

D: *¿Utilizan un nombre, como les podemos llamar a lo que usan en ese planeta?*

F: No me gustaría auto nombrarme en esta ocasión. Hay frases que son empleadas para algunos individuos que han logrado ciertos objetivos, pero la mayor parte no necesitamos una categoría en todo como es aquí, incluyendo los nombres.

D: *¿Sabés cuál es nombre de ese planeta?*

F: Desde que la comunicación es telepática sería imposible de traducir al equivalente en la energía sonora.

Esto es un concepto extraño de entender. En la Tierra estamos tan acostumbrados a usar nombres o etiquetas en todo. Es difícil de concebir un lugar donde los nombres no son necesarios.

D: *¿Este planeta estaría en la galaxia o en otro sistema que conozcamos en la Tierra?*

F: Sería en la constelación de Sirius. Estaría en el área del cielo que ha sido observado, pero las fronteras de este sistema no han sido observadas. No existen fronteras físicas. Existen son-y este no es una traducción correcta, pero una que serían fronteras entendibles política o preferiblemente fronteras de influencia espirituales. Porque hay una jerarquía de reinos espirituales los cuáles son desconocidos para la Tierra en este momento.

D: *¿Lo que se comercia por la mayoría, es en el área de la constelación de Sirius?*

F: Esto es simplemente lo más cerca de lo que uno podría llamar un lugar muy transitado desde el punto de vista desde la Tierra.

D: *¿Este sería uno de los lugares más ocupados?*

F: No estaría bien decir que es uno de los lugares más ocupados por lo que existen varios que son más empleados; simplemente es el más cercano en el que se encuentra la Tierra. Sin embargo, no hay actividad observable desde este punto de vista.

Me di cuenta de su demanda por ser muy preciso en sus respuestas. Fue una continua constante en las sesiones.

D: ¿Desde la Tierra sería capaz de registrar ondas de radio o algo similar que podría mostrar actividad?
F: Existen algunos planetas no tan avanzados que están distantes incluso desde Sirius los cuáles podrían tener la capacidad de ser detectados. Esto no es probable, es imposible. Las comunicaciones que operan de planeta a planeta en ese nivel son muy superiores a lo que cualquier planeta pueda tener la capacidad de percibir a través de estas máquinas en este tiempo. Sería muy posible en actualizar el conocimiento en la Tierra para recibir comunicación y podría recibir muy fuerte las señales.

D: Los científicos de la Tierra están intentando interceptar señales de vida escuchando las ondas de radio.
F: Ellos están intentando interceptar señales de vida como ellos lo conocen o en el nivel que ellos están. Si solo supieran como registrar las señales de vida a un nivel más elevado de lo que están, estarían complacidos o quizá sorprendidos. Podrían estar impactados de incluso entender una porción de lo que verdaderamente esta sucediendo.

D: ¿Quieres decir que ellos no tienen manera de comunicación a ese nivel?
F: En este momento presente no, pero se esta haciendo un progreso. La falla de la ciencia en este planeta es que esta cerrada a cualquier idea de algo ajeno que pueda ser observado desde la tierra; en otras palabras, aquello que existe solo puede ser percibido a través de los instrumentos disponibles en este tiempo.

D: Entonces estas señales, si así sería apropiado, no pueden ser detectados con sus instrumentos.
F: Eso es correcto; la afirmación es que no existen, y esto es un impedimento para los científicos de este planeta.

D: Utilizando sus métodos de radio señales ¿ellos están cerca de descubrir?

F: Nunca encontrarían las señales utilizando la presente tecnología porque no son los mismos tipos de radio señales.

D: *¿Me podrías dar un tipo de equivalente para que pudiera entender como es la comunicación?*

F: Son fuerzas naturales usadas para la comunicación como los rayos gama o rayos cósmicos que se toma ventaja de ese fenómeno natural y no producirlo artificialmente como lo hacen los científicos de este planeta hasta hoy ¿entiendes?

D: *Vagamente. Entonces ¿deberían tener una manera de interceptar esos rayos e interpretarlos?*

F: Los científicos en este momento pueden detectar los rayos, estos existen naturalmente en su estado natural. Por ejemplo, cuando cambiás de estaciones en la radio, uno podría decir, escuchar estática. Los científicos no han desarrollado la habilidad de decodificar las señales de ese fenómeno natural conocido como radiación cósmica. Rayos gama, rayos x o estos tipos de cosas, las comunicaciones usan estas; las bandas anchas o de este espectro de radiación para comunicarse. Por lo tanto, pare registrarlas aquí en la Tierra, el equipo para tendría que detectar en este espectro de energía.

D: *Incluso si ellos pudieran detectarlos ¿Serían capaces de entenderlas, quiero decir sería como una voz?*

F: Esto sería difícil de decir porque sería como intentar predecir la respuesta a un problema antes que el problema pueda ser resuelto. Como sea, si ellos pudieran entenderlo o no; es muy posible que no es lo misma forma de comunicación como el dialogo en la Tierra.

D: *Si ellos lo escucharan ¿lo reconocerían como comunicación?*

F: Por lo general sí. No es un ruido de trasfondo; este sería por mucho, muy diferente a los sonidos naturales. No habría duda de que serían percibidos cómo una forma de comunicación inteligente; en esto habría un patrón. Sin embargo, como sea si lo entienden el patrón es otra interrogante.

D: *¿Sería similar al código Morse?*

F: No hay una intención de enmascarar esta información (el cuál es literalmente la traducción del significado de la palabra "código"). Es simplemente que esa es la manera de comunicación que es usada en esa área de la galaxia. No habría necesidad de encubrir las comunicaciones. Si lo escucharas con tus oídos ahora el sonido sería como múltiples tonos (Felipe lo comparo con su experiencia en los electrónicos al intentar de explicar el ejemplo). Existe un tipo de comunicación muy similar que aquí se usa, la cuál se llama frecuencia de cambio de amplitud, simplemente es la modulación de tono, un tono arreglado, con variantes de frecuencias en cambios de ese tono, que así se llama "frecuencia de cambio de amplitud".

D: *¿Entonces se escucharía como el sonido una maquinaria o computadora?*
F: Podría ser como eso, pero no sería preciso, no hay el equivalente. No hay ruidos transportados en estos métodos de comunicación en este momento en el planeta; pero hay algunos que podrían ser usados como una analogía, como dije la frecuencia de cambio de amplitud.

Después que desperté a Felipe, él dijo que tenia una idea de los tonos que eran muy similares a los tonos musicales en vez de un tono sencillo. Un cable con diferentes notas cambia la frecuencia y el tono.

D: *¿Crees que alguien ha alguna vez escuchado estos sonidos y no supo lo que eran?*
F: Nunca ha existido una maquinaria en la Tierra para recibir esto. Es posible para aquellos que son de esos planetas quienes recuerden, pero no esta siendo recibido en este momento.
D: *¿Entonces algo nuevo tendría que ser inventado?*
F: Nuevo para este planeta, si.

Mientras estaba organizando para escribir este libro, me encontré con un articulo de un periódico que indicaba que los científicos podrían intentar mirar en la dirección en busca del espectro de microondas:

"UN ESFUERZO MASIVO ES PLANEADO PARA BUSCAR LA VIDA EN EL ESPACIO EXTERIOR"

"El mayor esfuerzo ambicioso y sofisticado que se haya llevado acabo esta siendo planeado para escanear los cielos por señales que vengan del espacio exterior, pero un experto lo duda que los humanos sean lo suficiente inteligentes para entender los mensajes, aun así, si lo puedan escuchar".

El proyecto cuando sea terminado buscara señales alienígenas al final del siglo; Jill Tarter de la universidad de Berkeley, California, dijo en la reunión anual de la asociación americana para los avances de ciencia.

"Estos son los primeros pasos en lo que será una gran exploración del sistema de microondas en busca de evidencia de señales generadas artificialmente. Nuestra civilización, por primera vez, bajo la pura curiosidad, una búsqueda que tal vez no podría dar frutos por muchas generaciones". Así lo dijo.

"Tarter dijo que la búsqueda extraterrestre esta en su tercer año de sus cinco años del programa de búsqueda y desarrollo".

"El programa es financiado por la Agencia Nacional de Aeronáutica y Administración Espacial (NASA). Escuchara en ondas de radiación que alcancen el espacio desde la tierra.

"Máquinas y computadoras escucharan por patrones de microondas que la naturaleza nunca produce pero que humanos con su rustica tecnología usualmente lo hacen. El programa romperá el espectro de microondas que van desde 10 millones o 100 millones de canales y los busca sistemáticamente".

(El articulo se publico en el periódico el 29 de mayo de 1986).

D: *Sé, que la mayoría de los científicos están ansiosos de comunicarse.*

F: Ellos realmente no tienen nada que decir. La gente de la Tierra exportaría muy poco de uso para aquellos que son de otros planetas.

D: *Posiblemente es verdad; pero creo que ellos están buscando por conocimiento, si es que pueden entenderla.*

F: Sí, están buscando; pero este conocimiento puede ser usado en cierto modo para causar daños. Esa es esencialmente toda la situación en este momento. Este planeta debe de evolucionar en su conciencia antes que este conocimiento puede ser traído e implementado. Muchos aquí en la Tierra piensan que están solos.

¡Muy! comparado como un ermitaño que vive aislado en el bosque o en un desierto, aislado, naturalmente pensaría que es el único. Para un ermitaño que vive en el desierto no aprendería lecciones, a un ermitaño caminando en las calles de una ciudad; así que ustedes son un planeta ermitaño. Muchas lecciones son aprendidas por los individuos en este planeta tales como sentir la sensación de estar solos en el universo. Para la evolución de este planeta fue tal que fue necesario su aislamiento, para las lecciones que están por aprender. Mucha gente que ha nacido en este mundo que vive una vida solitaria y de caracteres solitarias así es, para que pueda aprender estas lecciones. Y simplemente es lo mismo en el nivel planetario para cada civilización, tiene sus propias lecciones ¡por aprender! Sus lecciones como una civilización son lecciones para aprender de un ser solitario y después entrar en el mundo real por asi decirlo, y usar esas lecciones para ser un solitario. La Tierra se encuentra en los niveles bajos del universo y no de los principales. Esto no es coincidencia, es intencional. Es intencional que esta esta raza esta en los niveles bajos y no que sea baja. La intención no es ofensiva. Como petición no queremos que sea en una manera despectiva; simplemente queremos decir que no sucede mucho por aquí. Esta raza fue colocada aquí en aislamiento para su propio progreso. Te das cuenta que "nosotros-yo" hablamos "nosotros" ahora porque yo estoy contigo. Nosotros, la raza humana de aquí es un vecino o raza que esta creciendo y no es la única raza. Es una raza cuyo destino es evolucionar en este planeta aislado para que pueda volverse un vecino universal, lo cuál es inminente.

D: *¿Sabés si nos pudiéramos comunicar con algunos otros planetas en nuestro sistema solar que alberguen vida?*

F: Bueno, primero que nada, me gustaría saber ¿porque quisiera uno hacer eso dadas las circunstancias de los asuntos de este planeta?, segundo me gustaría preguntar, ¿Te refieres a un planeta similar en el nivel de evolución?

D: *Pienso que los científicos están buscando, algo con quien se puedan comunicar.*

F: Hay planetas que están muy lejos, muy por debajo de la evolución de este planeta. La intención de los científicos a este punto es meramente entender algo que sea considerado prueba de otras existencias; sin embargo, esto es algo que... no me gusta decirlo;

irracional, pero es una triste situación cuando considerás la condición de este planeta en este tiempo. Sería mucho mejor que todos los científicos aprendan su comunicación entre si y con responsabilidad aprender una cultura alienígena.

D: *Sí, ¿Existen otros planetas en el sistema solar que son altamente evolucionados?*

F: No; en el sistema solar de la Tierra. Hay como dije planetas que están en la constelación de Sirius que son mucho más evolucionados que la Tierra. Estos serían el más cercano a la Tierra en este tiempo, sin embargo, si considerás la mentalidad como enfermedad uno no desearía contaminarse o mezclarse con una persona enferma. El estado de mentalidad es una obligación muy sería de la raza humana. Esto no es tomado muy ligeramente en el universo. El centro de existencia del hombre es afectado por su mentalidad y su entera evolución es desarrollado por esta "enfermedad" si así lo considerás; sin embargo, no, no existe otra vida inteligente en este sistema en particular ahora. A nivel microscópico tú dijeras, no tengo conocimiento de otras creaturas. Es posible pero dentro de mi existencia personal esto no es correcto.

D: *¿Entonces ellos tuvieran que buscar en otro lado?*

F: Ellos como dijimos anteriormente podrían ver en lugares que nunca han visto antes, pero es mejor limpiar el acto aquí que aprender un nuevo acto en otro lugar.

D: *si puedo ver lo que tratas de decir, pero es muy difícil dejar la mente científica para investigar. Pareciera que tu planeta el cuál has descrito es uno muy altamente evolucionado.*

F: Comparativamente hay planetas mucho más evolucionados que ese planeta, pero comparado con la Tierra sí, podría ser considerado altamente muy evolucionado.

D: *Mencionaste anteriormente, en referente a la agricultura que no sabias acerca de porque no era un área dentro de tus conocimientos. ¿Cuál es área de tus conocimientos?*

F: Mi área personal siempre ha sido la científica en la cuál ahora estoy trabajando en ese planeta. Es ese planeta estuve envuelto en trabajar con energías canalizando esas energías, y usándolas para diferentes propósitos. Energías que pueden utilizar para navegación, comunicación o propósitos industriales. Todos tienen un área en particular que eligen. Este es el campo en particular que escogí. Pero ciertamente no significa que se mejor o peor que otra; simplemente es mi decisión personal.

Lo dirigí a ver a que se viera en ese tiempo trabajando en ese tipo de ocupación. No tenia idea que tipo de trabajo podría posiblemente ser.

F: Este es el rol de un director de energía. Uno puede manipular las energías para su uso donde se requiere en el planeta. Un recibidor y distribuidor de energías; existen muchas energías en su naturaleza cósmicas y planetarias que pueden ser dirigidas y enviadas a aquellos que deseen usarlas.

D: *¿Tienen ellos laboratorios o lugares donde trabajan en eso?*

F: Si, existen áreas que son de investigación, nunca hay conocimiento total en este nivel físico. Siempre hay conocimiento para ser descubierto incluso en planetas mucho más avanzados, siempre existe el nuevo el más nuevo y lo último de encontrar o descubrir.

D: *Incluso tampoco ellos saben todo. Uno podría pensar que ellos han aprendido el uso de energía en toda manera posible.*

F: Hay creaturas que están en el nivel de Dios el máximo nivel, el nivel de creador. Uno podría clamar el derecho de ese conocimiento. Nosotros, sin embargo, estamos muy lejos de ese nivel y bajo nuestro propio esfuerzo debemos descubrirlo.

D: *¿Tú trabajás en ese edificio?*

F: Sí existe un área asignada. Algo como un área redonda alzado como un altar, el cuál sería el punto exacto del vortex. Es el vortex de energías del planeta en este tiempo. Simplemente se necesita estar en el vortex y dirigir las energías a aquellos individuos que deseen utilizar esas energías. A pesar de la forma redonda no es algo delineado en alguna dirección.

D: *Estoy tratando de imaginarme en la mente de como podría lucir el lugar ¿Te sientas o te paras en el centro de ese lugar?*

F: Existe un área como un altar elevado y la persona simplemente se coloca en el vortex y mentalmente dirige la energía a aquellos individuos que desean recibirla.

D: *¿Usan algo físico para hacer esto una máquina o panel o algo de esa naturaleza?*

F: Existen instrumentos para ayudarte si, serían del tipo de instrumentos de cristal o algo básicamente hecho de cristal y materiales cristalinos, sin embargo, el trabajo es de naturaleza más mental que física.

D: *¿Podrías dibujar algún dibujo de los instrumentos cuando te despiertes?*

F: Podría hacer un dibujo o un borrador del altar, sin embargo, no sería apropiado en este tiempo tratar de plasmar el dibujo de la naturaleza de los instrumentos.

Le brinde a Felipe sugerencias después de la hipnosis para que pudiera dibujar el área donde trabajo (ver la ilustración)

D: *¿Vas a trabajar a este lugar todos los días?*

F: Hay ocasionales donde el trabajo es necesario por largos períodos de tiempo y otras veces que no es necesario. Entonces es una situación de demanda, hay en otros lugares en otros vortex que son de naturaleza similar y son capaces de asistir también.

D: *Pensé que era algo que se tenia que hacer constantemente.*

F: Eso no es preciso porque no es saludable para el director estar en el vortex continuamente porque le causaría una deterioración rápida de su cuerpo o envejecimiento.

D: *¿Esto se toma un entrenamiento largo para aprender esto?*

F: Una alta cantidad... (una larga pausa y tenia dificultad para encontrar la palabra)

D: *¿Aprendizaje?*

F: En la forma más pura de carácter moral para que la energía sea lo más pura posible. Para que el mensajero no arruine las energías si no estuviera en su más alto carácter moral. Esta sería el equivalente a su traducción, es algo que pudiera ser difícil de entender, sin embargo, es suficiente decir que los mensajeros tienen que ser de carácter absoluto. Hay un tipo de residencia bajo un maestro. Aquellos que muestran actitudes fueron reconocidos en edades tempranas y estuvieron ... (tenia dificultad para encontrar las palabras de nuevo) analizados o estudiados para...ser los más cualificados. Este es un honor muy alto para aquellos, que quisieran perseverar porque el régimen es muy riguroso y demandante.

D: ¿Tomo mucho tiempo aprender?

F: Toma la mayor parte de la juventud o de la etapa temprana de la adultez es un equivalente en el sistema escolar como la universidad.

D: ¿Tienes que vivir en algún lugar para aprender estas cosas?

F: Hay un periodo remanente con la familia, sin embargo, la escuela esta en un área centralizada. Sin embargo, lo que resta por aprender se hacía en casa, en familia. Es de notar que para la formación necesaria del individuo recibe entrenamiento de asuntos domésticos y de cuidado de los padres cuando son educados con sus hermanos y familiares. Esto no es tan diferente como la cultura de la tierra en este momento.

D: *Pensé que tenias que dejar a tu familia e ir a otro lugar.*

F: Eso no es así, no sería sano para el crecimiento del carácter en comparación al ser educado en casa.

D: *¿Te gustaba disfrutar este tipo de trabajo?*

F: Mayormente si era satisfactorio; estar entonado para recibir y enviar las energías con quién las recibía con las capacidades de comunicación mentales y telepáticas. Y al hacerlo recibir el agradecimiento solo por el simple hecho de compartir las energías telepáticamente.

D: *¿Era guardada de alguna manera esa energía para amplificarla o era enviada directamente?*

F: Eso no era necesario ya que es una fuente interminable de energía del universo. La energía fluye como lo hace en este planeta dentro y sin él. Es una cuestión de asuntos de canalizar los flujos de energía a las áreas requeridas.

D: *Solamente un cierto tipo de personas saben como manejar y dirigirlas.*

F: Eso es correcto.

D: *¿Qué hacías después en tus tiempos libres cuando no hacías ese trabajo?*

F: Hacíamos actividades interesantes con la familia. Había tiempo con la familia y los seres queridos.

D: *¿Cómo fue que moriste en ese planeta?*

F: Fue a causa de estar expuesto a esas energías. La vida física de un director se acorta, debido a las exposiciones intensas de esas energías, sin embargo, de antemano antes de tomar la responsabilidad se nos advirtió que hay que pagar un pequeño precio por dar ese servicio.

D: *Supongo que causa desgaste y debilita los órganos.*

Esta historia de esa vida en un planeta alienígena sin duda parecería aburrida y amable para una generación acostumbrada a ser bombardeada por la ciencia ficción. Pero para mi, eso le da mucha validez. Felipe es un joven normal que ha crecido con "las guerras de las galaxias" (serie de película Star Wars) y otras películas y series de televisión parecidas. Ciertamente había suficiente seguridad como mucha información fértil en su historia de aquel planeta. Y si hubiera estado influenciado, él podría haber tejido una fantasía muy bien elaborada, pero en vez de eso; él pareciera haber tenido una vida mundana normal y similar al porcentaje de las personas de nuestro mundo, a excepción del alto desarrollo moral y capacidades mentales. Para mi esto me da la posibilidad a que suena muy verídico. De cualquier manera, su subconsciente no intentaba impresionarme, meramente estaba recordando lo que estaba depositado en sus memorias.

CAPÍTULO 7

LA CIUDAD DE CUARTA DIMENSIÓN

DESPUÉS DE LA DESCRIPCION DETALLADA DE EL OTRO PLANETA, yo estaba ansiosa de explorar las otras vidas que pudo haber vivido en el espacio exterior. No tenia idea que algunos de estas podrían haber sido lugares que no eran tri-dimensionales físicos, como estás acostumbrados aquí en la Tierra. Desde que estos son los únicos tipos que estamos conscientemente familiarizados; nunca había considerado la posibilidad de poder vivir en otras dimensiones. Hemos sido educados que solo existen tres dimensiones en nuestro mundo material: largo, ancho y profundidad. La única otra dimensión que había escuchado es la cuarta-dimensión es el "tiempo", el cuál es no es físico ni solido definitivamente. Explorando el espacio exterior estaba resultando más complicado de lo que había pensado en un inicio. Fuimos dentro de áreas que eran difíciles para mi mente de comprender. Felipe no hubiera esperado salirse de un área familiar y explorar aquellos conceptos tan extraños. El área de ciencia ficción podría haber sido más segura, pero al menos no fue tan aburrido como estas nuevas y desafiantes ideas estaban siendo presentadas. Nunca supe que esperar después.

DURANTE LA SIGUIENTE SESIÓN, cuando las puertas del elevador se abrieron Felipe vio en el horizonte espirales altas puntiagudas y dentadas. Inmediatamente supe que había regresado a la misma escena en la que previamente le había incomodado, el planeta donde la expedición científica habían muerto, pero él dijo que esta era una ciudad, sin embargo, no parecía la misma ciudad con torres y vehículos extraños que había visto en otras sesiones.

F: ¡Es una silueta, el contorno de los edificios de la ciudad! Son agujas, pero de diferente altura.

Cuando le pregunte si quería salir del elevador y explorar ese extraño lugar el accedió. Su subconsciente había visto en otras sesiones que no le había conscientemente molestado y aparentemente pensó que era tiempo para empezar a liberar información a un promedio más rápido.

Se encontró él mismo caminando en la calle, se estaba acercando a alguien que parecía conocer y lo saludo. Era una persona calva vistiendo un traje azul obscuro de una sola pieza entallado con cuello alto. Cuando se miro así mismo, vio que estaba vistiendo el mismo tipo de atuendo.

F: Pareciera que estamos a las afueras de la ciudad, no creo que vivo en la ciudad, pero voy a la ciudad como si viviera en las afueras, pero trabajo en la ciudad.

Le pregunte en donde trabajaba y que tipo de trabajo estaba entrenado a hacer.

F: Pareciera ser un área circular u oval y tiene como crestas en la pared que bajan desde el techo. Tengo la sensación de terciopelo o algo suave sobre las paredes. Existe un pódium para hablar y hay bancas para que la audiencia se sienta. Es una cámara, tengo la impresión de que es la cámara de un concilio. Es para impartir justicia o algo parecido o posiblemente meditación.

D: ¿Hay otras personas allí trabajando contigo?

F: Sí, son mis asistentes. Hay otros que se encargan de... (no quiero decir que son de mantenimiento o servidumbre porque sus trabajos son igual de importantes pero sus tareas no son tan complicadas.

D: ¿Tienen algún tipo de título en lo que tú haces?

F: Defensor de algo, el trabajo es arreglar argumentos cuando existe una diferencia de opiniones, asistir a ambas partes en ver lo correcto de cada posición. Asistiendo a ambos a aceptar un acuerdo común.

D: *¿Tienes algún tipo de gafete de oficina que te pueda distinguir de los demás? ¿o alguna manera que las personas sepan quien eres?*

F: La personalidad sería nuestra distinción porque la personalidad se refleja en el trabajo. Uno instantáneamente puede saber quienes son y que hacen al conocerlos. La gente aquí en la Tierra viste uniformes para decir quiénes son porque ustedes no tienen esto... reconocimiento instantáneo. Sí conocieras a un policía de manera instantánea o intuitivamente supieras que es un policía no necesitaría el uniforme. ¿Puedes entender lo que estoy diciendo?

Aparentemente estábamos en un lugar donde la comunicación mental y la intuición es algo común y altamente desarrollado.

D: *Mencionaste que en tu trabajo estas envuelto en reconciliar argumentos. ¿Es esta una tarea difícil de realizar?*

F: Algunas veces si. Algunas veces las situaciones pueden ser muy complicadas.

D: *¿Ellos siempre te escuchan a ti?*

F: La mayoría de las veces si. Ellos respetan mi autoridad y sabiduría. No existe ninguna desventaja o desacuerdo. El propósito principal de la mediación es resolver el problema y debatir contra el mediador sería contraproducente en su propósito.

D: *Tú sabés como las personas son, es difícil para ellos estar de acuerdo en estas situaciones.*

F: Las personas de aquí son de esta manera; esto no es lo mismo porque las personas aceptan más la opinión de otras personas.

Pregunte si podría darme un ejemplo de un tipo de argumento que sería llamado a mediar y el me mencionó el siguiente caso:

F: En la constelación del Cisne en este tiempo (tardo en usar el termino guerra ya que no sería el apropiado.) existe, un desacuerdo muy fuerte entre las razas de entidades que hay... (No tiene algún tipo de referencia para poder describir esto) no tenemos un precedente en el que podamos manufacturar los conceptos aquí, nosotros simplemente damos la situación. Hay dos razas aquí preocupadas;

el desacuerdo es sobre los derechos territoriales de un sistema de planetas inhabitados. Una raza siente que tiene derecho porque ellos fueron los primeros en explorar este sistema. La otra raza siente derecho porque son descendientes de ese sistema. La situación es esta: existió una transmigración de este sistema a otros planetas y el resultado de la emigración fue una raza de seres que evolucionaron en una flota interestelar o tiene la capacidad de hacerlo. La civilización perdió el camino y pronto perdió conocimiento de su herencia cultural del sistema, así que después del descubrimiento de los primeros exploradores descubrieron su parentesco y ahora están reclamando su título como descendientes.

D: *¿Dijiste que era como una guerra?*

F: No es una guerra porque no hay violencia envuelta es simplemente un argumento muy intenso y desacuerdo. Hay concilios reunidos … La reunión de concilios con representantes de cada raza tratando de llegar a una forma de consenso, tener algún tipo de acuerdo mutuo en donde ambas partes van a sentir que sus metas han sido alcanzadas. Existen derechos de minerales en esta situación. Existe la responsabilidad de cuidado de los habitantes de estos sistemas los cuáles no son tan evolucionados a los que están debatiendo sobre el sistema. Y existe la tarea de asignar la posición de cuidador a uno o el otro o ambos, cualesquiera que asuman la responsabilidad para este sistema. Los descendientes están siendo liderados por uno, que es de una posición de liderazgo y que es muy admirado y respetado por la raza de su gente. Él es su líder. Él esta presionando para una total soberanía sobre el sistema entero por derecho de parentesco y es muy preciso en sus reclamos. Este lado siente que tiene derecho por parentesco y sienten que tienen derecho porque es de sus ancestros y de los habitantes que son menos evolucionados que son su gente. Y los otros reclaman el derecho porque fueron los primeros en encontrarlo.

D: *¿Podría esto convertirse en una guerra si no llegan a un acuerdo?*

F: Ellos no se manejan de esa manera; tienen desacuerdos y discusiones muy candentes, pero no lo resuelven con violencia. Ellos han enviado representantes de cada lado y tienen la obligación de llegar a un acuerdo. Los desacuerdos son validos en ambas partes ya que en esta área de la galaxia o el universo el territorio es reclamado por el precedente del primer descubrimiento. La preocupación de los descendientes son por la seguridad y el bienestar de sus ancestros, lo que no implicaría a los descubridores abandonar su responsabilidad por la seguridad de sus habitantes. Pero ese no es el caso, sería como si tus ancestros fueron encontrados viviendo en una isla reclamada por otro país; así que tú naturalmente tomarías interés en su seguridad. Esta es la situación en este punto.

D: Esto suena muy similar a los indios teniendo derecho a reclamar su territorio y los Estados Unidos reclamándolo al mismo tiempo.

F: Esta situación a ocurrido en muchos lugares alrededor del universo y no es un suceso nuevo. El sistema como mencione anteriormente es rico en deposito minerales. Existe vegetación creciendo en algunos planetas que son deseables para la manufactura de medicinas. Así que hay intereses comerciales establecidos como también intereses ancestrales. A este punto la decisión es de responsabilidad compartida. Esto es, los descubridores son responsables de la exploración y explotación de este sistema; y los ancestros o parientes son responsables del bienestar cultural y social de el sistema. Siempre se desea la armonía y de esta manera vemos que se logran la armonía, pero debe ser, un acuerdo de las dos partes.

D: ¿Alguna vez habrías dado algún tipo de castigo?

F: (Hubo una gran pausa) No puedo hablar de eso ahora.

D: ¿Quieres decir que no tienes permitido hablar de eso?

F: Esto es algo que yo... simplemente no tengo nada que decir. Aparentemente no trato con nada de eso.

D: Solo me estaba preguntando si en tu sociedad, estaba libre de castigo o si no tenían problemas en esa área.

F: No sería lo mismo en esta sociedad, sería diferente.

Siempre trato de marcar donde hay nombres, fechas y lugares. Esto viene de trabajar por muchos años en regresiones normales de vida en la Tierra. Cuando le pregunte del nombre de la ciudad o planeta, el de nuevo me informo que era imposible de convertir esto en sonidos verbales.

F: Los nombres no pueden ser traducidos porque no hay un equivalente de traducción vibracional en el lenguaje de la Tierra.

Debí haber sabido esto, es el mismo problema respondiendo preguntas acerca del tiempo, pero la costumbre prevaleció.

D: *¿Tienen alguna manera de mencionar el tiempo donde estas? Como, por ejemplo ¿Tienen años como los conocemos?*
F: No, no tenemos tiempo porque estamos en la cuarta dimensión donde no hay Tiempo. No existe necesidad de medir algo en donde no aplica.

Esto es un desarrollo extraño. Nunca había tenido a alguien que me dijera que venía de la cuarta dimensión anteriormente, pero nunca había hablado con alguien de otro planeta anteriormente también. Había asumido que estábamos hablando en un mundo físico de tercera dimensión. Por el simple caso que presento. Pareciera que disputas tan complicadas fueran referidas a las cortes de mediación en la cuarta dimensión, tal vez fueron considerados menos influenciadas.

Bajo estas circunstancias donde la entidad estaba describiendo otra dimensión donde yo no tenía absolutamente nada de conocimiento; se hacia difícil formular preguntas que tendrían sentido al ser con quién estaba hablando. Estos conceptos serían extraños y no hay nada en comparación o relacionados.

D: *Ya veo, entonces tu cuerpo no tendría edad en años o algo similar que pudieras Juzgar las cosas ¿esto es cierto?*
F: Las cosas cambian. Es difícil de explicar, pero hay un cambio definitivo con lo que ustedes podrían decir o nombrar tiempo.
D: *¿El cuerpo comienza como un bebe y después crece desde allí?*
F: Es formulado no es nacido. Esta compuesto con lo necesario para hacer el trabajo con el que estaba supuesto hacer y conforme el tiempo progresa como tú dices.
D: *En otras palabras, esta completamente formado. ¿Esto sería correcto?*
F: No, respecto al aprendizaje no es logrado desde el principio. La idea o propósito es aprender, entonces al principio de la formulación existe la falta de aprendizaje que se vendrá conforme la

experiencia y conforme a la experiencia el cuerpo cambiaría lo que se reflejaría en cambios de la personalidad.

D: *Esta bien, estoy tratando de entender esto. En nuestra sociedad comenzamos como un bebe y el cuerpo crece gradualmente para convertirse en adulto. ¿Esto no pasa en tu sociedad?*

F: Esto es cierto. La diferencia es: aquí en la Tierra el cuerpo físico cambia y crece a tal extensión que refleja el crecimiento interior del alma conforme aprende. Esto es un aspecto físico de esta tercera dimensión.

Todavía estaba confundida por estos aspectos, pero decidí continuar con mis preguntas y ojalá la iluminación ocurriría después; cuando tuve tiempo de estudiar y pensar en este extraño desarrollo.

D: *¿Tienen género masculino y femenino como sexos separados en tu sociedad?*

F: No, el sexo no es necesario porque no procreamos como los humanos lo hacen. ¿me entiendes?

D: *No estoy segura ¿entonces como se hace la creación? ¿Es hecha en un lugar separado o algo así?*

Supuse que estaba pensando en algún tipo de laboratorio como la clonación, pero como no entendía el concepto, solo estaba entendiendo de poco a poco.

F: Todo esto es mental. Es energía pensada la cuál es proyectada. Si la necesidad se eleva por un cuerpo y un cuerpo es y luego se convertirá en un vehículo para el uso de la persona para hacer o aprender las lecciones que la persona necesita aprender.

D: *¿Entonces el alma puede entrar al cuerpo en el tiempo donde el cuerpo se materializa?*

F: No, esta no es una materialización física. Todo esto es energía. El alma es el cuerpo. ¿Puedes entenderlo?

D: *Esto es un concepto un tanto extraño para mi, pero lo estoy descifrando ¿entonces cuando el cuerpo es hecho de energía y es mayormente solo el alma que hay acerca de lo que lo rodea, es físico material?*

F: Ellos son energía. Todo es energía. La energía puede ser movida y manipulada como la materia física. Toma solo la realización de que es posible para poder hacerlo.

D: *¿Entonces el grupo unido materializa sus necesidades?*

F: Esto es verdad. Su karma es conocido a través de sus esfuerzos grupales.

D: *¿O sea que tienes que trabajar en el karma también?*

F: Esto es correcto, todos lo hacen.

D: *Entonces en este tipo de sociedad no tienes ningún tipo de familia o algo así por así decirlo.*

F: Si, si tenemos porque somos lo mismo aquí a como somos en la Tierra. No es una familia física, pero tendemos a estar con personas familiares como tú dijeras. Nosotros y yo hablando de manera general de todos los seres vivientes, tienen amistades y familiaridad entre ellos.

D: *Incluso en el estado donde tú eres energía pura existe todavía emoción y sentimientos.*

F: Definitivamente. Exactamente; amor y empatía son parte de la existencia de la personalidad.

D: *¿Qué hay acerca de la comida? ¿Tienen que tomar algo de alguna manera para nutrirse?*

F: No, la comida no es necesaria. Tenemos entretenimiento y lo que llamarías comida es para entretenimiento, sin embargo, esto no es necesario porque no es una realidad física de existencia la cuál estoy hablando. Tienes que entender que esto es pura energía donde en el mundo físico tus cuerpos físicos requieren comida por sus procesos biológicos, pero en esta existencia ¡energía es! no se requiere sostenimiento.

D: *Siempre pensé de otros planetas que serían como nuestro planeta. Ellos todavía tienen los requerimientos físicos.*

F: En los planetas tri-dimensionales eso es verdad.

D: *Estoy intentando relacionarlo en lo que he aprendido acerca entre que yace en los estados, los llamados estados "muertos". Cuando la gente está en los reinos interfísicos. En esta condición un cuerpo ya no es requerido y el alma es libre del cuerpo. ¿Esto es diferente de lo que estas hablando? ¿o son palabras similares a tu cuarta-dimensión similares al vivir en diferentes planos de entre vidas de existencia?*

F: Bueno no es similar, pero es la misma cosa, sí. Cuando alguien muere aquí, tienen la opción de vivir en otro planeta y conocer sus requerimientos. No hay diferencia aquí o allá, es estrictamente una manera de ser en un plano a otro.
D: Ya veo.

Realmente no lo entendí. Estos extraños conceptos me estaban confundiendo. Estaba teniendo dificultad pensando en preguntas que tuvieran sentido.

D: *¿Entonces como podrías morir si eres energía pura?*
F: No mueres como tal. Solo diluyes tu vehículo, por ejemplo, cuando alguien usualmente ha expirado o han aprendido sus lecciones, no hay necesidad por un vehículo, entonces se diluye y la energía regresa a... donde sea necesario. Sin embargo, la personalidad de la entidad permanece separado.
D: *Me parecía que estando en una sociedad donde no podrías morir, aquellas personas les gustaría permanecer allí por siempre.*
F: No te aburrirías muy rápido; por ejemplo, si tu lección de tercer grado se acaba, ¿porque te gustaría permanecer en el tercer grado por el resto de tu vida?
D: *Algunas personas tienen miedo a morir; son tan temerosas de lo desconocido que les gustaría quedarse donde conocen...*
F: (Interrumpió) podría ser confortable, pero no habría aprendizaje.
D: *¿Sin retos?*
F: Eso es verdad, es verdad.
D: *Estábamos hablando de la ciudad. ¿Usan vehículos?*
F: Si, estos vehículos los cuáles son de pura energía como todo lo es en la cuarta dimensión. Pueden materializarse o desmaterializarse como la necesidad se presente.
D: *Lo que estoy tratando de entender es, ¿Por qué necesitarías vehículos si tienes la habilidad de usar la energía y mente pura?*
F: No es muy diferente desde aquí, desde usar una vagoneta a usar una camioneta pick up. Tú estas usando material tri-dimensional para trabajar con material tri-dimensional, es lo mismo aquí. Tú no necesitás material sino artículos de cuarta dimensión para trabajar con artículos de cuarta dimensión. Asi como los cuerpos son formulados; son instrumentos para hacer el trabajo. No es tan

diferente a la existencia aquí en la Tierra, excepto que es una cuarta dimensión en vez de una tercera. En planos más altos, dimensiones más altas y existencias la necesidad a esto es superada al punto que todo es pensamiento. Los espíritus en altos planos no tienen esta necesidad así que simplemente existen en pensamiento y pensamientos solamente.

D: *Eso es lo que estaba tratando de entender pensaba que los seres que eran pura energía no tenían la necesidad de algo más. Aparentemente esto es algo parecido entre lo puramente físico y lo puramente mental. Ellos han aprendido a controlar la mente hacia donde ellos pueden materializar sus necesidades.*

F: Eso es verdad. Deseamos decírtelo que te mostraremos muchas cosas; se te dará acceso a mucha información de registros. Algunos conceptos serán difíciles de traducir, pero, trataremos de hacerlos de la manera fácil posible para que entiendas. Sin embargo, lo siento en decir que hay áreas en las que no podemos ir porque no sería de nuestro beneficio para ti o para mi, de hecho, podría ser dañino para ambos.

¡Este anuncio inesperado me sorprendió! y elevo toda mi curiosidad, mientras mi primera preocupación siempre es por mi cliente, mi lado humano siempre quiere descubrir que podría existir posiblemente afuera que fuera territorio prohibido. ¡Nunca! me habían dado la advertencia como esta antes. Nunca trate de descubrir porque probablemente sería rechazado de todos modos. Algunas cosas son probablemente mejor dejarlas por la paz.

F: La idea es de ayudar, así que esto no es permitido, sin embargo, habrá suficientemente material para satisfacer todas tus curiosidades.

D: *Esta bien podemos dejar esto a tu discreción.*

F: No es mucha mi discreción a lo que es la... "erróneo" si así quieres. No es una decisión consciente de mi parte, existen registros los cuáles simplemente no tengo acceso tan solo por ese hecho. Hay aquellos que son más poderosos que yo que pueden ver por nosotros. Que están de hecho viéndonos ahora en este cuarto y guiándonos en tus preguntas y respuestas; nuestros guias como tales e incluso más altos.

Esto ocasiono que mi vello detrás del cuello se erizara porque frecuentemente siento la presencia de "otros" invisibles en el cuarto cuando hago mi trabajo.

F: Ellos están complacidos porque ven esto como un ayuda hacia las personas en la Tierra si vieran algún daño en esto no pasaría. Ellos no me permitirían hablar, es así de simple; por lo tanto, habrán "áreas prohibidas" que no podemos entrar en las cuáles no estará permitido hablar o acceder.

Le asegure que, aunque tenia curiosidad y quería obtener conocimiento acerca de todo lo que se acercaba en mi camino, nunca haría algo que le causara daño o incomodidad.

Estaba muy entusiasmada de aprender que tipo de información estaría permitida venir en sesiones futuras. Esta había expandido mi mente presentándome un nuevo concepto extraño y una dimensión alta desconocida para mi.

CAPÍTULO 8

IMPLANTANDO

ESTA CONVERSACIÓN DE OTRAS DIMENSIONES me estaba confundiendo y elaborar las preguntas se me hacía aun más difícil. Esperaba por un indulto, un tiempo para ordenar mis pensamientos, para dirigirlo de vuelta a vidas de la Tierra; y allí una vez más estaría en terrenos familiares. Pero ahora me encontraba que las puertas de otros mundos se habían abierto con extrañas existencias, y ya no podríamos cruzar de vuelta al seguro familiar mundano mundo. La razón era muy alarmante porque nunca había descubierto algo así y temporalmente sacudió mis fundamentos y creencias en lo que estaba haciendo. Tal vez es verdad ¡que nada es realmente lo que aparenta!

D: ¿Has tenido muchas vidas en este planeta Tierra?
F: Esta es mi primera vida física, mi primer verdadera encarnación en este planeta. He tenido muchas grabaciones de muchos otros y he estado asistiendo a otros; sin embargo, esta es mi primera verdadera encarnación en la Tierra.

¡Espera! ¿Que quieres decir? Él se había referido anteriormente que él era nuevo en este reino terrenal; que estaba más familiarizado con el área de otros planetas y dimensiones. ¿Pero como podría ser esta su primera vida en la Tierra? Esto era confuso porque cuando empezamos a trabajar habíamos explorado como cuatro vidas que definitivamente habían tomado lugar en este planeta. ¿Entonces que había sucedido en esas previas sesiones?

D: ¿Entonces las otras vidas que exploramos no eran reales?

F: Fueron implantadas y asistidas; realmente no fueron encarnaciones físicas

Esto realmente me desconcertó. Nunca había escuchado de una implantación. En mi trabajo con regresiones o vives una vida o simplemente no. La única otra alternativa es que la persona se invente fantasías o imagine toda la historia. Yo siempre me enorgullecía de poder saber la diferencia. En todo lo que yo había leído acerca de todas las posibles explicaciones de las memorias de otras vidas; yo nunca había escuchado algo como "implantación". Felipe me estaba presentando todo un concepto nuevo. Aun así, me recordaba que no estaba trabajando con la energía estándar terrenal. Estaba confundida, si una vida no es considerada una encarnación física verdadera, entonces ¿Cómo podría saber con lo que estaba tratando?

D: ¿Quieres decir que algunas almas cuando vienen a vivir en vez de haber tenido estas experiencias de vidas pasadas, ellos toman…
F: Ellos pueden sustraer información de los Registros Akashicos e implantar esta información en su alma y así puede ser su experiencia.

Otros investigadores han mencionado que los Registros Akashicos no contienen solo el registro de los eventos, emociones y las lecciones aprendidas.

D: Bueno… ¿me podrías decir como yo puedo diferenciar cuando realizo mi trabajo como en este caso?
F: No, porque ni yo puedo ver la diferencia. Si yo soy un implantado, y esa implantación es tan real como si realmente la hubiera vivido; todas las emociones, memorias, sentimientos, todo virtualmente acerca de esa vida esta en el implante. Así que desde mi punto de vista no sería capaz de diferenciar porque completamente absorbido en la experiencia. Esta es toda la idea de un implantado. Esta es la habilidad de vivir cientos, miles de años en el planeta y nunca realmente haber vivido antes.
D: ¿Cuál sería la razón?
F: Si alguien viniese a este planeta desde otro planeta o dimensión sin la ayuda de implantaciones, uno estaría totalmente perdido. Uno

no entendería las tradiciones, religiones, política, o como actuar en un ambiente social. Esta es la necesidad de la implantación. En el caso de la gente de las estrellas que vienen a este planeta, no tienen experiencias previas de existencia de vida humanas en su subconsciente; y para que la persona se sienta más cómoda y segura, debe de haber algo con el cuál es un punto de referencia y comparar con las experiencias que ocurren de día a día. Si esto no fuera así, el sentimiento de desbalance sería virtualmente presente en cada día, hasta que se presente la oportunidad para que uno pueda ver el pasado y ver la semblanza de la historia. Eso esta en la parte madura de vida, sin embargo, la confusión del desbalance de tener una experiencia como esta, negaría cualquier aprendizaje, y siempre existiría un desbalance, el cuál todo aprendizaje tendría que pasar por un filtro. Todo aprendizaje estaría coloreado de desbalance y sería el resultado que no se aprendió nada. Así que debe de existir este implante para permitir a la persona sentirse confiada en su nuevo ambiente y en aquellas experiencias que podrían ser totalmente extrañas. Incluso por detalles pequeños como un alegato podría ser tan espantoso para la persona que le provocaría un vacío. La gente de las estrellas no tiene experiencia con el enojo o el miedo como tú lo conocés, los incapacitaría, los paralizaría, se traumatizarían totalmente.

Mucha gente cree que todo esto es condicionado de todos modos por el ambiente. La mente de ese bebe esta totalmente fresca y toda la información es aprendida, absorbida y como va creciendo, viviendo su vida. Aparentemente nosotros dependemos más en nuestras memorias del subconsciente que lo que pensamos. Pareciera como si fuera la computadora de un banco de datos, que esta constantemente sustrayendo comparaciones de nuestras vidas diarias. Según a este nuevo concepto un extraterrestre llegando por primera vez a un cuerpo de la Tierra y encarando una cultura nueva extraña debe tener algo en sus memorias pasadas que lo oriente y darles algo con que relacionarse. Toda esta idea era alarmante para mi y abriendo una entera nueva manera de pensar, que podría cambiar todo mi concepto de la reencarnación.

D: *Pero ¿hay alguna manera que yo pueda trabajar con gente que yo pueda darme cuenta si ellos están recordando o reviviendo una vida real o una implantación?*
F: Nosotros preguntamos, ¿Porque deseás saber?
D: *Bueno, ¿podría ayudar a probar lo que sea que estoy tratando de probar?*

Me reí por dentro, porque me resonó esto: ¿De todos modos que estoy tratando de probar? El pareciera leer mi mente.

F: ¿Y que intentás probar?

Sacudí mi cabeza y me reí en desconcierto, "Esa es una buena pregunta".

F: Te mostraremos brevemente lo que contestara a tu propia pregunta.
D: *Bueno, estoy intentando probar la realidad de la reencarnación, porque hay mucha gente que no cree en este concepto; teniendo a alguien que a través de la vida pueda ser capaz de probar que esa persona realmente existió en un periodo del tiempo; y yo intento verificar estas cosas. Pero si alguien recuerda ser una implantación ¿podríamos también verificarla?*
F: Eso es correcto, realmente por la experiencia vivida, incluso si no fue vivida por el vehículo estarías presentemente hablando. Como sea toda la información sería la misma, como si realmente estuvieras hablando con el alma que ha estado en el tiempo de ese cuerpo. Los implantados llegan a ser en realidad una parte de esa alma y llevadas por esa alma.
D: *¿Esta sería una explicación para la teoría que a veces más de una persona aparece que ha vivido las previas mismas vidas pasadas? Por ejemplo, varias Cleopatras, varios Napoleones. ¿Los implantados toman esto en consideración?*
F: Absolutamente, porque no hay... (Él tuvo dificultad para encontrar la palabra correcta) propiedad de estos implantes. Están abiertos para todos y sería inútil tratar de buscar quién realmente fue esa persona, por eso no tiene sentido.

Nunca me había sucedido esto, pero es uno de los argumentos presentados por
los escépticos.

D: *Este es uno de los argumentos de la gente que esta en contra de la reencarnación; Ellos dicen si encontramos mucha gente con las mismas vidas entonces no puede ser verdad.*

F: Ellos están siendo retados para abrir su percepción de conocimiento. Ellos se les ha dado factores que contradicen sus limitadas creencias y son retados para expandir sus conciencias.

D: *Entonces no importan si alguien fue realmente Cleopatra o lo que sea, seguimos teniendo acceso a la información de su vida.*

F: Puede ser verificada fácilmente con la verdadera alma o con una de cientos otras quienes experimentaron el mismo implante. No hace diferencia.

D: *Pero ¿diferentes gentes podrían percibir los implantes en diferente manera? ¿Si una persona fuera cuestionada que tuvo la vida de Cleopatra y otra teniendo la misma vida, podría ser su concepto posiblemente diferente?*

F: Esa es una buena pregunta. Podríamos decir que la experiencia humana es como un filtro y colorea estas percepciones las cuáles atraviesan. Asi que, sí una experiencia en esa encarnación de Cleopatra fuera encontrada sin duda en la conciencia de la persona relacionada, podría ser borrada o cambiada para poder ser presentada de tal manera que no cause la confusión de la entidad.

Eso suena como una edición-automática. ¿Esto podría explicar errores que veces surgir? ¿No sería similar a la manera que la gente lo entiende y usa la investigación para sus propios propósitos y probar sus propios diversos puntos de vista?

D: *Sin embargo, sería verdad, sería justamente maneras diferentes de verlo.*

F: Eso es correcto. Sería presentado como un retrato de lo más exacto posible, pero también muy adecuadamente.

D: *¿Esto podría explicar la cuestión de vidas paralelas, dos vidas aparentemente ocurriendo al mismo tiempo o encimándose una de la otra?*

F: Si, esto es una paradoja o la contradicción que surge de las vidas paralelas. Es simplemente una manera de adquirir experiencia social como, leyes, regulaciones, costumbres, para poder llevar efectivamente la propia encarnación.

D: ¿Entonces realmente no importa si puede ser probada o no?

F: Exactamente. ¿Cuál es el punto? Uno podría ir por milenia buscando "vidas pasadas" que sería totalmente inútil. Sin embargo, hay mucho que se puede aprender de esas memorias; no solamente del punto de vista personal de la persona que esta explorando vidas pasadas, como también de aquellos que están leyendo y escuchando de esto. Mucho conocimiento puede ser compartido para el beneficio de todos.

D: Entonces al revivir vidas pasadas algunas personas reciben muchos beneficios en sus vidas personales como, por ejemplo, entender sus relaciones personales con los demás.

F: Eso es verdadero.

D: ¿Como es que deciden que implantaciones van a tener o alguien más va a recurrir a ellas? ¿Hay implantaciones escogidas por ciertos individuos?

F: La implantación es determinada por las metas de la encarnación a ser, por ejemplo, si uno llegara a ser un líder, un presidente, por instancia, uno podría tener varios implantes de varios niveles de lideres desde tribales hasta pasados presidentes posiblemente, tal vez un alcalde, tal vez hasta un líder de ladrones. Si el énfasis es un liderazgo, muchos implantes de naturaleza de líder podrían ser usados para que la entidad se familiarice con el aspecto de la idea de que tipo de trabajo de trata. También existe lo secundario incluso la ventaja terciaria de aprender de la humildad, paciencia, diversión y el entretenimiento. Todas las muchas experiencias están en estos implantes. El método de implantación esta más allá de mi. El efecto es experimentar muchas vidas, tal vez simultáneamente, tal vez en serie. Pero el efecto es aprender las lecciones desde las experiencias de las otras personas; las lecciones se comparten. Las experiencias que cada uno de nosotros estamos teniendo en esta vida y al final están siendo disponibles para ser implantadas por quien sea que podría usarlas. Es simplemente como si usaras un libro de la biblioteca, si considerases que cada libro es una vida al leerlo lo entenderías instantáneamente.

D: *¿Quieres decir que la energía de la vida es guardada en un libro y colocada en una librería para que este disponible por aquellas personas que utilicen esas vidas como implantes, si así desean usar esa información?*

F: Eso es correcto. No hay limitaciones en cuantas pueden ser empleadas en una vida en particular. Miles de personas pueden ser implantadas con la misma experiencia simultáneamente.

D: *¿Entonces para mi sería posible regresar a más de una persona a una vida en particular y que tendrían la misma implantación en las dos personas?*

F: Eso es verdadero. Las implantaciones son escogidas antes de la encarnación. Hay un método mucho más complejo de entender, pero podrías decir que hay una computadora, un programa maestro que tiene acceso a cada una de las vidas pasadas, son alimentadas para la planeación de esa vida, se selecciona las implantaciones más apropiadas y se entrelazan. Existe una jerarquía de espíritus que es su trabajo es hacer esto. Un concilio que supervisa todo esto y ellos asisten al alma del ser. Esta computadora o concilio se le es dada toda la información acerca de la misión y las experiencias pasadas de los vehículos que fueron extraídas; así existe una elección entre toda una vida pasada que ha sido depositada en los registros y que igualan entre el cuál le pertenece y la experiencia que va a comenzar. Todas las memorias, todos los pensamientos, todos los sentidos, todo lo real y existente de esa vida que habría tenido allí, se halla intacta. Todas las experiencias, recuerdos, emociones son implantados en el alma y llegan a ser una parte de esa alma. Esta información es llevada después del termino de la encarnación y es un regalo de haber tenido una vida en este reino de existencia, de esta manera llega a ser permanentemente una parte registrada de el alma.

D: *¿No sería apropiado decir que los implantes son patrones de conducta? ¿Sería empleada otra palabra? ¿Al escoger estos patrones para después usarlos como un patrón en tu vida?*

F: Eso podría ser usado.

D: *Acabo de tener una idea interesante. ¿Es como si hicieras una investigación de biblioteca?*

F: Si, se te dan libros con muchos tópicos y con el conocimiento en mano para que la estudies y aprendas.

D: *¿Pero cuando realmente una persona vive una vida, obtiene más experiencia del día a día, a comparación de obtener el valor de una implantación?*

F: Si tú estas hablando desde el punto de vista del karma, podríamos decir que no es apropiado. Para el ser implantado solo le provee una referencia. No lo asiste en trabajar para quitar el karma; simplemente es una herramienta para ayudar a trabajar en su karma. Si todos recibiesen implantes entonces estarían estáticos y por lo tanto nadie experimentaría vidas verdaderas y eventualmente no habría nada relativamente para implantar. Asi que debe de existir vidas reales vividas para ser adicionadas a esta librería.

D: *Sí, mientras el alma preferiría el atajo que realmente experimentarla.*

F: Para algunas almas son apropiados estos atajos, pero para otros no. Para este vehículo esta viviendo toda una vida que es apropiada. Se podría decir que el pudo haber simplemente esperado por alguien más que tenga una encarnación de esta experiencia de este tiempo y después recibir esa implantación ¿o no es asi? Sin embargo, la verdadera experiencia no habría sido aprendida. El libre albedrio del alma esta aquí, en cuanto el implante es hecho por el libre albedrio del alma y no por decisión de alguien más. Todo lo que involucra la información es dada a esta computadora y aquellas encarnaciones apropiadas son dadas para las implantaciones. Estas a su vez, están disponibles desde la fuente, pero el individuo hace la decisión final. El alma tiene el poder para rechazar si encuentra un implante que no es aceptable para el o por cualquier razón. Si él simplemente decide usar su autoridad para decir, "No deseo tener ese implante" se realiza.

D: *Eso me causa un poco de confusión. ¿Me estas diciendo que no hay cosa tal como las reencarnaciones como las conocemos?*

F: Dejame decir que existe una progresión de cuerpo a cuerpo, también hay implantes. Alguien podría haber vivido realmente cinco vidas, pero tiene la experiencia de 500. Es una combinación de efectos.

D: En otras palabras, esa es información que tienes desde el nacimiento y es utilizado durante tu vida.

F: Los implantados están completados al tiempo del nacimiento, pero implantes extras están disponibles cuando sea necesario. Esto sería similar cuando preparas tus maletas para un viaje y durante el viaje a uno se le olvido algo. Como tal existen almacenes en el camino (estas familiarizado con mapamundi) por ejemplo, podrías tener fronteras físicas de los Estados Unidos sin fronteras políticas como son los estados o condados, pero estos estarían en transparencias, cada transparencia esta marcada en secuencia y con la imagen completa. Esto podría ser usado como una analogía de implantaciones. Las implantaciones podrían estar empalmadas de diferentes maneras, una siendo en un sueño o una experiencia física de algún tipo. Una experiencia traumática como puede ser la muerte de un familiar o la perdida de trabajo o en cualquier tiempo donde uno este marcado por alguna experiencia. Estar contento o en luto o de cualquier manera de los dos, la llave aquí es estar abierto uno mismo; esa implantación la cuál es necesaria encajaría perfectamente sin que se de cuenta por la persona (pero el factor es de que tú puedas también realmente vivir muchas vidas sin tener una implantación). Las implantaciones son simplemente ayudas. No son necesarias para todos, pero son absolutamente imperativas para la gente de las estrellas.

Aparentemente el subconsciente de Felipe estaba usando otra forma de protección cuando primeramente empecé a trabajar con él. Permitiendo que las implantaciones se mostraran primero en las regresiones de tal manera que Felipe no aprendiera de sus conexiones de otro mundo hasta que estuviera listo en aceptar y entenderlas. Si no hubiera continuado trabajando con él, las historias de sus vidas en otros planetas nunca hubieran emergido. Esto también se puede decir en otras personas. No habría manera de que yo supiera y ciertamente ellos tampoco sabrían que estábamos tratando con gente de las estrellas. Era una forma de protección única. Yo había estado observando esto hace tiempo trabajando con otras personas. La mejor información únicamente surge después de trabajar por los periodos largos de tiempo. La relación debe estar establecida para que la persona la revele; este trabajo demanda mucha paciencia, si yo me hubiera cansado o rendido muy pronto nunca hubiera recibido cualquiera de estas historias que he escrito en mis libros.

D: *¿La gente de las estrellas o los otros extraterrestres vienen a la tierra naciendo sin espíritu dentro del cuerpo? Quiero decir ¿vienen a la tierra y manufacturan o asimilan un cuerpo para mezclarlo con la gente?*

F: Eso es correcto. Se ha logrado muchas veces y continuará una y otra vez. Es muy simple la asimilación de materia de las energías de la tierra para representar como se desea ser vista. No es una tarea.

D: *¿Sería un cuerpo solido real o solamente un cuerpo visual?*

F: Tendría ambos aspectos. No sería tan denso como un cuerpo físico el cuál requiere sustento por energías mentales.

D: *¿Por qué harían esto?*

F: Esto sería para impartir algunos mensajes importantes, quizá para algunos individuos especiales o para alguien que esta activamente buscando comunicarse con estas personas.

D: *¿Alguna vez han asimilado un cuerpo para quedarse por un rato en la tierra?*

F: Si fuese necesario se puede hacer indefinidamente. No habría tiempo delineado para esto, el tiempo empleado sería determinado por la misión asignada.

D: *Ya veo. Hemos escuchado historias que gente podría estar viviendo entre nosotros y que realmente no son humanos, por asi decirlo.*

F: Es enteramente posible.

D: *¿Estas personas quienes han venido, asimilado cuerpo y viven entre nosotros son algún peligro para la raza humana?*

F: Ellos están en peligro tanto como la raza humana lo están de sí mismos. Incluso ellos son mucho menos peligrosos porque ellos están aquí para asistirnos y ayudarnos. Su misión es simplemente para iluminarnos y si esto no es considerado ayuda, entonces no recibe ayuda la raza.

D: *¿Hay alguna manera en la que podamos reconocer a personas de las estrellas?*

F: No deseamos que se publique algunas de las características distintivas porque no hay. De hecho, ellos son tan reales de carne y hueso como cualquier ser humano. Existen pistas que se podrían tomar como un indicador. Sin embargo, no sentimos esto apropiado en darlo, porque podría crear una atmosfera de caza de brujas e invadiría la privacidad de aquellos quienes aun no se han dado cuenta de su herencia. Podría causarles mucha preocupación o pesar innecesario.

Esto es verdad, debe de existir gente afuera como Felipe que no tienen ninguna indicación que son originalmente de las estrellas.

F: Porque si algún individuo que estuviese buscando personas como estás, tendría por naturaleza una mente acusadora teniendo una caza de brujas y no deseamos ser parte de esto. No deseamos hacer carnada a individuos con esta información donde ellos podrían ser perseguidos a expensas de alguien más. Ellos serían vistos como extraterrestres y no como humanos. Todo individuo que camina ahora en la tierra ha recibido el derecho de hacerlo.

D: *Bueno, nosotros estamos condicionados por nuestras películas y seres de televisión que todo lo que es extraterrestre debe de ser malo.*

F: Eso es correcto exactamente, tú estas condicionada. Esto no es un factor, es simplemente una condición. Nosotros sentiríamos que sería más apropiado expresar en tu libro, porque tú no incluiste información, que distinguiera a estas personas y traer este aspecto a la luz, porque muchos no considerarían esto. Hay aquellos como nosotros que hemos dicho, quienes les encantaría nada más que encontrar a alguien y cazarlo, (caza recompensa humana) por asi decirlo. Existen leyes en contra de estas cosas como es la segregación y el racismo abierto, etc. Sin embargo, no existen leyes en este tiempo que protejan a las personas de las estrellas y esto abriría otro juego, por asi decirlo. Esa es la mentalidad que existe.

D: *Bueno, ¿Esta gente que ha venido asimilando cuerpos y vivido entre nosotros por un tiempo, no tendrían emociones como nosotros? O ¿Ellos no tendrían conocimiento de implantes?*

F: No estamos hablando de asimilaciones aquí, estamos hablando de personas de las estrellas regulares. Ellos tendrían el implante de conocimiento de lo que son las emociones y como tratar con ellas. Eso es exactamente la razón de los implantes. Nosotros diríamos que las asimilaciones son de otro asunto. Estas no son del tipo de material de los implantes. Estos son individuos especiales que han estudiado la raza humana al grado que ellos se sienten muy confiados y pueden mezclarse sin ninguna diferencia de apariencia por aquellos que los rodean.

D: Pero ellos no tienen algunas emociones donde recurran a ellas, ¿Tienen solamente observaciones?

F: Estamos en desacuerdo con esto, porque ellos son tan humanos, que pueden marchar y roncar al igual que nosotros.

D: Yo creo que eso es lo que los humanos piensan, que los extraterrestres no tendrían emociones y serían más o menos como robots. Esta idea es lo que le espanta a la gente.

F: Ellos estarían más que complacidos en observar la unión de las razas planetarias para la celebración de un nuevo orden. Porque ellos verían muchas emociones como llorar, reír, cantar y bailar ya que estas no son estrictamente experiencias de la tierra. Los seres humanos siempre parecieran sentir que todo lo que hacen es enteramente original. Esto es en parte lo que significa una hermandad universal donde incluso las emociones son compartidas por el universo y que no son simplemente parte de la experiencia humana ya que existe alegría a través de los universos, existe lamento a través del universo, existe el enojo a través del universo, existe el miedo a través del universo. Sin embargo, son manifestadas diferentemente en estos diferentes reinos. El equivalente humano de enojo y miedo es el negro. Esto se traduce a otra frecuencia vibracional que no es equivalente con respecto a la tierra, donde es insuperable en este momento. La humanidad ha estado en las cadenas del miedo por mucho tiempo y ahora es el tiempo de romper las cadenas de esa herencia y liberar al hombre para aceptar su propia responsabilidad y que llegue a ser parte de la hermandad universal. Si fuese liberada esa herencia hacia la población general del universo, el miedo se esparciría. Así que están aislados para tratar con su miedo a su manera. Cuando tú has contenido y tratado con tu miedo en tu propio pequeño planeta entonces se te permitirá pasearte en el universo y conocer otras civilizaciones quienes nunca han tenido esclavizados por este miedo. Ya que el miedo es contagioso y no deseamos que cause miedo entre las más delicadas creaturas porque serían devastadas por el simple pensamiento de miedo; las cuáles ellos nunca han experimentado estos términos. Porque están verdaderamente llenos de fe y no tienen necesidad de tu tipo de miedo.

D: *¿Es el miedo estrictamente una cualidad humana?*

F: En este punto en el planeta; es una enfermedad. Están en cuarentena la cuál los mantiene en su pequeña esquina del universo. No es una enfermedad en otras áreas. Existe un mal uso y sobreuso de todas las energías y tal es la posibilidad y este es un ejemplo de mal empleo de la energía del miedo en este planeta. Es destructivo y no constructivo, por lo tanto, es mal empleado. Sería difícil de encontrar una analogía apropiada para esto porque sería imposible permitirte entender el miedo de una manera constructiva. Cuando esta enfermedad sea superada entonces las puertas se abrirán y se les permitirá visitar otros planetas y mucho más.

D: *¿Desde hace cuánto tiempo estos seres han estado llegando a nuestro planeta?*

F: Han estado apareciendo ocasionalmente a través de la historia de la tierra. Siempre ha habido visitaciones por aquellos quienes nunca han encarnado pero visitado y hay una diferencia distintiva. La visita podría durar un día o podría durar años, pero nunca podría ser una encarnación. Los seres quienes están encarnando son más recientes, su mayor influjo fue recientemente comenzando en las últimas décadas.

D: *¿Entonces es verdad que la teoría de la gente que vienen de otros planetas ha venido e influenciado a nuestros ancestros para aprender nuevas cosas y mejorar sus vidas?*

F: El factor es que la raza humana nunca podría evolucionar. No habría raza humana como tal, si no fuesen por las visitaciones. Esto fue desde antes del comienzo de la raza humana.

CAPÍTULO 9

MUERTE EN UNA AGUJA

DESPUÉS DE SABER SOBRE LA IMPLANTACIÓN EN ESTA SESIÓN estaba confundida, me habían dado mucho material inusual que intentaba absorber, digerir y entender. Tendría que reevaluar mi forma de pensar entera y ver como esto encaja en la información dada por otros cientos más. Es una conmoción en que se amenace tu estructura de creencia. Pero me he dado cuenta que debo de ser flexible porque verdaderamente no sabemos todo. Nosotros probablemente tengamos suerte, sí incluso podamos entender la punta del iceberg. Al referirme a las teorías yo me sentía confiada, sabia que podría llegar a ser prejuiciosa ciertamente como los dogmas religiosos que insisten que solo existe una sola manera. Mantener una mente abierta es extremadamente difícil, pero es la única manera de buscar el último conocimiento.

Felipe también estuvo profundamente pensado porque recordaba muchísimo de lo que había dicho durante la sesión, yo no tuve que intentar explicarle esto. De todos modos, dudaba si pude hacerlo en este momento. Después de varios minutos de reflexión el dijo "Sabés, creo que por primera vez estoy comenzando a entender muchas cosas que me habían pasado en mi vida y aunque no le entiendo todo, pero mucho de esto esta comenzando a tener sentido. Esta es una explicación que nunca hubiera pensado en millones de años."

Yo le dije que era algo muy importante, si él entendió algo de la sesión eso le ayudaría, sin importar que tan raro suena para alguien más. La regresión hipnótica es extremadamente personal y cosa privada. Él decidió confiarme y decirme algunas de sus experiencias extrañas que muy pocas personas sabían de experiencias que hasta ahora no tenían una explicación racional.

Cuando yo trabajo con una persona por mucho período de tiempo, naturalmente una relación personal se desarrolla, de otra manera no habríamos tenido acceso al subconsciente. Yo usualmente llego a ser un tipo de, imagen de "madre confesora" una escucha, un sonido, en el cuál pueden confiar. Yo nunca, obligo o hago preguntas acerca de sus vidas privadas. Tampoco los juzgo, cualquier cosa que ocurra fuera de nuestra relación de trabajo no es de mi interés. Quizá todo esto es parte de la confianza y relación que se construye gradualmente entre la persona y yo. Pero durante el curso del tiempo ellos usualmente me lo confían, porque mayormente ellos saben que no podrán ir más allá y usualmente ayuda a explicar las cosas que serían confusas. Estas confesiones cuando ocurren son usualmente espontáneas, seguidamente, son detonadas, por una sesión especialmente reveladora.

Felipe hablo de sus años en crecimiento cuando su amigo más cercano era su hermano gemelo, Paul. Él estaba consciente de que los gemelos idénticos usualmente tienen algún tipo de conexión psíquica, pero él nunca había sentido algo fuera de lo ordinario. Existía la competición natural por la atención de su padre, en el cuál su hermano Paul sobresalía. Los gemelos tenían totalmente intereses diferentes. Paul era atlético y estaba interesado en todos los deportes y actividades en la naturaleza tales como la pesca y la caza, las cuáles eran del mismo interés de su papá. Felipe era exactamente lo opuesto, era más introvertido, interesado en libros, lectura y de actividades mentales. Esto quizá había sido el origen de su sentimiento de sentirse fuera de lugar. Él únicamente sabía que siempre tenia un sentimiento vago de no pertenecer, de ser diferente, de no sentirse "bien". Él no podía recordar algún momento en particular en su niñez que pudo haber pasado para causar este sentimiento. Solo pareciera que siempre estaba presente. Él se llegó a acostumbrar a ello (realmente no le molestaba, solamente era algo en el que estaba consciente y que nunca intentaba examinarlo o pensarlo muy profundamente. Él dijo que era un sentimiento de no estar en contacto con este lugar pero que realmente no pareciese que le causara algún problema. Él estaba temeroso de las emociones y no podía expresarlas abiertamente. Muchas cosas le confundían, especialmente la conducta humana. Él no podía entender porque la gente se comportaba de esa manera, porque ellos decían las cosas como las decían, como ellos podían lastimarse unos a los otros sin importales. Durante toda la preparatoria trato muchas veces de encajar, actuar de la manera que los otros lo hacían, comportarse de la misma manera. Pero dentro de él sabia que solamente estaba pretendiendo, únicamente una apariencia. Él no podía ser como los demás y únicamente los intentos hacían las cosas peores; él llego a confundirse mucho más. Él llego a salir con chicas, pero nunca le permitió a ninguna de ellas que se acercaran a él), el temía envolverse emocionalmente. Sus relaciones durante ese tiempo y después fueron muy superficiales. Yo creo que él temía ser lastimado si hacia algún tipo de compromiso.

Después de graduarse de la preparatoria y continuar con su educación se mudo a la ciudad de Kansas por un tiempo y se unió a la Naval mayormente por la experiencia de estar por su cuenta. Él disfruto estas diferentes experiencias y los sentimientos vagos fueron empujados hacia atrás y no lo molestaron durante ese período de tiempo. Los lazos de casa eran muy fuertes y siempre regreso a su casa donde creció. Él siempre tenía sentimientos de aislamiento cuando estaba por mucho tiempo fuera.

El clímax de su vida llegó cuando tenia 22 años y se mudo a California a vivir con su hermana. Durante ese tiempo comenzó a experimentar sueños extraños y viajes astrales. Él leyó sobre esas situaciones, pero nunca discutió acerca de ellos con alguien más. Él cree ahora que hubiera sido diferente si tuviera alguien con quien compartir tales cosas. Alguien que le dijera que esas experiencias no eran inusuales y eran compartidas por muchas más personas.

Uno de sus primeros viajes astrales, ocurrió espontáneamente una tarde mientras estaba tratando de tomar una siesta. Con un extraño tirón salió de su cuerpo y se encontró a el mismo flotando fuera de su cama. Después se elevo y atravesó el techo hacia la dirección del departamento de arriba. Él explico que esta experiencia tuvo una textura extraña, como una sensación arenosa como estar en el agua con la arena raspando. Después inexplicablemente se encontró a si mismo con la presencia de una mujer quien estaba recitando algo. Él dijo que "era como una letanía o historia", era la historia de mi alma, mi existencia o existencias y todo. La única cosa que realmente recuerda fue lo que ella dijo, tú fuiste alguien grandioso en otro universo." No fue atemorizante sino una experiencia muy placentera.

Él tuvo varias experiencias después de eso, mayormente visitas a la casa de alguien, su hermano o amigos. Sus sueños se hicieron más reales, más vividos. Se estaban haciendo más poderosos. "Pareciera que aquí yo no podía comunicarme con las personas de la manera en que lo hago ahora, las palabras eran no adecuadas en expresar cosas porque no estaba siendo una persona tan expresiva para empezar y cuando estaba de regreso en este plano siempre me sentí tan restrictivo y aislado de las demás personas. Quiero decir que allá, es el todo, un pensamiento es recibido y sentido totalmente. Tú sabes todo lo que va con el pensamiento y aquí las palabras expresan solo una pequeña porción del pensamiento entero. Un sueño que tuve fue como si estuviera viendo esto, vemos a los sueños en nuestro estado despierto aquí, pero en ese sueño estaba consciente de ver este plano desde esa perspectiva, ni siquiera era blanco y negro sino solamente gris. Era como si esto fuera tan superficial comparado con la profundidad de la realidad en ese otro lado. Me sentía realmente decepcionado en este plano total de existencia y solamente no quería quedarme aquí, empecé a leer mucho acerca de esto y mientras más encontraba más quería irme de aquí."

La idea de suicidio no era enteramente nueva para él, había llegado dentro de sus pensamientos muchas veces durante su vida pero, solo pasaban, nunca, como algo tomado seriamente pero, ahora sus depresiones periódicas se estaban haciendo más frecuentes y duraban más. Él describió como si esta vida no tuviera ningún sentido y fuera "un sentimiento vago de tipo tristeza, esta vida es divertida y puede ser difícil y frustrante, pero en realidad no me impacta donde estoy. Nunca he sentido que esta sea casa para mi". Él comenzó a sentir un tipo de sentimiento de nostalgia por este otro plano el cuál había tenido acceso por unos instantes, desde que eso la confusión y depresión se convirtieron en su compañía.

Durante ese tiempo decidió regresar a casa a recoger su motocicleta, tenía todo a su alcance para él. Él compartía un departamento con su hermana, tenia un muy buen trabajo y era responsable del puesto de gerencia sobre varios trabajadores. No tenia ninguna limitación de lo necesario para nuestras vidas, pero no era suficiente.

Él pensó que un viaje a casa lo haría sentirse mejor pero la depresión aun estaba presente. Su hermano gemelo decidió regresar con el junto con la motocicleta de regreso a California. Nadie en su familia estaba consciente de que algo estuviera diferente, Felipe siempre fue reservado y serio, pero cuando empaco todas sus pertenencias recogió un objeto muy inusual una jeringa hipodérmica que su familia usaba para inyectar a animales. La metió en su equipaje dándose la excusa que tal vez un día le encontraría uso. Esto demostró que alguna parte de él estaba buscando algún método de suicidio y preparando el camino aun sin que el estuviera consciente de ello.

Había algo acerca de California que se sentía aislado y fuera de lugar ahí, incuso en multitudes se sentía solo. Cuando regreso la depresión de volvió más fuerte hasta que lo abarco todo incluso en la presencia de su hermano y hermana no había diferencia. El sentimiento de estar fuera de lugar o que algo no estaba "bien" fue empeorando gradualmente. "Estaba ahí pero antes no era algo que no podía manejar, no era algo constante. Soy una persona muy malhumorada, siento cada humor muy intensamente por ninguna razón simplemente empezaba a sentirme muy deprimido y melancólico, pero en ese tiempo me lo estaba sintiendo muy fuerte ahí en California. Estaba todo atado a la depresión asi que decidí que realmente quería irme al otro lado que ya había vivido lo suficiente, había visto lo suficiente y estaba listo para renunciar."

Él fue a trabajar ese día, pero empezó a sentirse muy desgastado emocionalmente, muy deprimido y sin energía. Él sabia que no podía hacer nada en el trabajo y no quería hacer nada en el trabajo. Él hizo la excusa de decir que estaba enfermo y que quería tomarse el día libre e irse a casa. No era algo físico, era todo emocional y mental pero realmente no se estaba sintiendo nada bien.

En casa el plan que había estado planeando escondido su mente empezó a salir a superficie. Él encontró la jeringa y después de hurgar alrededor de la cocina encontró una botella de whisky con un alto porcentaje de alcohol puro, lleno la jeringa con alcohol y la metió en su bolsillo.

Felipe manejo sin dirección con su motocicleta mientras su mente estaba solo ocupada en su plan. "Había escuchado de personas que lo hacia de una manera muy rápida como saltar de un edificio de gran altura con multitudes y todo eso, pero yo no quería a nadie alrededor.

Pensé que esto era una situación muy privada y que quería hacerlo en un lugar aislado, estaba muy decidido. Estaba convencido que ya tenia suficiente y estaba cansado de vivir… solamente cansado, punto."

Realmente no tenia ni idea a donde estaba manejando hasta que se encontró con un pequeño camino de terracería que lo llevo hacia la playa. Ahí había una cadena que cerraba la entrada y apenas pudo cruzar su motocicleta. El camino era muy estrecho asi que no era apto para que pasaran carros. Lo llevo a un grupo de cabañas abandonadas en una bahía aislada. Años atrás posiblemente era un resort de verano, pero ahora solo eran 12 cabañas que se habían convertido en un lugar abandonado. La bahía estaba rodeada de arboles y precipicios con camino en la playa muy limpio. La única entrada era el camino estrecho. El panorama estaba perfecto, aislamiento completo, sin ninguna alma viviente alrededor, él estaba solo con sus pensamientos y propósito.

Por un tiempo exploro las cabañas abandonadas, camino alrededor de la playa, tiro algunas piedras al mar y disfruto el sol, pero la razón principal de estar ahí no se mantenía dormida, resurgió en su mente regresar a su plan. Él me dijo muy determinadamente, "tenia la jeringa cargada con el whisky, me senté en la arena viendo a la jeringa y pensando por un momento. Quería estar seguro de que eso era lo que quería hacer, no quería sentir que estaba presionado o por alguna razón lo estaba haciendo mal, decidí que tenia el lugar y lo necesario para hacerlo y si lo iba a hacer no había mejor momento para hacerlo, estaba fuertemente decidido en pasar por eso."

Algunas personas dicen que inyectar alcohol en la vena es suficiente para matar. Otras dicen que depende de la calidad del alcohol, la cantidad inyectada y el peso de las personas y otras variables asi que este punto es debatible. Felipe dijo que nunca pensó que no funcionaria. Él nunca considero esa posibilidad. Yo creo que lo importante era el compromiso intencional de matarse. El método, aunque era inusual no era la situación importante. Él había escogido un lugar aislado, tan aislado que su cuerpo no hubiera sido encontrado por mucho tiempo. El hecho de que no hubiera nadie alrededor de él demostraba lo serio que estaba al respecto. La única forma que lo hubiera detenido de tomar su propia vida era si alguien aparte de un humano, alguna agencia física hubiera intervenido.

"Puse la aguja en la vena de mi brazo... tenia el pulgar en la jeringa." Él tomo una pausa y recordó el evento. "Y después pensé en mi hermano, mi hermano gemelo y eso fue lo que realmente me paro."

Pensé que había considerado todo, todas las posibilidades y el peso con todos los pros y contras, pero de repente vi la cara de mi hermano, no era un pensamiento en particular, estaba pensando en Paul y si realmente lo quería dejar o no. Si pudiera hacerle eso a él, que pensaría de mi o como se sentiría después y asi.... Retire la aguja, me mire y sentí vergüenza y asco. Me sentí como si me traicionara a mí, mismo de alguna manera, por haber ido tan lejos... tiré todo, la jeringa y el alcohol al océano".

Felipe se sintió limpiado, aliviado y de alguna manera volvió a nacer, pero esto no era el final de la historia cuando regreso al departamento de su hermana se encontró con otro drama que había estado presente kilómetros afuera en la misma playa en el mismo tiempo que hizo la decisión de vida o muerte.

Su hermano Paul estaba buceando y se atrapo en una corriente. Estaba siendo jalado y ahogándose cuando ocurrió un milagro, que nunca pudo explicar apenas pudo salir a la superficie cuando colapso en la playa de cansancio. ¿Era esto coincidencia?, Felipe no lo piensa, él dijo, "Yo sentí de verdad que si hubiera decidido hacerlo e irme él se hubiera ahogado también. Pero no lo se, pudiera haber sido de alguna manera u otra. Tal vez me estaba poniendo en una situación de estar listo en caso de que se ahogara. Nosotros hemos sido muy cercanos por ser gemelos, pero nunca realmente hemos sido tan físicamente conectado, era como si los dos estábamos alejándonos de todo cuando regresamos al mismo tiempo."

¿Coincidencia?, ¿Quién sabe?, existe una teoría de los gemelos idénticos como parte de una misma alma. Yo he aprendido durante mi trabajo que antes de entrar a la vida, ciertos contratos y compromisos son hechos por otras personas especialmente aquellos dentro del grupo familiar. Ellos pudieran haber acordado estar aquí por el tiempo que mutuamente hubieran querido. Lo que sea que fuese definitivamente fue una influencia en cambiar la opinión de Felipe acerca de dejar su vida.

Otra extraña experiencia ocurrió aquella noche otro incidente en sobresalir aquel inusual día. Cuando se fue a la cama tuvo una experiencia astral muy fuerte. "Salí de mi cama y me vi a mi mismo y me fui al cielo e incluso más allá de la tierra. Recuerdo mirar hacia abajo y ver la tierra detrás de mi haciéndose muy pequeña y después ya no recuerdo nada más, pero recuerdo haberme despertado y saber que había estado en otro lugar. Era como si mi conciencia entera había sido tomada a otro lugar. Lo que sea que haya ocurrido esa noche supe después que tenia que permanecer, no recuerdo que paso allá afuera, pero sabía que no era el tiempo de irme y que no tenia que hacerlo. Cuando el tiempo sea, pasará; nunca había sentido que tuviera alguna misión en particular en mi vida o propósito, solo simplemente estar aquí y hacer cualquier cosa que estuviera haciendo en ese tiempo. Me sentí que tengo que estar aquí, no existe duda solo que, saber acerca de esos otros planos enriquecía mi vida y me ayudaba a lidiar con ella, pero al mismo tiempo estar consciente de los momentos inesperados de la vida, te jalan y fuerzan a convertirte en más responsable. Una vez que tomé la decisión de continuar aquí, tuve que aceptar mi vida y todos sus acontecimientos en este plano de existencia así que, en lo que respecta estoy muy feliz que hice lo que hice que estuve tan cerca."

Pienso que Felipe estaba haciendo un punto importante, debe de existir personas que han tenido el mismo tipo de sentimientos, él dijo que nunca sospecho que era diferente a los demás. Él solo se sentía, incomodo la mayor parte de su vida, averiguar que fue un extraterrestre, fue una sorpresa, pero no un shock, porque sintió que le ayudo a explicar su vida al fin él podía entender porque estaba viviendo aquí en este tiempo.

Pareciera que la implantación es un hecho entonces no es un sistema infalible. Tiene que haber otros que han cometido suicidio el cuál no ha sido relacionado con algún evento traumático en su vida simplemente por estos sentimientos vagos de sentirse fuera de lugar como Felipe, ellos no pueden entender que estas emociones son suficientes para describir su enfermedad a alguien. Esto es más común de lo que pensamos.

Estas sesiones han estado llenas de sorpresas para mi y si Felipe estaba ganando más visión y ayuda para ellos, entonces eran importantes.

CAPÍTULO 10

EL DESCUBRIMIENTO DE LAS TRES ESTRUCTURAS

MI TRABAJO CON FELIPE estaba progresando muy bien y cada sesión tenía muchas sorpresas. Nunca había trabajado con una persona en regresiones como la manera que lo hice con Felipe. Mi mejor trabajo siempre ha sido con gente sonambulisticas, el tipo de personas quienes totalmente pueden transformarse en la personalidad de la vida pasada y que al despertar no recuerdan nada. Sus mentes conscientes están completamente suprimidas, ellos están totalmente inmersos en la personalidad de ese pasado, el período del tiempo y nada más. Especialmente, la vida que están viviendo solo existe para ellos. Mi trabajo con Felipe ha sido inusual porque él ha podido; disociar su mente consciente, en un grado muy remarcable, respondiendo a las preguntas de una manera objetiva como de un sonambulistico, pero el estado de trance no fue absoluto y todavía podía relacionarlo en su vida presente y extrayendo experiencias de su consciente para comparar la información en analogías. Él recordaba con gran detalle, que es lo que había pasado, durante la sesión en comparación a un sonambulistico que virtualmente no recuerda nada. Este tipo de trance hipnótico, donde la información fluyo a través de un vehículo (cuerpo) el pensamiento dirigido desde otra entidad o grupo de entidades se conoce como canalización. Yo he escuchado acerca de esto, pero esta fue mi primera experiencia personal con ello.

Yo le pregunte a Felipe qué es lo que había sentido cuando esto estaba ocurriendo. "¿Sentiste como sí te hubieran empujado a un lado y solamente observando sin control sobre lo que se dijo?

"No", él respondió después de pensar la pregunta e intentando como explicarlo. "Eso no sería preciso, lo que yo he sentido cuando esto esta sucediendo no es que me habían empujado a un lado, pero como si me hubiera expandido. Mi conciencia se expandió y aún así como centrada. Así que me siento muy cercano a estas impresiones que me están dando y después interpreto los conceptos a palabras. Me di cuenta de que mi patrón de hablar es diferente cuando estoy haciendo esto, es como si no tuviera que parar y pensar cuando estoy hablando porque ya esta fluyendo. Se me esta dando la información en grandes proporciones y todo lo que tengo que hacer es interpretar el concepto que se me esta dando. De esa manera se hace más fácil que un discurso normal; porque no tienes que parar y pensar las palabras que vas a usar, o tú no tienes que pensar el concepto que quieres decir. Todo lo que tienes que hacer es encontrar las palabras apropiadas, pareciera ser una cosa muy espontánea. Yo no creo que pueda hacerlo, hay alguien más haciendo el trabajo de proceso aquí, pero cuando esta sucediendo solo puedo interpretar las cosas que están en mi… vocabulario, las experiencias de mi vida y mi familiaridad con las palabras en el lenguaje ingles."

"Yo creo que es mucho más complicado de como piensa la gente que es, ¿tú sientes que esto viene de tu imaginación?"

"Al comienzo me preguntaba muchísimo, por eso, porque yo tengo una imaginación muy real, mientras yo veía todo eso, me estaba cuestionando si era mi imaginación o un sueño o algo más que yo me estaba inventando para satisfacer el deseo de saber algo."

"Pero si ese fuese el caso, ¿Por qué se me venían esas escenas que me hacían sentir incómodo y que no quería explorar?"

"Ni siquiera había pensado en eso y no se me había ocurrido. Solo me estaba cuestionando de donde venía todo esto. Siento que sería más fácil de dar una interpretación enteramente diferente y adornarla sí quisiera, pero por alguna razón no puedo hacer eso. Es un pensamiento que debo de interpretar lo más posible exacto de lo que estoy viendo. Yo no podía cambiarlo e inyectarle mis fantasías si asi lo hubiera querido, no funciona de esa manera. Pareciera ser muy poca la diferencia entre lo que es y lo que es mi imaginación. Es muy difícil de decir si te lo estas imaginando o creando esto en tu propia mente o si esta siendo producido espontáneamente, pero con práctica puedes decir cuando estás siendo producido espontáneamente. No creo que haya una manera que yo podría describirla con palabras, solamente es cuando alguien esta experimentándolo, con prueba y error tú comienzas a sentirlo muy, muy sutilmente la diferencia entre los dos, es una cuestión de realmente … dejarte ir. No sé de otra manera como describir esto, pero es, como confiando en lo que es y no intentar racionalizar nada, solamente decir lo que estas viendo y dejarlo salir sin intentar ofrecer cualquier raciocinios o justificaciones de cualquier índole. Tienes que dejarte fluir y solamente confiar."

"Si, pensaría que sí fuera tu imaginación, tú tendrías más control de ello y podrías amoldarlo como lo que tú quisieras ver, como sí estuvieras teniendo un sueño despierto."

Era obvio desde su descripción que él estaba seguro de esta información que no estaba viniendo de su imaginación, pero desde otro lugar, de algún lugar en el que él no tenia control. Él también dijo que cuando se le mostraba la escena, existía mucho más detalle de lo que él me lo podría describir, una cantidad mucho más vasta en detalle de lo que me había dicho. Él sintió que solamente podía responder mis preguntas literalmente. Él usualmente quería ofrecer voluntariamente la información acerca de lo que estaba viendo, pero si no le hacía la pregunta apropiada, las respuestas no fluían. Yo creo que esto también muestra que su imaginación no esta trabajando o como si él quisiera adornar y tejer todo lo que me dijo. Esto me da prueba de algo que es sabido por mucho tiempo que el proceso total recae en el cuestionario. La pregunta adecuada debe ser dicha para obtener la respuesta correcta y de esta manera el tipo de preguntas que se hacen llegan a ser extremadamente importantes. En el caso de la investigación de hipnosis regresiva los cuestionamientos llegan a ser un arte.

Yo también he sospechado una razón por el comportamiento de Felipe tan diferente de cualquier otra persona que yo he trabajado hasta este momento al punto de porque él ha sido un tipo alma diferente, ¡una desde las estrellas! y otras dimensiones y no originalmente de esta tierra. Quizás esta fue una de las razones en las que su mente consciente no permitió que se separara completamente.

Cada sesión estaba permitiendo que la otra energía llegara a ser más fuerte y más memorias estaban siendo despertadas, para él una sorpresa y para mi. Felipe estaba llegando a ser intuitivo y psíquico en su vida diaria. No se cuanto tiempo habría pasado desde que comenzamos a obtener el tipo de información de otro mundo en los capítulos anteriores, pero de nuevo algo inusual sucedió.

Mi amigo, Harriet un colega hipnotista quien había trabajado conmigo en varias ocasiones en mi trabajo de regresión estaba presente durante esta sesión. Yo siempre estuve consciente que su energía de alguna manera añadía significantemente "algo" que estaba faltando. Buenas y cosas raras siempre han sucedido cuando ella atendía una sesión. Ella es como una batería dando energía extra para los dos, para mi y la persona en sesión.

Cuando la sesión comenzó "algo" adicional de su presencia contribuye para que todo salga bien. Tal vez un poquito mejor para el empuje extra causado por el descubrimiento de Felipe a una escena muy emocional. Cuando la puerta del elevador se abrió, el vio tres torres o puntas, el las describió muy altas, muy definidas y puntiagudas, alineadas de lado a lado. Estaban acomodadas en tamaños graduales con la más alta a la derecha. (ver la ilustración.)

Yo no me di cuenta inmediatamente del significado de lo que él estaba describiendo, hasta que noté que lágrimas empezaron a salir de sus ojos. Él nunca había mostrado ninguna emoción en las regresiones pasadas y esto siempre es una señal muy firme que algo importante ha ocurrido, ¿pero que podría ser estas tres estructuras que le causaban una reacción emocional? Él dijo sus próximas palabras con gran emoción en voz temblorosa, "¡ahí es mi hogar, este es mi hogar!"

Estas palabras me erizaron la piel, esto definitivamente era algo muy importante para él. Yo le pregunte por la descripción y esperaba que pudiera contestar a pesar de los sentimientos que estaban emanando desde el interior de ser.

F: Estoy viendo a la distancia a las torres a través de un campo verde. Están sobre si mismas, son un monumento... de esta civilización.

Su voz tenia el semblante de la voz normal de Felipe. Era la voz de alguien que había llegado a su hogar, una vez más, después de un largo, largo viaje. Yo esperaba hablarle después de que pasara su emoción para que él pudiera explicar porque este lugar le estaba afectando mucho.

D: ¿Estos son monumentos?

F: (Con voz temblorosa teniendo dificultad en formar las palabras) Esto es más que un monumento; son un tipo de antenas. Es un punto principal de comunicaciones planetarias de este planeta. Ese es el punto principal para mi por lo que me concentraría en este planeta.

Todavía no entiendo lo que estaba intentándome decir. ¿Por qué estas tres estructuras son tan importantes?

F: ¡Este es mi hogar! Esto es donde yo…

Su voz se cortaba, él comenzó a llorar y obviamente experimentando algo muy significante. Después cuando él despertó, dijo que sintió una emoción tan grande de amor y anhelo por este lugar que lo sobrecogió. Él supo sin ninguna duda que había regresado a su hogar y que las palabras nunca habían tenido tan bello significado. Él sabía que era su verdadero hogar y que su subconsciente lo había extrañado muchísimo. En un esfuerzo de conocimiento intuitivo él sabía porque se había sentido fuera de lugar. La tierra, no era su verdadero hogar, si no este extraño planeta con estas tres estructuras. El descubrimiento para él fue tremendo.

D: ¿Sientes como si quisieras hablar de esto o quieres moverte de ahí?
F: Me gustaría experimentarlo, solamente es difícil de expresarlo.

Siempre les doy esta alternativa a las personas cuando ellos se encuentran algo traumático. Ellos pueden experimentarlo o no; como ellos decidan, si ellos se sienten cómodos o molestos por lo que están viendo, yo les permito que se retiren hasta que ellos sientan que pueden manejarlo cómodamente. Esto había funcionado exitosamente cuando Felipe primeramente encontró las escenas de los otros mundos.

D: Si te molesta, no tienes porque verlo ¿Tú piensas que hay algo que puedas aprender de esto al platicarlo?
F: (Muy emocional) ¡Estoy llegando a mi hogar!
D: Si deseás experimentarlo como un observador, puedes hacerlo de esa manera.

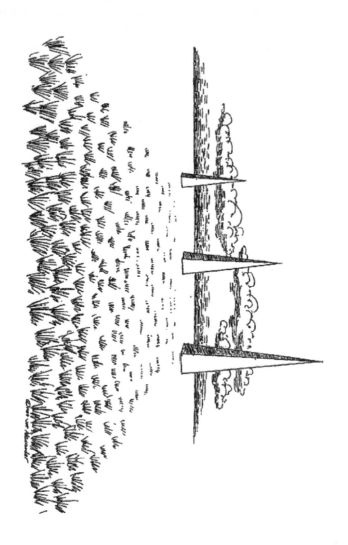

Él lo rechazo fuertemente. "Preferiría sentirlo". Esto era muy fuera del carácter de Felipe. Él siempre tuvo dificultad para expresar abiertamente sus emociones. Él tendía a encubrir toda emoción y ni siquiera permitía que su familia conociera esa parte. Esto era una actitud muy extraña y decidí en proceder con precaución y permitirle que lo experimentara porque al parecer parecía algo muy importante para él. Pero en cualquier señal que no pudiera manejar estar en este extraño lugar, tendría que removerlo inmediatamente de la situación.

D: *Si tí sientes que deseás hablarlo, esta bien. Debes de tener una razón.*
F: Explicare que significa para mi y puedes pensar lo que quieras, esto es...

Su voz se entre corto, le dije sugerencias confortables. Él empezó a respirar fuertemente como si estuviera conteniendo sus emociones profundas y reprimiendo el llanto. Le dije que era bueno que hablara de las cosas y expresarlas e intentar de entenderlas.

F: (seguía sollozando) Estaré bien.

De alguna manera logre moverlo de sus emociones y que estuviera en una posición objetiva.

D: *¿Eras feliz allí? ¿Es por eso qué es un lugar especial?*
F: ¡Si! (sollozando las palabras). He extrañado intensamente este lugar por mucho tiempo. Fue una hora maravillosa de despedida, pero fue para bien de... todo. Para mi es muy importante... Este era y es ¡mi hogar! Un planeta donde yo...o el lugar donde yo soy parte de allí.
D: *Pienso que todos a veces sentimos soledad y todos nosotros tenemos lugares como esos que extrañamos. ¿Es el mismo lugar que hemos explorado antes?*
F: Este es un lugar donde ni tú ni yo, hemos tocado. Este es... mi... ¡hogar!

Cada vez que mencionaba esas palabras él se convertía muy emocional y sus emociones eran intensas.

D: *¿Es un lugar tri dimensional? (Si). ¿Esta situado en la misma área como habíamos hablado del otro planeta?*
F: Algo así.
D: *Porque no me lo describes y de está manera puedes ser menos emocional.*
F: Como dije antes es parecido a la Tierra. Decidí estar aquí porque este planeta Tierra es similar a los otros lugares que yo he estado.

Es posible ir a otro planeta que podría ser extraterrestre o diferente.

D: *Eso tiene sentido. Uno desearía estar en ambientes que son familiares.*

F: El área donde yo te estoy hablando es plana, una planicie verde con las tres estructuras. Estas son cuadradas, de cuatro lados y se extienden terminando en punta. No estoy seguro de que tipo de material es. Son de un color blanquecino o como blanco opaco. No hay nada más cerca en el área, solo están allí solas.

D: *¿Dijiste que era una antena, pero también un monumento? ¿Sabés que significa ese monumento?*

F: Es una simbología de las tres evoluciones de esta raza. Cada evolución es alta o más avanzada que la previa. Habrá una cuarta adherida en un cierto punto como es lograda la siguiente progresión. Asi que este monumento es una progresión de esta raza.

D: *¿Saben ellos cuando han alcanzado el punto de evolución para cuando deben de construir el monumento?*

F: Es entendible, se sabe intuitivamente.

D: *¿Podrías describir a la gente que vive ahí?*

F: No son creaturas físicas con sexo tridimensionales. La necesidad de procreación es un aspecto físico de encarnación, la necesidad de ello es obvia para poder sustentar la población, procreando o el apareamiento es necesario. En este lugar no es necesario porque los cuerpos físicos no están albergando la energía del alma. La energía existe sin un cuerpo físico, por lo tanto, no es necesario. Es un planeta de energía, un planeta tridimensional, pero uno que es habitado por energías. Este es un ejemplo de vinculación energética donde las formas de energía crean el ambiente que ellos desean o necesitan para vivir, para que puedan sustentar su propósito. Esto es simplemente una forma de procreación.

Esto sonaba diferente a comparación de una cuidad de cuarta dimensión que había descrito antes, porque allí todo, incluso el planeta, era de energía o de cuarta dimensión.

D: *Yo no pensaba que eso ocurría en un lugar físico tridimensional.*

F: El planeta en sí mismo es tridimensional. Los seres que habitan el planeta son de una naturaleza de espíritu y usan las energías planetarias en las maneras que ellos necesitan para lograr sus propósitos.

D: *¿Entonces sus cuerpos no son verdaderamente físicos como nosotros los conocemos?*

F: Eso es correcto no hay un aspecto corpuscular en este ser, es una energía compleja el cuál tiene muchas diferentes formas, incluso en este planeta. La forma es una reflexión del propósito para ser completado o el trabajo que se necesita lograr. Es un uniforme sí asi lo deseas del trabajo que esta en progreso.

D: *Estoy tratando de entender, yo pensé que si una persona era de pura energía ellos no necesitarían tener un cuerpo o una forma.*

F: Aquí hay un malentendido, existe algo como un cuerpo de energía, si yo pudiera explicarlo; la entidad en sí misma podría extraer varias energías alrededor para formar un cuerpo de energía, que no es lo mismo que un cuerpo físico. El cuerpo energético no tendría dimensiones o propiedades físicas. Es pura energía, la energía que rodea la entidad no es, la entidad en sí misma; es un escudo o vehículo de energía para la entidad la cuál también es energía. ¿Te queda clara la imagen?

Otra ves estaba en una línea imaginaria pensando en mi cabeza que eso era complicado, no podía comprenderlo, asi que elegí cambiar de tópico.

D: *¿Entonces tu población estaría controlada?*

F: La población varía, porque algunos llegan y otros se van. También existen aquellos que visitan el planeta. Puedes usar la analogía de los inmigrantes de este planeta tierra o de este país. La población varía porque algunos nativos se marchan y algunos extranjeros llegan. Así que la población siempre esta fluyendo.

D: *¿Son los extranjeros del mismo tipo de seres como tú?*

F: ¿Quieres decir que ellos son del mismo nivel de energía?, ellos serían de los mismos niveles, pero ellos son de otras áreas. Ellos serían visitantes.

D: *¿Eso les causaría un problema ajustándose a su manera de vivir?*

F: A veces podrían existir problemas porque son una nueva manera de ver las cosas, por asi decirlo, pero es por aprender la experiencia que asi sucede, asi que esta bien que esto suceda, aunque podría causar malestar. La palabra "extraño" no es aplicada en este planeta. La forma general de ver las cosas, sería, que quién fuera que tú conocieras; es un hermano o una hermana. Podrías no tener antecedentes similares, pero no hay diferencia con alguien con quien no estés familiarizado. Esta es la idea detrás del amor incondicional, no podrías conocerlos desde sus orígenes, pero los amas.

D: ¿Cuándo un extranjero llega, también, no tiene la necesidad de un cuerpo?

F: Si, eso es verdad.

Este concepto me era muy difícil para entenderlo, estaba contenta que Harriet tuviera una pregunta.

H: ¿Entonces cómo es que uno conoce a la persona?

F: Si tú o cualquiera en este cuarto fueran lo suficientemente intuitivos, cada uno podría estar vendado de los ojos en un cuarto sin ver con quién estas en el cuarto; el reconocimiento intuitivo es la que fuerza que trabaja aquí. Existen en el nivel energético, la conciencia universal de la identificación de otras energías. Sin ninguna característica física o identidades, es y sería posible reconocer con quien estás. Nosotros percibimos las personalidades de cada uno, el concepto es difícil de relacionarlo, porque todos los conceptos se sitúan a lo conocido físicamente con lo que estas familiarizado. Es muy difícil percibir un concepto espiritual con referencia de conceptos físicos, pero se puede decir que hay un reconocimiento total instantáneo. No es una señal física, pero en todo el conocimiento que abarca es una combinación de reconocimiento.

H: Eso es lo que me estaba preguntando si se ven de la misma forma que nosotros lo hacemos.

F: Es más que ver meramente. Es una mezcla de algo así como, convertirse o compartir las energías y no meramente observar.

H: ¿Fue tu hogar por mucho tiempo este planeta?

F: Si, estuve por muchos eones. Un eón es una simple descripción de una larga cantidad de tiempo. Esta descripción es simplemente un intento para darte alguna idea de estar por mucho tiempo en el planeta. Esto, de alguna manera, no es exacto porque no había concepto del paso del tiempo. Sería más exacto decir que había mucho más envolvimiento de mi parte en ese planeta, una relación de trabajo con la civilización. Yo he trabajado allí en muchas formas diferentes, en muchas maneras diferentes y en muchos niveles diferentes.

D: *Estoy intentando de entender las propiedades de este planeta. ¿Tienen ciudades donde tú viviste?*

F: No hay nada, si tú te encontraras en ese planeta, no verías ciudades, no hay edificios, nada, pero hay vegetación natural como césped y montos pequeños de arbustos. Sin embargo, esto es insignificante porque estar allí es el punto principal. Hay mucho más de lo que no puedes ver a comparación de lo que puedes ver en sentido mortal. Puedes pensar esto en termino de energía, no es una civilización física, es una civilización de energía. El planeta, en sí mismo esta ahí, es tridimensional. Tú podrías bajar y recoger un puño de tierra de este planeta, las estructuras son físicas, son tridimensionales y hechas de material de ese planeta, sin embargo, la civilización que habita este planeta sería invisible para los ojos mortales. Tú estarías caminando a través de esa civilización y nunca saberlo. Tú estarías en medio de la civilización y nunca saberlo incluso como estamos ahora mismo. Existe una civilización de espíritus y energías alrededor de nosotros ahora mismo en este cuarto, en este lugar, así como estamos hablando. La mayor parte de nosotros no estamos conscientes de ello.

H: *¿Sirven de otro propósito las estructuras en ese planeta aparte de ser monumentos?*

F: Estas son como dije de dos funciones. Existe el efecto de antena de las estructuras, similar al efecto de las pirámides en este planeta. La energía es un nivel mucho más alto el cuál necesita la forma física de las estructuras. No se si tú lo entenderías, pero en la forma de los electrónicos la antena es diseñada para las ondas de frecuencia o formas de ondas las cuáles son transmitidas o recibidas. Entre más alta sea la frecuencia más corta es la antena, en la misma manera estas estructuras son exactamente antes como las pirámides aquí en la tierra, pero son para o de diferente frecuencia asi también son estas estructuras en vez de pirámides. Ellas son, específicamente, para la comunicación planetaria, de la cuál hablamos al principio. El propósito secundario de estar en un aspecto menor, es un tributo a la evolución de las tres civilizaciones que le precedieron. Es un tributo al esfuerzo o dificultades de esa civilización (tanto como los rascacielos son un tributo a la evolución del progreso técnico de la humanidad en este planeta). La idea es la misma.

D: *¿Cuándo la civilización comenzó por primera vez a evolucionar en el planeta, era diferente forma de lo que es ahora?*

F: La civilización no comenzó en este planeta. Había comenzado en una forma tridimensional en otro planeta y fue progresando, al punto, de nunca necesitar estar otra vez en una forma física y después se mudo a este planeta.

D: *¿Entonces estas estructuras son monumentos de las veces que la civilización evoluciono a este punto?*

F: En un sentido secundario sí, la tierra esta progresando en la misma manera. Llegará un tiempo donde las almas de este planeta nunca necesitarán encarnar otra vez en una forma física y se moverán en masa a otro planeta para continuar sus progresiones para el creador. Eso es lo que la tierra esta progresando o esta atravesando ahora.

D: *¿Por qué tendríamos que mudarnos? ¿Por qué no podremos lograr estas cosas en la tierra?*

F: ¿Te gustaría quedarte en tu salón de clases de tercer grado y tomar el cuarto o sexto grado de clases? O ¿Sería mucho mejor estar en un nuevo ambiente y comenzar con una nueva forma de pensar? Si te dejaran en el mismo salón, tenderías a pensar en los mismos términos. La forma de pensar es muy importante, es como graduarte de la preparatoria y después ir a la universidad cambiando de edificios cada vez. La mudanza física de otros edificios afecta el pensamiento y la actitud para el aprendizaje.

D: *Si tú te quedas, en el mismo ambiente, ¡no creces! ¿Es eso lo que quieres decir? Necesitas el reto de algo nuevo, un nuevo lugar, nuevos alrededores.*

F: Nuevo ambiente es muy importante para la progresión, los recuerdo del pasado inhiben ver hacia el futuro.

D: Bueno, ¿Qué hay de lo que estas haciendo ahora al recordarlo, esto te va a molestar?

F: Ciertamente no. Aquí no estamos en nuestro pasado, estamos en nuestro futuro, pero viendo atrás lo cuál es saludable. Sin embargo, al recordar el pasado uno no necesita revivirlo, tampoco estancarse.

D: *Intenta aprender cosas de ello y salir adelante desde ahí.*

F: Esta es una experiencia para mi dónde mi pasado es integrado con mi futuro. Esta es mi integración en este planeta tierra.

D: *Entonces el otro planeta que observamos antes, aunque me pareciera ser altamente evolucionado no se asemeja al planeta que estamos hablando ahora.*

F: Ese planeta era un abstracto de ideas relevantes. No era un tiempo de recordarlo totalmente. Era basado en el factor, sin embargo, no era... la verdad total. Estaba a las orillas del pastel por asi decirlo, sin tener todo el pastel, satisfaciendo simplemente el propósito en ese tiempo.

D: *(Este rompecabezas me sorprendió). No era realmente una mentira, solamente era...*

F: La verdad en dosis medidas, son piezas de toda una perspectiva. Era importante para Harriet de estar aquí para que yo pudiera recordar toda la experiencia. Ella proveyó la energía extra que necesitaba. No estaba completa hasta ahora y no era el tiempo para estarlo. La información fue en lugares reales, ¡sí! Las experiencias son verdaderas, la idea de estar en otro lugar es un esfuerzo de tu parte para condensar esto de negro a blanco. Por favor piensa en términos de diferentes tonalidades de gris. La información fue preguntada, no pudo ser total o una completa revelación si no solamente se ha ido liberando como ha sido permitido en ese tiempo. En parte fue preciso, pero no completo. Sí necesitas, un nivel de verdad es la verdad. Podría ser una verdad parcial, sin embargo, es en sí misma la verdad. ¿Tiene sentido esto para ti?

Realmente no, estoy acostumbrada a que las cosas sean blanco y negro y no tener áreas grises.

F: Si alguien fuera a describir una historia de eventos reales o algo que les sucedió, pero solo una cierta cantidad de detalles del evento fueron contadas o solo las partes en donde se sintieron cómodos para hablar, ¿Fueran las partes en si mismas la verdad? De hecho, las piezas de la historia que fueron contadas son meramente las piezas de la historia total. La percepción que es como tú o cada uno de ustedes pueda percibir es más allá de mi habilidad de diagnóstico porque es algo, que solamente ustedes pueden determinar. Como ustedes los perciben y su experiencia o conocimiento o sentir en ese tiempo depende enteramente de ustedes.

Pareciera que la historia de Felipe había brindado en esa vida en la ciudad extraña, en un punto, era verdad. Pero debió haber tenido mucho más, más bajo la superficie que por alguna razón él estuvo incómodo en relatármelo. Esto pudo ser especialmente cierto en el principio de nuestro trabajo cuando su subconsciente estaba apenas iniciando a dejar liberar la información, le permitió salir solo las cosas con las que Felipe se sentía cómodo de lidiar. Nosotros nunca regresamos a esa vida para descubrir solo fue lo que él mantuvo escondido. Teníamos muchos más lugares por explorar, regrese a tratar de entender la energía de la civilización en un planeta tridimensional.

D: Entonces yo estoy en lo correcto en asumir que la evolución de la civilización de las tres estructuras ha sido recientemente alcanzada, ellos no necesitan comida, ropa o casas de ningún tipo, ellos han evolucionado más allá de eso.
F: No enteramente como discutimos anteriormente existen dentro de la civilización niveles de avance donde algunos, son más avanzados que otros, entonces los más lentos, o los que no alcanzan todavía tienen a necesitar posiblemente cosas como comida, albergue o ropa y ellos crean lo que necesitan. Entonces no es enteramente preciso decir que no comen, no toman líquidos, no respiran porque sus experiencias son muy reales. Ellos no son tridimensionales, pero no son menos reales.
D: Estos seres que necesitan de estos requerimientos ¿Están conscientes de los otros seres?
F: Ciertamente, los profesores están conscientes de los iletrados y los iletrados están conscientes de los profesores.

D: Ya lo veo, pensé que eran diferentes de tal manera que no se conocían entre ellos ahí.

F: La raza es consciente de sí misma, existen niveles debajo de la raza que pueden estar conscientes sin estarlo. Ellos pueden saber que existen, sin embargo, ellos no lo perciben y asi sucesivamente en un nivel debajo de ellos y debajo de los de abajo.

D: Esto se esta haciendo un poquito complicado, pero si ellos necesitan alimentos o algo como eso, ellos lo pueden crear con su propia mente, ¿No encuentran los más avanzados necesidad de crear estas cosas?

F: Eso se podría decir, sin embargo, la necesidad de alimento no es necesariamente una indicación de evolución. Puede ser simplemente un deseo y no hay nada malo con desear. El entretenimiento también es saludable, no necesitar no ser considerado dañino para la evolución de uno mismo estar entretenido. Si el alimento es entretenimiento y no necesidad o antojo, solo dejalo ser, para cada quién.

D: Entonces estos seres, no nacen, así como estamos entendiéndolo.

F: Exactamente, no existe nacimiento físico o muerte simplemente crecimiento en conciencia.

D: ¿Es eso, lo que quisiste decir, cuando dijiste antes, que son meramente formulados y reformulados los cuerpos cuando desean continuar?

F: En la cuarta dimensión, eso es preciso.

D: Algunas personas quieren vivir para siempre entonces no pude ver porque alguien quiere reformularse si tiene el poder de continuar en esa forma. ¿Por qué quisieran cambiar, para morir por asi decirlo y continuar con algo más?

F: ¿Puedes entenderlo ahora?

D: Lo creo, como tú dijiste sería aburrido, ellos nunca más tendrían más retos.

F: Y sí, las lecciones que estaban aprendiendo eran terminadas entonces estarían desprovistos de las experiencias por las que fueron dadas. esas lecciones. Así como nuevas experiencias para aprender las nuevas y más avanzadas lecciones. Es simplemente estar subiendo escaleras, si lo haces cada nivel de experiencia, es en crecimiento más de conciencia arriba de cada nivel y así los alrededores que catalizan estas experiencias, serían descartadas para cada que se necesitan nuevas experiencias.

Yo empecé a sentir que ya no podía realizar nuevas preguntas, no estaba acostumbrada a hablar entre esas líneas, me siento mejor en casa profundizando a través de la historia, viendo por algo que pueda ser corroborado y con seguimiento. En este modo me siento más en control y puedo planear el curso de las sesiones futuros. En esta dimensión metafísica con su extrañeza y conceptos no familiarizados estaba fuera de mi rango. Yo no tenia idea, en que dirección podrían tomar las siguientes sesiones. Esta era la razón de mi incertidumbre y le hice la siguiente pregunta: ¿Cuál sería el propósito de perseguir esta línea de cuestionamiento?

F: ¿Haz estado más consciente de lo que esta pasando en mundo no vistos?
D: Yo creo, que esto tomara tiempo de absorberse y entenderse.
F: Entonces el propósito ha sido logrado.
D: ¿Existe algún propósito en continuar?
F: Ciertamente si uno lo desea, si uno no lo desea entonces que asi sea. No existe un dictamen u orden o ley que diga que uno debe de hacer esto o el otro. Es lo que uno desea hacer o se siente cómodo en hacerlo. Hay mucho por aprender y nosotros tenemos mucha información que podemos brindarte. Tú tienes más preguntas que pueden ser respondidas, pero tienen que ser desde dentro y no sin ello. Nosotros esperamos que esto continúe.

Pareciera que Harriet sin saberlo permitió a Felipe sintonizar con su energía, actuando como una excelente batería. Tal vez sin su apoyo, este descubrimiento no hubiera sido posible. Harriet ocasionalmente se sentaba en otras sesiones, pero su presencia no era absolutamente necesaria de nuevo.

Cuando Felipe se despertó, se sentó pensando acerca de la reacción emocional extraña al haber divisado las tres estructuras. No le molesto una vez que estuvo consciente, pero sintió un constante sentimiento de melancolía. El trato de explicar lo que sintió, fue muy real, pero en una manera de que estuviera arrepentido de haber entrado a eso. "No se bien como describirlo es como un sentimiento agridulce.

Por otra parte, tengo un sentimiento muy fuerte de estar ahí y lo siento que recordé ese sentimiento porque lo había olvidado y el dolor había disminuido, pero aun por otra parte estoy muy contento de haber recordado eso… supongo que tú lo podrías comparar como ver a alguien a quien amaste muchísimo y eras muy cercano y tuviste una relación muy amorosa hace muchos años atrás. Como si dos personas que estuvieron muy, muy profundamente enamoradas y entonces pasaron una situación que se separaron y se fueron por caminos separados. Como si te habías completamente olvidado acerca de ello y continuaste con tu vida y tuviste experiencia con otras cosas que han estado atrás y nunca tuviste que pensar acerca de ellas por años y ahora de la nada las ves y se encuentran de ¡nuevo! y todos esos sentimientos regresan de nuevo, aún de esa manera vuelves a sentir lastima al verlas nuevamente, y en la misma respiración a la vez te sientes contento de verlas de nuevo. ¡Claro que no había tenido esa experiencia como esa! y fue como un tipo de sentimiento, me siento triste, pero ahora puedo ir hacia atrás, quiero decir que nunca realmente me fui de ahí. De un sentido real, es como, sí me fui de ahí solo en mi actitud y me siento feliz de saber que lo encontré de nuevo"

Esta había sido una sesión extraña, su reacción fue totalmente inesperada. Normalmente el acercamiento de una escena que contiene tres torres no afecta emocionalmente a alguien a menos claro que tengan una fuerte conexión personal que lo ate a ese lugar, esto le añade valides a la regresión, incluso su explicación de sus sentimientos es compleja y no del tipo que ordinariamente se fantasea. Yo creo que Felipe estuvo fuera de la tierra en un lugar real donde tuvo experiencias de muchas vidas. Pareciera más como un hogar para él que lo que la tierra puedo haber sido. Tal vez este lugar fue el que inconscientemente trataba de regresar ese día en la playa cuando casi terminaba con su vida. Si fuera, él ahora descubrió que nunca realmente perdió contacto, él podía regresar a cualquier tiempo que quisiera con su mente. Aunque el sentimiento inicial fue agridulce él empezó a encontrar paz al fin. Él estaba iniciando a entenderse a él mismo.

Habíamos abierto la puerta y estábamos de regreso al planeta ¡de las tres estructuras! para recabar información de mucha importancia. El camino había sido aclarado para el intercambio fluido de conocimiento.

CAPÍTULO 11

CORRIENDO EN AYUDA A LA TIERRA

LA HABILIDAD DE FELIPE para entrar en un trance profundo llegaba a ser más y más frecuente. La presencia de otras personas como Harriet, parecían proveer el impulso que se necesitaba, para realmente abrir sus capacidades. Él parecía llegar a estar más tranquilo y lúcido entre más experimentábamos; pero él nos estaba llevando en áreas que eran extrañas y confusas para mi y se me estaban acabando las preguntas por hacer. Estaba acostumbrada a explorar la historia a través de vidas pasadas y no tratar ideas filosóficas, abstractas y de conceptos no familiares totalmente.

Durante todo este tiempo, nosotros, habíamos estado acudiendo a reuniones con grupos de personas quienes estaban interesadas en tópicos psíquicos y metafísicos. Estas reuniones eran informales y se llevaban a cabo en residencias privadas. Usualmente no estaban agendadas y aquellos que las atendían discutían cualquier tópico que se les ocurría. Felipe conocía a estas personas asi que pensé que él podía sentirse tranquilo si yo lo conducía, bajo hipnosis, a alguna de esas reuniones. Él no estaba buscando reconocimiento solo era una situación personal para él, de tal manera que solamente algunas personas afuera de este grupo sabían lo que nosotros habíamos descubierto. Mi sugerencia para guiarlo en trance en público no fue con la intención ni el propósito como montar un espectáculo. Fue principalmente para que me ayudara a indagar en las diferentes perspectivas de este nuevo fenómeno; asi que pensé que sería interesante ver si él podía contestar preguntas del grupo. Esto me daría la oportunidad de ver desde atrás evaluando y pensar la dirección de nuestro trabajo hacia donde podría llevarlo. Esta sesión era un experimento y no sabíamos que tipo de preguntas esperar o también que tipo de respuestas.

Como se pudo haber esperado, muchas de las preguntas hechas por el grupo fueron de una naturaleza personal, la gente tomo ventaja de la situación para ver si ellos podrían conseguir respuestas a los problemas de sus vidas. Y Felipe estaba como un bebe comenzando a realizar sus primeros pasos, tanteando a descubrir que podría ser y que tan lejos podía llegar mientras se tomaba más confianza con su recién habilidad descubierta.

Había acerca de 10 personas en su primera sesión, pero después el grupo creció a casi 30 con curiosos investigadores estudiantes de este experimento. No sabía en ese tiempo que Felipe llegaría a ser tan popular en estas reuniones que tomaría muchos meses antes de que nosotros pudiéramos tener una sesión privada de nuevo. Para el tiempo que nos reunimos otra vez en privado estaba muy interesada porque descubrí que las sesiones en grupo no conducían a la atmosfera apropiada para mi tipo de trabajo. No hubo alguien con la oportunidad de expandir ideas o preguntas interesantes. Yo solo pude hacer notas de las cosas que yo quería indagar en una fecha más adelante. Al menos yo llegué a estar más confiada con este tipo de canalización.

La siguiente información es pertinente a este libro que emergió durante las sesiones de grupo.

Cuando la puerta del elevador se abrió él vio el planeta extraño y Felipe otra vez exclamo: ¡Es mi hogar! ¡Es mi hogar! Esta vez él no estaba tan emocionado, solamente estaba aceptando el factor, como una bienvenida. Se le pregunto que describiera y explicara el significado de las tres estructuras.

F: Las estructuras representan tres niveles separados de logros por las personas de este planeta. Hubo una transición desde lo físico a lo espiritual, por la población entera que ya no necesitaba encarnar y emigrar en masa a las otras dimensiones. La migración fue desde lo físico a lo etéreo o espiritual. La población permaneció en un planeta físico, sin embargo, no necesitaban estar en una forma física. Esto es el significado de la primera estructura. La segunda estructura es el nivel de logro en el plano espiritual, es una graduación desde los niveles de energía bajos a las altos, esto no es algo que fuera aparente a entidades físicas. La tercera estructura es el logro que se había alcanzado al punto del tiempo y simplemente es otra graduación.

D: *¿Sucedió algo para detonar esto? O ¿algo que les haya hecho decidir para graduarse?*

F: No tanto un detonado o hecho, más bien logrado. La evolución fue un resultado de la graduación o un efecto.

D: *¿No necesitaban estar en el plano físico o estar encubierto por asi decirlo? ¿Mudaron sus cuerpos físicos y se convirtieron en pura energía?*

F: Exactamente.

D: *¿Me podrías decir que tipo de energía eras?*

F: Hay muchos diferentes tipos de energía. Un discurso en los detalles de las peculiaridades o diferencias sería insignificante.

D: *Yo he escuchado a mucha gente hablar de seres de luz, seres de energía de luz. Yo me pregunto si fueran similares.*

F: Un ser de luz es un ser de energía que debe presentarse a sí mismo de tal manera, que al convertirse es aparente a un mortal. En otras palabras, presentarse él mismo de una manera que puede ser detectado por los sentidos del mortal. Esta es una manifestación de su apariencia exterior, la energía es del universo. Los tipos de energía son variados como las razas de personas son como los granos de arena. Muchas diferentes energías pueden ser de seres de luz. Esto es meramente un aspecto de la percepción hecha por el mortal desde el punto de vista físico, así como una energía puede aparecer como luz. Un ser podría también ser tocado o escuchado. Un ser podría ser un ser de nieve, el cuál no es desconocido. La luz es simplemente uno de los cinco sentidos disponibles que permiten al humano saber si el esta en la presencia de un ser de energía.

D: *¿Podría esto también ser detectado por nuestro tan llamado sexto sentido?*

F: Ciertamente, hay muchos niveles los cuáles el humano tiene disponibilidad, pero apenas se da cuenta de ello. Los seres de luz simplemente están usando una manifestación lo cuál es común, conveniente y familiar para los humanos. Los humanos eventualmente alcanzaran una etapa como esta, pero esto no será inmediatamente. Existe un escalamiento o aclimatación la cuál es necesaria para cambiar las costumbres mortales o familiaridades y llegar a ser más acostumbrados a un ser.

D: *¿Si tú estás tan feliz ahí, porqué entonces sienten la necesidad de dejar el planeta?*

F: El sentimiento no era de necesidad, no había necesidad o era necesario. Más bien un deseo para ayudar, fue simplemente una elección, una elección libre y voluntaria habilidad. Esta era una misión que muchos han tomado para ayudar. El propósito es el mismo como todos los otros que han estado atraídos hacia aquí: Para elevar, para iluminar, para asistir en cualquier manera en cualquier tiempo. Nosotros podríamos usar parábolas otra vez. Cuando un hijo y una hija se marchan de casa para irse a la universidad es triste porque el hogar mantiene un vinculo emocional, pero también es beneficioso el marcharse, aunque los apegos son muy fuertes. Asé que esto, sería una analogía de marcharse de casa e irse a la escuela, ¡esto es una experiencia de aprendizaje!

D: *¿Los espíritus que son de tu planeta se les dijo que vinieran a la tierra para habitar en los cuerpos de aquí y ayudar al planeta?*

F: Que se nos haya dicho no es preciso. Fue totalmente voluntario por todos quienes transmigramos. No hay ninguna persona de las estrellas en este planeta que no deseo estar aquí, fue completamente voluntario, la situación fue presentada, podría ser descrita como una oportunidad que se presento, muchos escogieron y muchos más habrían querido tener la elección de participar, pero ellos no pudieron por cualquier otra razón. Algunas razones fueron porque la situación en la que estaban en ese tiempo no habían terminado su trabajo a tiempo o simplemente no habían vehículos listos para aceptar el numero de voluntarios.

D: *¿Si la gente de las están llegando a la tierra en grandes números en este tiempo y habitando en cuerpos humanos entonces donde se están yendo los espíritus nativos de la tierra?*

F: Existe la asimilación de información en el lado de los espíritus la cuál de alguna manera se mantiene en un patrón por las entidades. Ahora es el tiempo para permitir en el plano físico a la gente de las estrellas y asi alzar la conciencia en el nivel físico mientras aquellos en el nivel espiritual evalúan e incrementan su conciencia de su lado. Entonces se podría decir que los nativos o "equipo local" están en la banca o reserva mientras los visitantes están jugando.

D: ¿Entonces realmente ellos nos se han marchado, ellos solamente están en modo de espera?

F: Eso es correcto, o en la envoltura espiritual de la tierra.

D: Bueno, ¿No sería más o menos como llegar y entrar de regreso a un cuerpo físico?

F: Eso sería diferente. Esta es una nueva y muy preciada experiencia. No es cuestión de inferioridad, es simplemente un nuevo ajuste a un nuevo ambiente.

D: Pensé que podría ser como si fueras de regreso al venir una existencia física muy limitada.

F: La experiencia de aquí no sería tomada si no hubiera crecimiento. Asi que cualquier aspecto de dificultad o incomodidad es simplemente parte de la experiencia o crecimiento. Dejame darte un ejemplo: tú estas cómoda en tu carro en un día caluroso y húmedo y tienes tu aire acondicionado prendido o posiblemente lloviendo, entonces te encuentras con un extraño que se le desinflo un neumático. Tú podrías parar y salir de tu ambiente cómodo, subirte las mangas y cambiar la llanta al extraño que tal vez no pudiera cambiar su propio neumático por sí mismo. Tú has asumido de alguna manera un ambiente más primitivo a comparación del que estabas, sin embargo, el propósito es lo que es importante aquí. La ayuda al extraño avanza no solamente tu estatus, pero el del extraño también, asi los dos continúan en sus viajes. Si tú deseas parafrasear, La tierra a este punto, tiene un neumático, desinflado y existe un esfuerzo galáctico para cambiar ese neumático desinflado. Muy pronto la tierra continuara su camino, como es el deseo de todos los que están ayudando. (Estos conceptos parecerían muy avanzados), si esto te ayudara a entender, parafraseando o con analogías son una herramienta útil en entender estos conceptos. Asi que si tú lo deseas, por favor pregunta.

D: *Eso sería de mucha ayuda ya que algunas de estas cosas están en mi cabeza. Tú mencionaste que existe un esfuerzo galáctico en este tiempo para ayudar a la tierra. ¿Eso significa que existen otros planetas y otras personas envueltas en esto?*

F: Ciertamente, nuestro planeta no es el único involucrado, este es un esfuerzo galáctico, los vecinos de la tierra están apresurándose a su ayuda, los amigos de la tierra verdaderamente son muchos. Existe un conocimiento común entre los vecinos de la tierra de lo que esta sucediendo aquí. Todo esto es completamente voluntario. Existe una comunicación entre planetas de lo que esta sucediendo en diferentes partes de la galaxia y esta experiencia esta en esa comunicación.

D: *¿Puedes explicar lo que quieres decir?*

F: Es muy similar a una onda corta de radio, si deseas usar esta analogía, donde tú puedes sintonizar y escuchar las noticias de otros países de lo que esta sucediendo en algún país.

D: *¿Se usa algún tipo de máquina en esta comunicación, algo como el radio?*

F: Existen máquinas que harán esto, sin embargo, en el nivel espiritual uno solo necesita sintonizarse.

D: *¿Acaso la tierra esta en este pensamiento de circuito?*

F: La tierra esta; sin embargo, no hay máquinas en el nivel de esta tierra que pueden sintonizar. Es posible construir estas máquinas. Hay muchos aquí que tendrán el conocimiento para canalizarlo, pero en este tiempo por ahora esto no esta siendo canalizado.

D: *¿Estas hablando de la misma máquina que hablaste anteriormente que usaba rayos gamma en vez de ondas de radio?*

F: Si, los rayos gamma o rayos cósmicos son el medio de estas transmisiones. Estas son entre comillas "ondas de radio".

D: *Si, tú me mencionaste antes que nuestros científicos, estaban buscando en la dirección equivocada intentando registrar comunicaciones.*

F: La dirección sería precisa; pero ellos están buscando en el nivel equivocado, ellos están buscando en el espectro más bajo de lo que ellos necesitan estar, porque en este tiempo podrías observar, una estructura interesante que hay en el planeta tierra, tiene un diseño idéntico a estas tres estructuras y ese es el monumento de Washington. El monumento de Washington está funcionando como las estructuras es un trasmisor. Ese es el propósito de tener edificios no tan altos como el obelisco en Washington, D.C. para que el obelisco pueda ser visto y a través del contacto visual esta en comunicación con estos individuos en la ciudad de

Washington, D.D. (esto ciertamente fue una sorpresa). El método de comunicación funciona asi: el obelisco es una vista consciente o subconsciente como una visión periférica y un enlace es hecho. Las energías de esta persona son entonces... estamos dudando de usar la terminología "transmitido" o "recibido" por este monumento. El verdadero dibujo se puede plasmar diciendo que este obelisco esta en comunicación con las energías de la persona. Dependen de las energías exteriores desde la punta y de esta manera aquellos sintonizados con este obelisco están conscientes del humor del país. Siendo la capital Washington, D.C, es tener conciencia de la situación en el país, es tanto como la mente o el cerebro esta consciente de las otras partes del cuerpo. De esta manera la capital es el cerebro del país y esta constantemente evaluando su condición. Esta evaluación es enviada y una evaluación a distancia puede ser enviada de la situación de este país.

D: ¿Quién esta recogiendo estas vibraciones o quienes son ellos?

F: Tus hermanos en el universo están leyendo estos mensajes. Esta es una transmisión universal en este planeta, o una para ser exacto. Porque las pirámides son de otra naturaleza, pero son unas y lo mismo un transmisor.

D: ¿Es esto significante que estos transmisores, el monumento y las pirámides están construidos de piedra?

F: Eso es correcto, las piedras son... estamos teniendo dificultad para encontrar la terminología apropiada, pero ellas son adecuadas en canalizar las energías que son nativas de este planeta. Ellas no serían adecuadas para las energías que no son nativas de este planeta, por ejemplo.

Esta es una nota interesante que la parte alta del monumento de Washington realmente es una pirámide pequeña.

D: ¿La forma de punta y los cuatro lados que se unen tienen algún significado?

F: Eso es correcto. Por el efecto concentrado que se logra por variaciones de las proporciones de los lados de cada uno. Y de esta manera se realiza el enfoque, tanto como un lente o un prisma dirigen la energía de un lado a otro.

D: *¿Los constructores del monumento de Washington estaban conscientes cuando lo construyeron?*
F: No en el nivel consciente porque esto fue una energía canalizada.
D: *¿Quiere decir que los planos le llegaron subconscientemente al constructor del monumento de Washington? ¿No tenia idea de lo que realmente estaba construyendo?*
F: Eso es correcto porque en su percepción fue un trabajo de arte, él en su mente vio la forma, de lo que él quería construir y después emprendió a construirlo al reflejar la imagen que tenía en su mente. Puedes tú adivinar de donde venia esa imagen (¡aja!) así es, como la canalización funciona, una imagen puede ser plantada en la mente de alguien y después esta persona la ve y la percibe como su propia idea o imaginación. Muchas veces es meramente imaginación, otras veces en este caso, donde el resultado ya ha sido decidido y es decretado entonces uno es usado, como un canal para poder lograr el resultado que es deseado.
D: *Entonces esto fue destinado para ser construido. No hubo otra manera que cualquier ser humano pudiera pararlo. ¿Eso es lo que quieres decir?*
F: Eso no es correcto, como puedes ver a través de tu historia muchas cosas han sucedido que han parado y retrasado el progreso. Siempre existe el libre albedrio, sin embargo, en este caso no hubo intento de parar este emprendimiento, así que ¡fue logrado!

Esta era una idea intrigante, pero me dio un sentimiento incómodo de que estábamos siendo espiados o que ellos nos estuvieran escuchando. Me pregunto si otras torres tales como la torre Eiffel eran también transmisores.

F: Es en cierto grado un transmisor también, sin embargo, no es de la misma naturaleza. No esta construido para recibir comunicación a distancia.
D: *¿Qué hay de Rusia y otros países, tienen transmisores similares a esto?*
F: No hay otros que sirven a esta extensión. No como la misma manera como la del monumento Washington. Es un trasmisor para el mundo ya que este país esta al tanto de las situaciones de otros países, ¿No es asi?

D: *Si, ellos piensan que están, ellos esperan que sea.*

F: Nosotros hablamos no tanto de la inteligencia recabada de esfuerzo por las condiciones como el clima, las condiciones humanas como la hambruna, tortura, amor, simpatía o amabilidad. Una imagen completa de la condición del mundo es transmitida. Sí el mundo fuera universal; el amor y la compasión, una señal enteramente diferente fuera enviada. Entonces desde este transmisor los hermanos del universo ven como los eventos se desenvuelven en tu planeta. Durante el asesinato de tu presidente Kennedy la señal salió y fue recibida en planetas lejanos. Esto es un ejemplo meramente. Fue de importancia para todo nuestro universo, no por razones personales, si no porque sobresale la condición diferente de tu planeta así que enviamos transmisiones de corazón llenos de empatía a tu planeta.

D: *¿Entonces es como un sistema de monitoreo asi pueden tener un registro de lo que esta sucediendo en la tierra?*

F: Eso es correcto.

Estuve haciendo investigación de la explosión atómica de Hiroshima para el libro que estaba escribiendo en ese tiempo: Las almas recuerdan Hiroshima. Me pregunte si el mensaje salió cuando el evento horrendo sucedió y como fue visto.

F: No solo fue visto, fue sentido, porque las explosiones atómicas interrumpen los canales de energía. Imagina sí quieres la corriente de un rio y de repente una gran piedra es lanzada en el agua la cuál bloquea la corriente y causa que cambie de camino. Esto es algo como una analogía cruda. El vehículo de (Felipe) quería decir que la piedra interrumpe meramente la corriente entonces podríamos decir que la corriente temporalmente era bloqueada. Esta es una analogía para demostrar los efectos de la detonación atómica, como estos funcionan en los niveles más allá de lo meramente físico. Porque el universo entero esta consciente de estos eventos. Así como la energía que irradia el sol, ellos están en balance y hay armonía. Estas detonaciones nucleares son puntos de desbalances que hacen eco y reverberaciones a través de la energía universal como zumbidos distantes. Todo se sintió a través de este universo local y un poco menos extendido en los universos más distantes, porque el efecto se desvanece con la distancia. Estas cosas son conocimiento común a través de los circuitos de comunicación los cuáles están colocados a través de todos los universos. No esta estrictamente limitado de planeta a planeta, de planetas a galaxias y universos, si no de universo a universo. Existen diversos niveles de comunicación y estos son capaces de recibir estos niveles.

D: *Tú mencionaste "¿comunicaciones entre los universos?" esta es una nueva idea para mi, siempre he pensado que existe solo un universo. ¿Puedes explicar eso por favor?*

F: Existen muchos universos, muchos, muchos universos. Nuestro universo es uno particular o el universo en el que estamos aquí ahora es meramente un universo de muchos. Existen muchos, muchos diferentes universos, ellos están en un espacio físico. El concepto demanda una imaginación muy amplia para concebir las distancias envueltas. Existen políticas… políticas no es el termino adecuado, pero es, uno, el cuál se puede entender aquí. En cada universo existen niveles gubernamentales los cuáles gobiernan al universo individual y colectivo.

D: *¿Sería esto el equivalente a lo que la gente le llama Dios?*

F: El Dios, el concepto de Dios es la suma de todos, de todo. Nosotros somos Dios. Nosotros somos la colectividad de Dios. Nosotros somos piezas individuales de Dios, Dios no es uno, pero Dios es todo.

D: *Bueno, con muchos universos ¿Quieres decir que cada uno tiene su propio Dios?*

F: Todos los universos puestos juntos hacen a Dios, cada universo tiene la conciencia de Dios, aunque la conciencia sería diferente en diferentes universos también como en áreas diferentes en un universo. El concepto de Dios sería diferente; sin embargo, la realidad de Dios no cambia en todos los universos, en toda la creación ¡Dios es! nosotros somos parte de ese Dios individualmente, pero todos vistos como un todo es lo que es Dios.

D: *¿Es esta la fuerza que crea todo?*

F: Eso es correcto, esto es meramente una manifestación de Dios.

D: *¿Sabés tú algo acerca de la creación del área donde vivimos?*

F: El universo donde vivimos ahora de alguna manera es joven. Ha tenido más violencia de lo usual atribuido a su composición. La violencia es puramente un sentido físico, en lo que concierne a los niveles naturales de evolución. Existen muchas diferentes maneras como son formados los universos. Este se formo en una manera de aquellas en particular, para que entiendas las diferentes maneras, un discurso en distintas áreas sería necesario porque la astronomía esta envuelta, astrología, geología y muchas otras ciencias.

D: *Existe una teoría a la que le llaman "el big-bang". Señala que todo fue desarrollado en un momento de una explosión. ¿Coincide eso con lo que realmente sucedió?*

F: Esto burdamente es verdad, esto no es simplemente un big bang porque ya existía existencia antes del bang. El bang fue meramente una parte de todo el proceso de creación. Este big-bang fue meramente un aspecto de la continuidad evolutiva de los universos. La teoría de la oscilación universal es más cercana o es la teoría más precisa propuesta en este planeta.

D: *¿Cómo son decididos estos métodos y cómo será creado un universo?*

F: Esto a veces son determinados para un propósito específico. El conocimiento de como y porque y cuando, están más allá de cualquier concepto, que podríamos discutir en este nivel, pero estos son niveles de conciencia que tratan fácilmente con estas realidades.

D: *¿Qué hay acerca de las almas individuales? ¿Tienes alguna información acerca de como fuimos creados primeramente?*

F: ¿Podrías aclarar en que aspecto es tu pregunta y cuál aspecto de la creación estas preguntando?

D: *Bueno, nosotros como individuos, yo considero que nosotros somos almas individuales. Tú mencionaste que todos nosotros somos parte de Dios, pero ¿Tienes alguna información acerca de como nosotros llegamos a ser almas individuales?*

F: Nosotros meramente se nos dio la personalización. Somos meramente piezas de Dios quien él ha dado la personalización.

D: *¿Por qué nosotros nos dividimos de Dios, si eso es un termino correcto?*

F: Esto fue meramente una parte de todo un plan. El grandioso plan divino el cuál únicamente Dios mismo sabe en totalidad. Muchos saben pequeños detalles, pero nadie excepto el mismo Dios sabe por completo (La suma de todo conocimiento es Dios o el concepto Dios). Meramente estando consciente y abierto a esto, uno ha accedido a un conocimiento ilimitado y simplemente esto es conocimiento. Ustedes en este cuarto si desearían abrirse a sí mismos podrían recibir este mismo conocimiento en cualquier momento.

D: *¿Es algo como intentando atravesar el subconsciente?*

F: A través de la mente humana eso es acertado. El conocimiento es, simplemente existe en todo lugar y todo a la vez. No es correcto decir que la información es mantenida aquí en el planeta de las tres estructuras. Yo estoy recibiendo meramente la información desde este punto. Esto es mi planeta hogar desde donde mi energía se manifiesta. La energía o información es universal y puede ser fácilmente recibida aquí en este planeta por aquellos que están receptivos y abierto en cualquier tiempo y lugar. Esta disponible para toda la creación.

D: *¿Atravesaron tu planeta y los otros planetas una serie de pasos de evolución en la misma manera que nuestro planeta lo esta atravesando?*

F: No, no de la misma manera. No con mucha... fricción por asi decirlo. Fue una evolución más fácil.

D: *Parecería como si allá no habían tenido que atravesar por muchos retos en tu planeta. Sería como un mundo perfecto.*

F: No del todo, los retos podrían no ser los mismos, sin embargo, son retos. Solo ellos simplemente no fueron los mismos aquí. Los mundos perfectos realmente no existen para todos los propósitos prácticos. En los planos evolutivos existen mundos perfectos que sí existen, pero ellos son evolucionarios. La idea entera detrás de los mundos evolucionados es alcanzar la perfección y una vez que han alcanzado la perfección ya no hay necesidad de evolución.

D: *¿Podría eso contar como una de las razones por la cuál te ofreciste venir como voluntario aquí? ¿Por qué tú no tuviste las mismas circunstancias en tu propia evolución?*

F: Esto fue algo que no quería experimentar, pero es de mucha ayuda.

D: *Cuando estuviste en ese planeta eras pura energía. Esto podría explicar porque tú estas más abierto a esta información que aquellos con cuerpos recubiertos.*

F: Eso es verdad. En la encarnación tiendes a cerrar la sensibilidad de uno. Esto se puede superar, sin embargo, con práctica, entrenamiento y fe. Existen concilios, por ejemplo, el concilio universal el cuál está disponible para referencias o preguntas. (Existen muchos otros planetas quienes desearían experimentar y ser parte del renacimiento de la tierra, quién, como sea no pueden, debido a otros compromisos. Tantos y muchos en otros planetas están viviendo la experiencia indirectamente de cada una de nuestras experiencias terrenales desde la distancia. Esta correlación es recolectada y distribuida a muchos para que ellos se beneficien o se pudieran beneficiar de esas experiencias. Nosotros somos actores en una película por asi decirlo.

D: *¿Quieres decir que ellos nos están observando?*

F: Más que meramente observando sino viviendo la experiencia. Entonces no solo estamos viviendo la experiencia para nuestro propio bien, pero para el bien del universo.

D: *¿Por qué están preocupados por nosotros?*

F: Preocupados no es acertado, más exacto es interesados. Muchos que desean estar no podrían estar aquí y la oportunidad de observar y vivir la experiencia es manifestada. Esta es una gran promesa para la tierra y este universo, una gran obra del plan de Dios. Esto es meramente un espectro de todo el plan, sin embargo, no debería de ser subestimado. Muchos otros planetas están observando con gran interés lo que esta sucediendo aquí.

D: *¿Es por esto que ellos están enviando estas otras energías (entidades) aquí para asistir?*

F: Si, eso es estrictamente un esfuerzo voluntario para asistir a un vecino que esta tambaleándose.

D: *¿Cómo estos seres que están llegando van a poder ayudarnos? ¿Podrías ser más específico?*

F: El esfuerzo es sutil. Nosotros no venimos y les pegamos en la cabeza y decimos "esta es la manera de hacerlo" porque eso no ayudaría a nadie; al contrario, los espantaría y se pierde el propósito. La razón de estar encarnando es para mostrar un ejemplo desde dentro de la población y trabajar dentro de la población, con eso el efecto es muy sutil, pero muy completo. Existen aquellos que no quieren ayudar, quienes se aferran a las costumbres antiguas, pero es enteramente su elección.

D: *Tú mencionaste que ellos saben lo que esta sucediendo en la tierra. ¿Qué es lo que esta sucediendo en la tierra? ¿Qué esta sucediendo que están tan preocupados? ¿Puedes explicarlo?*

F: La raza está en un cruce de caminos o una coyuntura de aniquilación versus evolución. La raza humana podría sin ayuda fácilmente aniquilarse a sí misma en este punto del tiempo. Esto es la razón por la prisa de ayudar a salvar a la civilización. Si tu vecino estuviera por cometer suicidio, ¿No te apresurarías a ayudarlo? Si tú tienes toda la capacidad, tu intentarías todo lo que pudieses, porque sabés que no es lo que se tiene que hacer. La tierra esta en el punto de suicidio o se esta dirigiendo antes del punto que la ayuda fue enviada. De esta manera hay una estabilización de esta condición que ahora esta ocurriendo.

D: *¿Piensas tú que ellos tienen el poder de hacer lo necesario para ayudar a la tierra? Los seres humanos son muy necios.*

F: ¡Nosotros también! (risa de todo el grupo)

D: *Pero si en la tierra, fueran tan estúpidos, como aniquilarse a sí mismos, ¿Afectaría esto a los otros?*

F: Las otras evoluciones si continuaran, con respecto a eso no hubiera efecto, sin embargo, sería imposible quedarse parado y solamente observar, sabiendo que uno podría hacer algo. El propio sentido de alta moralidad dictaría que uno al menos debe de intentar ayudar, independientemente si lo logra o no.

D: *¿Alguna vez algo como esto ha pasado antes? Estoy pensando en la destrucción de la Atlántida en tiempos ancestrales.*

F: Hubo una diferencia en eso. No había la amenaza de aniquilación en los tiempos de la Atlántida. Hubo … deberíamos decir "incomodidad" hecha en este hogar en la tierra, pero no fue tan critica como lo es ahora. Este punto en el que estamos ahora estamos al borde de la aniquilación, de la total aniquilación de la raza humana destruyendo este planeta, de literalmente matar toda la vida que existe en este planeta. Esto no fue el caso de la Atlántida, no fue necesario la afluencia en tiempo de la Atlántida. Si la ayuda no fuera enviada, ¿podrías adivinar a que destino podrían dirigirse? En otras palabras, ¿tienes alguna idea de lo que sucedería si no se les ayudara?

D: *No realmente. (El grupo estuvo de acuerdo en remarcar esto) ¿Nos podrías iluminar?*

F: El camino en el que estaba esta civilización, era totalmente por la destrucción de una guerra nuclear. La tecnología estaba esparciéndose y continuaba esparciéndose incluso en pequeños países en desarrollo. No toma mucha imaginación para ver que podría suceder si un país o inclusive una persona en un país iniciara la guerra.

Yo decidí hacer una teoría, sabiendo que todo este prospecto era atemorizante. "Bueno, ¿Qué diferencia realmente haría si el mundo fuera destruido? ¿nos convertiríamos en espíritus otra vez?

F: El tiempo no ha llegado para que este mundo se destruya. Existe un tiempo, pero no es ahora. Hay mucho por aprender, mucho bien, mucha ayuda por llegar a este planeta antes de su tiempo.
D: *¿Entonces hay un tiempo para cuando sería destruido?*
F: Ciertamente, pero sería de efectos naturales, este planeta no es para que sea destruido por sus habitantes.
D: *¿Entonces estas diciendo que cuando el fin de los tiempos vengan sería otro paso evolutivo en vez de una destrucción masiva?*
F: Exacto, cuando el tiempo llegue todos estarán listos. Esto no es para preocuparse porque es un lapso de tiempo. Serán miles y miles de años en el futuro. Este planeta es una catapulta para todos aquí, para saltar a otras áreas. Cuando este planeta se le acabe su cometido, será destruido en una explosión natural cataclismica.
D: *¿Pero el peligro recae en los humanos haciéndolo antes que los eventos naturales sucedan?*
F: Exacto.
D: *¿Cuál sería la diferencia? ¿Sería una explosión por las dos partes?*
F: Todos morimos en nuestros cuerpos físicos. Cuando nosotros consideramos que nuestro tiempo ha llegado en una edad avanzada, es tiempo. Un niño de 12 años obviamente no esta listo. Suele suceder a veces debido a los acuerdos previos a la encarnación, pero como regla, a los 12 años no es una edad para morir. La tierra sería como si tuviera 12 años ahora. ¡No es el tiempo! No es el método, es el tiempo. La tierra no ha madurado, esta en su adolescencia tanto como va su civilización. Ni siquiera ha alcanzado su madurez. Hay mucho más por venir en futuras generaciones. Cuando el tiempo llegue, será preparado.

D: *¿Si tendría la tierra un fallecimiento prematuro y cómo afectaría a las otras galaxias y sistemas planetarios?*
F: Existe una interferencia en el orden del esquema cósmico causado por una guerra nuclear. Esto causaría interferencia en sistemas a través del universo. Los planes tendrían que cambiar. La meta optima seguiría llegar al nivel universal, pero las metas individuales tendrían que cambiar.
D: *¿Hay planetas que están enviando entidades a la Tierra en este asunto y por esta razón?*
F: Si hay muchos.
D: *¿Tenemos malas influencias que vienen de dichas fuentes?*
F: Yo no diría malas influencias. Existen aquellos quienes son más de influencia positiva. Ellos no vienen a pelear con el propósito, son aquellos que vienen a incrementar el propósito más que otros.
D: *¿Entonces desde donde estamos siendo influenciados que nos causaría acelerar la destrucción de el mundo? ¿De donde viene esto?*
F: Esto viene de la energía, los pensamientos de energía que están en este planeta, están relacionados a este planeta.
D: *Entonces las influencias malvadas se originan dentro de nosotros.*
F: La maldad no es termino preciso, es simplemente…equivocado, eso sería un termino más apropiado. Estas energías no están simplemente evolucionadas. Son energías que viven en este planeta. Todos somos energía. Tú eres una energía, tu alma es una energía. Estas son las energías de las que hablo, nosotros podríamos decir "almas".
D: *¿Entonces desde donde se originan los pensamientos negativos?*
F: Un pensamiento es energía, tu alma manipula la energía. Pensando es manipulación de energía; estos pensamientos ocurren por las experiencias pasadas, el ambiente y el deseo. Los pensamientos no están condicionados, los pensamientos son un producto doble o un producto de un deseo de acto. Un pensamiento es un deseo de acto.
D: *¿Esto coincide con la idea que los pensamientos son cosas?*
F: Exacto, los pensamientos son energía. Los pensamientos son manifestaciones reales.

D: *Tú quieres decir que, por el pensamiento negativo de las personas, hay situaciones malas en el mundo ¿Realmente ellos están creando estas cosas?*

F: Esto es verdad, pensando el infierno en la Tierra seguro lo atrae y lo construye "por el sudor de tu frente". Tal vez no ocurrirá en la misma manera, pero seguro será, justamente ocurriría.

D: *Entonces por estar pensando en estas cosas (guerra nuclear) y temiendo de ellas, las personas están creando un pensamiento de energía que es suficientemente poderoso para causar están cosas que suceden.*

F: Diremos que, la aceptación de la posibilidad que crea esa puerta abierta permitiendo la posibilidad de acceder. Si las energías mentales no fueran dirigidas esa posibilidad fueran imposibles, entonces asi sería. Esto es, porque es tan importante aclarar las energías de la posibilidad o la aceptación de una guerra nuclear, por eso se crea ese escenario. Entonces el propósito es crear energía fresca, energía que no ha sido contaminada por los patrones mentales. Energía con nuevas ideas, nueva esperanza y una dirección de la gente de las estrellas.

D: *Si, estas nuevas energías están viniendo de otros mundos no estarían integradas sobre muchas, muchas vidas con esta forma de pensamiento destructivo.*

F: Eso es verdad, es una infusión de sangre nueva, buena sangre. Ellos están para aclarar las energías, dando nuevas energías, nuevas maneras de ver las cosas. Para enseñar como aclarar las energías para aquellas almas de la Tierra que nunca se les ha mostrado; para que no transcurra en consecuencia ese curso porque si no eventualmente todo sería canalizando hacia la energía negativa y ultimadamente la destrucción sería el resultado.

D: *(El amanecer de la luz) oh! Entonces esa es la razón. Eso tiene mucho sentido.*

F: Aprende tus lecciones y aplicalas en tu vida diaria. Muestra tú ejemplo y se convertirán en embajadores en una manera exacta de aquellos que son embajadores de otros planetas.

D: *Yo creo que uno de los problemas es que la gente de la Tierra se les ha enseñado a temer a las personas de otros planetas. Ellos tienen la idea de que cualquier cosa que es ajena y extranjera debe ser malo.*

F: Esto es debido a la imaginación de inseguridad y la falta de familiaridad, la gente siempre le teme a lo que no entiende.

Un pensamiento se me ocurrió que en ninguna de las vidas pasadas (o implantadas) que Felipe mostro, ¿acaso el creo violencia o causo daño a otros? Él fue siempre el recipiente de violencia o una victima de la negatividad. Tal vez esta fue la razón. Él no había sido programado para entender este tipo de pensamiento. Esto fue aparentemente verdad de las otras energías de la gente de las estrellas que han sido enviadas como una infusión de nueva sangre. Podría explicar muchas cosas, los protestantes anti-guerras, aquellos que tienen tendencias anti-nucleares, aquellos que están encontrá de la violencia. El amor a la paz ha sido programado en ellos antes que ingresaran a este mundo.

CAPÍTULO 12

SEMILLA ESTELAR

ES INCREÍBLE como estoy dirigida a estas historias, usualmente a través únicamente en oportunidades de observaciones. No me toma mucho encender mi curiosidad y siguiendo algo que he dicho y asi expandirlo. La puerta constantemente se abre a una aventura en lo desconocido. Una vez que la puerta esta abierta, el camino usualmente se dirige a un extraño y maravilloso desvío. Como fue el incidente que dirigió a el descubrimiento de la plantación de semillas en nuestro planeta Tierra a tener oportunidad por personas de otros mundos. Dejare al lector que experimente la aventura como lo hice, desde una completa extraña idea en los reinos de la fascinación. Aunque el concepto sea extraño, por debajo fluye el suave murmullo de la verdad. Podría ser, sería y es posible la verdadera historia de nuestros comienzos. No estoy clamando que yo lo sé, pero al menos leamos con la mente abierta y permite la remota posibilidad que hay más que verdad en esta versión de lo que podríamos imaginar en nuestros más profundos sueños y fantasías.

Sucedió durante una sesión cuando Felipe estaba hablando desde el nivel de las Tres Estructuras donde él supuestamente, tuvo acceso a todo el conocimiento de la historia de la Tierra. Este acceso se puede acceder dentro de este punto, a través del sistema de comunicación que él menciono anteriormente. Como este era su planeta hogar, él era compatible con su energía, la cuál le brindaba grandes capacidades para encontrar los records. Habíamos estado explorando y tratando de encontrar respuestas de los misterios de la tierra y menciono razas de la Atlántida. De repente pensé en una pregunta que frecuentemente venía a mi mente. Yo me había preguntado varias veces de donde venían las diferentes razas originalmente, lo que llamamos la negra, la amarilla, la roja y la blanca. Todas ellas son tan diferentes, ¿Cuál era su origen?

F: Los pigmentos de la piel y sus características físicas que describes como razas son un proceso evolutivo. Cuando viajar no era fácilmente logrado en esos años tempranos, un clan de personas se asentaba en un área de generación en generación. Así su apariencia física podía reflejar el ambiente en el que se encontraban ellos mismos. Así fue como las razas se desarrollaron. Había muchas razas conocidas en la tierra, había aquellas que tenían piel verde o piel azul, quienes están en terminología de la tierra; extintas. Los de piel verde eran habitantes de la jungla que se alojaban en bosques y áreas verdes y adoptaron la piel verde.

Esta ciertamente no era el tipo de respuesta que había esperado.

D: *¿Quieres decir como un camaleón que se adapta a sus alrededores?*
F: No, eran verdes desde nacimiento y se mantuvieron asi. Los de piel azul era el mismo azul desde nacimiento, esta era una mutación genética que había ocurrido. Había raza humana de piel violeta o purpura también, estos colores pueden ser vistos en cada uno de nosotros hoy en ciertos tiempos. Las personas pueden decir que están "verdes de la envidia", después pueden ponerse "azules de la cara" o pueden estar "púrpuras del coraje". Estas no son coincidencias que estos colores estén descritos como colores de piel.
D: *Entonces, ¿Quieres decir que todas son posibles dentro de nuestra apariencia física?*
F: Eso es correcto.
D: *¿Tenían estas razas colores de pelo diferente?*
F: Aquellos con piel verde tenían pelo café obscuro con una textura ondulada. Aquellos con piel azul tenían lo tenían más claro, casi rubio y de textura lisa. La raza violeta tenía pelo rojo y muy rizado, una gran visión para ver.

D: *Si, esos son colores realmente diferentes a lo que vemos hoy, ¿Existe alguna posibilidad que estas razas vengan en este presente, como lo que llamamos "retroceso" en genética?*

F: Pueden ocasionalmente ser vistos al nacer como defecto de nacimiento que aparecen como marcas púrpuras o parches violetas. Este es un recordatorio de ese tiempo. Imagina si quieres a una persona con tu cuerpo entero cubierto en tal pigmento y ya tienes a alguien de raza violeta.

D: *Eso lo hace más fácil de imaginarse. He visto esto, lo que llamamos "marcas de nacimiento"*

F: Si, son pequeños recuerdos de tiempos previos en la historia de la tierra.

D: *Entonces, ¿Desaparecieron estos colores a través de las mezclas de razas o que?*

F: A través de la historia de este planeta había aquellos que no sobrevivieron... eso es todo. Ellos no eran agresivos como los otros, eran de una naturaleza más gentil y de tipo espiritual, no de una apariencia de tipo agresiva.

D: *¿Era esta una de las razones de su... exterminación, por asi decirlo?*

F: Para su... no tanto como exterminación sino extinción. No sería preciso decir exterminación. La palabra no implica el significado correcto.

D: *¿Entonces las otras razas que existen hoy son las cuáles han sobrevivido? La amarilla, la roja, la negra, la blanca, caucásica.*

F: Y la café.

D: *¿Sabés de que continente iniciaron originalmente las razas?*

F: Existió una siembra en el área del rio Nilo. Las condiciones eran correctas, la vida fue sembrada en ese punto y animada a crecer. Eran las formas originales de vida: celular, formas de vida celular que después evolucionaron y crecieron a formas más complejas.

D: *¿Evolucionaron a toda forma animal y humana?*

F: Si, eso es correcto.

D: *¿Podríamos entonces considerar ese lugar como de nacimiento de la raza humana, el lugar de vida en la tierra?*

F: El área descrita fue una de muchas. Un área en particular no se le puede ser dada la distinción como el origen. Porque hubo muchos lugares en el planeta los cuáles fueron sembrados simultáneamente.

D: *¿Puedes explicar eso un poquito mejor? Cuando dices "sembrar", suena como si alguien más pusiera las semillas en el jardín.*

F: Tú tienes la idea exactamente.

D: *No entiendo, las semillas podrían venir de otro lugar.*

F: Eso es correcto. ¿De donde pudiera florecer vida si no hubiera vida aquí para iniciarla? El origen tendría que ser de algún otro lugar.

D: *Bueno, los científicos y teólogos tienen muchas teorías de como inicio todo. ¿Quieres decir que en el principio no había células ni nada? ¿No hierbas, plantas, absolutamente nada con que iniciar la siembra?*

F: Eso es correcto. El punto en el cuál el ambiente se convirtió en conducto de vida fue el punto original en el que la tierra recibió su capítulo de vida. Existió trabajo hecho para brindar vida a este planeta y el evento fue totalmente anotado y registrado en los anuales de la historia del universo. Nada es por casualidad.

D: *¿Qué quieres decir por "capítulo de vida"?*

F: La tierra fue capitulada como planeta de vida, un planeta en el cuál se puede apoyar la vida. Existe una distinción entre un planeta el cuál no hay vida en absoluto y un planeta donde carga vida. Es un paso adelante en el proceso evolutivo del planeta.

D: *¿Quién decide cuando es el tiempo para hacer estas cosas?*

F: Existen aquellos tanto en el espíritu y el físico quienes, trabajan juntos y evalúan el punto al cuál el planeta ha evolucionado y después de estudiar el ambiente se es determinado que se ha convertido en conducto de soportar vida y así la vida es dada al planeta y anota dije "dada".

D: *Nosotros, ¿De donde se originan las células? Pienso que deben de venir de un algún lugar para empezarla.*

F: Ellas fueron traídas de otros planetas que estaban ya en un alto estado de evolución. Para este tiempo del capítulo de vida de la tierra ya había muchos planetas poblados en el universo local y entonces las células fueron traídas desde aquellos otros planetas.

D: *¿Quieres decir que fueron cultivadas similarmente a una condición de laboratorio?*

F: Más como un jardín, un jardín en el cuál las semillas nuevas son plantadas y tiernamente vigiladas, cuidadas y apoyadas.

D: ¿Cómo las transportaron aquí?
F: A través de naves espaciales.
D: ¿Podría esto explicar porque tengo la sospecha que la gente del espacio ve por nosotros?
F: Eso es correcto. Porque nosotros estamos aún en el estado de jardín y pronto alcanzaremos el estado de siembra. Considera que el jardín esta listo para producir fruta.
D: Y ¿Produciremos el tipo de fruta correcto?
F: Esto es determinado por el jardín, nadie le dice al jardín que tipo de fruta producir, simplemente el jardín se le brinda la amplia oportunidad de crecer. No existe un capítulo que diga "Este jardín tiene que producir esta u otra fruta" porque para la historia de la tierra, ¡es su propia elección! Aquí es donde el libre albedrio entraría.
D: Entonces, ¿piensas que el tiempo vendrá cuando nosotros pasaremos esas semillas, por asi decirlo que nosotros sembraremos otros planetas?
F: Esta siendo preparado para este tiempo, incluso, mientras hablamos las preparaciones están siendo hechas, el jardín esta listo para producir.

Yo estaba pensando en nuestras exploraciones espaciales y me pregunte si esto podría ser lo que quiso decir. Cuando uno trata de producir vida en otro planeta en nuestro sistema solar.

D: ¿Quieres decir que las personas en la tierra están experimentando con esto?
F: Esta en ambos niveles físico y espiritual; sin embargo, este trabajo en su mayor parte no visto en la tierra.
D: Habrán muchas personas que quisieran realmente tener opiniones fuerte acerca de eso. ¿El trabajo hecho por la NASA o diferentes científicos por ejemplo?
F: Nosotros hablamos de una siembra espiritual también. La siembra es de traer luz al planeta, el conocimiento no es necesariamente transporte físico. La iluminación de individuos es parte del proceso entero.
D: Pero ¿Piensas que hay científicos trabajando en la posibilidad de sembrar otros planetas en un sentido físico?

F: Existen aquéllos que tienen la idea de colonizar otros planetas y aquéllos que están planeando y manufacturando ingeniería actualmente teniendo tal logro en este tiempo. Están en no más o menos posición que quienes están en este cuarto. Cada trabajo de uno es igualmente importante.

D: *¿Sabés si tienen cierto planeta en mente el cuál les gustaría tratar esto?*

F: Por las tecnologías y los planetas disponibles para escoger, dos planetas en este tiempo están vistos. Uno es la luna la cuál siendo técnico no es un planeta, pero esta siendo considerado para poblarlo. Marte esta seriamente considerado para colonizarlo por los limites técnicos de la tecnología del hombre en este tiempo. Estos serían las opciones posibles en este tiempo.

D: *Bueno, asumiendo que por colonización ellos podrían realizar siembra para tener comida para vivir. ¿Es eso lo que quieres decir? O ¿Siembra sería el comienzo de vida como la conocemos?*

F: Existen los primeros pasos los cuáles un infante logra su camino hacia la vida adulta. Estos son los primeros o intentos de pasos y no son considerados el comienzo de la jornada, porque el caminar, no ha sido hecho.

D: *¿Pasara algún día que esos intentos de pasos se de en nuestro planeta?*

F: Eso es correcto.

D: *¿Qué hay de Venus? Esta al igual que Marte, yo creo.*

F: Cuando la tecnología alcance un nivel apropiado, estos planetas no serán necesitados en consideración porque será posible viajar a otras galaxias donde hay muchos más planetas habitables que aquellos que están en nuestro sistema solar inmediato.

D: *Dijiste que la luna no es un planeta, eso es verdad. ¿Qué sabés acerca de la luna?*

F: ¿Por qué lo preguntas?

D: *Siempre han estado cuestionamiento acerca de su origen.*

F: La luna fue separada de la tierra durante una colisión con una estrella. Fue durante la etapa de fundición de la evolución de la tierra y fue apartada de la masa de la tierra por gravedad de una estrella pasajera.

D: *¿Alguna vez la luna contuvo vida?*

F: No, porque nunca ha tenido atmosfera. El material el cuál esta hecha en el tiempo que fue separada de la tierra nunca fue conductor para contener vida. Lo cuál no decimos que no ha sido visitada por vida la cuál podemos testificar como los logros propios del hombre.

D: *He escuchado que extraterrestres podrían tener sus bases por un tiempo.*

F: Ellos eran conocidos por estar en la cara de la luna eso es correcto. No había bases, pero podían visitar, era un área conveniente de descanso por asi decirlo.

D: *Hay personas que dicen que pueden ver cosas en la luna mediante telescopios que lucen como objetos hechos por el hombre. ¿Sabés algo acerca de eso?*

F: Lo que dicen es solo eso, algo más que objetos que fueron dejados por el programa espacial de este país, no existe evidencia física de visitas previas y esto no es coincidencia porque los rastros fueron cuidadosamente removidos para no traicionar la presencia de visitas previas. Porque esto sería un descubrimiento traumático donde se encuentre basura dejada en la luna de visitantes de otros planetas.

D: *¿Entonces hay que omitir lo que la gente que ve porque solo son fenómenos o estructuras naturales?*

F: Eso es correcto.

D: *¿Existen algún extraterrestre usando la luna ahora de esta manera?*

F: Hay visitas ocasionales, pero no más que antes o de diferente manera.

D: *¿Piensas que la tierra podría colonizar la luna o poner una base ahí?*

F: Eso es posible, muy posible.

Esta sesión abrió un interesante camino de pensamiento. Nuestros científicos han llegado tan lejos en nuestros intentos de exploración espacial, supongo que vendrá sin sorpresa que estén pensando en la posibilidad de crear vida en un planeta estéril. Cuando esto suceda en algún lugar en los alcances obscuro del tiempo futuro las creaturas resultantes nos consideraran su Dios, su creador. ¿Por qué entonces es esta idea tan extraña si pudo haber ya pasado aquí en la tierra en algún tiempo en el pasado distante?

Pensé que el concepto completo era interesante pero no me di cuenta en el tiempo de la importancia total de lo que Felipe me estaba contando. Fue solo otro tópico enviado a través de las tres estructuras. No había planeado alcanzar el tema más lejos, pero las fuerzas (o como le quieran llamar a ellos) que estaban dirigiendo la canalización de esta información tenían otras ideas. Ellos tenían la intención de que la historia completa saliera adelante.

CAPÍTULO 13

LOS EXPLORADORES

VARIAS SEMANAS TRANSCURRIERON para que regresáramos a las tres estructuras y preguntáramos varias veces acerca de lugares muy inusuales de la Tierra y permití que los participantes en la sesión de grupo hicieran preguntas. Esta sesión fue todo un caso, ya que había mucha gente presente quienes nunca habían sido testigos de este fenómeno. Ellos habían escuchado lo que estaba sucediendo a través de amigos y vinieron por curiosidad. Todos esperábamos hacer preguntas diferentes acerca de los misterios de la Tierra, cosas que siempre nos hemos preguntado y también me asegure que varios observadores también tuvieran preparadas sus preguntas personales; pero las fuerzas que estaban dirigiendo esto no tenían la intención de seguir en esta dirección en esta noche de sesión. Esta vez cuando el elevador se paro, no era en el planeta de las tres estructuras y en vez de eso Felipe dijo que veía arboles.

F: Hay una nave plateada a la derecha, la cuál esta esperando a tres de sus tripulantes que regresen del bosque.

¿Estaba Felipe escogiendo en vez de explorar una vida pasada? Esto normalmente no había sucedido durante las sesiones en grupo. Él ya estaba bajo trance esperando responder las preguntas. Lo que él vio no sonaba, como a la misma escena en la expedición perdida. Aparentemente las fuerzas estaban controlando este fenómeno y estaban dirigiéndonos a un lugar que ellos pensaban que deberíamos ir; sin importar los deseos de los demás reunidos. No tuve otra opción más que seguir como fluía la sesión. Yo pregunte por la descripción de la nave.

F: Es plateado y redondo. Es en forma de ovalo, tiene cuatro soportes con una rampa que sale de una puerta o apertura por debajo de la nave.

D: *¿Es muy grande?*

F: Aproximadamente 9 metros de diámetro.

D: *Eso no suena grande.*

F: No es tan grande, pero la madre nodriza que es de donde es esta nave es mucho más grande. Esta nave es para explorar y es usada únicamente para vuelos cortos.

D: *Mencionaste que puedes ver arboles, ¿Cómo se ve el panorama?*

F: Es el panorama de la tierra. Este es un período, de cuando este planeta tierra era visitado por esta entidad (Felipe) en otro período de la historia de esta entidad.

Entonces él estaba viendo a una de sus verdaderas vidas pasadas, no una implantación.

D: *¿Mencionaste que hay tres personas o tres tripulantes quienes están dirigiéndose hacia la nave?*

F: Ellos en ese momento están en el bosque. Están recogiendo muestras de tierra y vegetación, porque el planeta pronto recibirá su comisión como planeta que alberga vida. Antes de que este planeta sea sembrado, deben de hacerse estudios para determinar las condiciones apropiadas en este planeta. Las condiciones deben de ser conductoras para soportar y sostener vida. Este es el propósito de esta misión de exploración, para tratar de determinar si las condiciones pueden soportar la vida en este tiempo.

D: *Hay una cosa que me confunde, si hay arboles ahí, ¿No es esa una forma de vida?*

F: Eso es correcto. Nosotros estamos hablando de vida humana o vida animal las cuáles requieren diferentes grupos de parámetros para poder sustentarla. Este es el tiempo de los reinos mineral y vegetal que preceden al reino animal en este planeta. Existe vegetación y eso es todo.

D: *¿Tú mencionaste que tienen que tomar muestras y después llevarlas a algún lugar? ¿Quién va a hacer la determinación de esto?*

F: Las muestran son recolectadas y enviadas a la central del súper universo y allí serán consideradas y analizadas. Un estudio de adaptabilidad será hecho en ese tiempo y una determinación del momento apropiado del planeta para soportar vida en una forma animal.

D: *¿Dónde esta ese lugar central?*

F: Eso es Havana (fonética), la central o el súper universo. Yo me pregunto si existe una similitud intencional a nuestra palabra "heaven" El punto de origen desde el cuál toda la creación es referida. Porque en este universo hay residencia de ÉL quien es el más alto gobernante de toda la creación. El hosanna, el Dios como ÉL es llamado en este planeta. Este es el punto central de toda la creación, la cuál la entera creación gira.

D: *¿Entonces tu civilización reconoce a Dios?*

F: Todas las civilizaciones reconocen a Dios. Aquellos quienes son avanzados reconocen al mismo Dios, porque ÉL es uno y ÉL es todo. ÉL es reconocido por diferentes nombres y conceptos, pero su esencia es reconocida por todos, porque ÉL es como nosotros somos de ÉL.

D: *¿Haz estado alguna vez en ese lugar?*

F: No contestare esta pregunta porque la línea del cuestionamiento que seguiríamos no sería apropiada. No hablemos de esto en este momento.

Él obviamente se dio cuenta que yo estaría preguntando por la descripción de este lugar y después una descripción de Dios. Yo le asegure que a él nunca le preguntaríamos algo que él no desearía hacer. En experimentos de trance y regresiones hipnóticas, usualmente existen situaciones como esta, cuando la persona no puede hablar de ciertas cosas. Cuando esto ocurre es difícil, casi imposible para continuar. Yo usualmente respeto sus decisiones porque ellos están más conscientes de la situación de lo que yo estoy.

D: *Yo solo estaba curiosa.*

F: Eso es entendible porque todos también somos curiosos. De esta manera nosotros estamos escavando en el bosque y enviando muestras de regreso para satisfacer nuestra curiosidad. Porque esto no es un rasgo común únicamente del hombre, como algunos podrían pensar.

D: *Yo pensé si ÉL residía en un lugar, ÉL sería más como una entidad física; eso era lo que mi curiosidad, me estaba dirigiendo.*

F: ÉL no es una entidad. ÉL es y esta en todo, eso se puede decir a este nivel de compresión, pero existe una residencia, el salón de Dios, la cuál es la residencia desde donde ÉL emana y es su central.

D: *Yo lo pensé extraño que ÉL tuviera una residencia.*

F: Esta es meramente una interpretación para que tú puedas comprender en tu nivel. Porque si te diéramos información de un nivel alto no podrías comprenderlo, por lo tanto, nosotros debemos de traer está información en el nivel en el cuál podría ser comprendido.

D: *Esta bien, pero, en otras palabras, ÉL tiene un punto central donde puede ser contactado, ¿Son sus naves una de muchas que toman estas cosas o que?*

F: Estas son una flotilla de naves desde esta particular unidad; porque estas naves son parte de una fuerza de expedición y que su trabajo es exactamente esto: Viajar aquellos planetas los cuáles son en línea de legado de vida o que han alcanzado el estatus de un planeta que alberga vida. Porque existen reglas y regulaciones las cuáles deben seguir y estas son parte de ellas.

D: *Pero tú no tienes nada que ver con las decisiones que se hacen.*

F: Eso es correcto porque las reuniones son meramente hechas por aquéllos en una pequeña faceta de la gran perspectiva, ese es su trabajo y nada más.

D: *¿Puedes decirme la descripción de como son los miembros de la tripulación como vienen saliendo del bosque?*

F: No deseamos detallar en este momento porque eso reprogramaría a los escuchas en pensar que todo podría verse como esto, lo cuál ciertamente no es el caso; porque existen muchas razas las cuáles son, en términos humanos, en apariencia de los dos extremos. Asi que no deseamos reprogramarlos en una descripción como si representara todo. Porque mucha es la información que se brinda la cuál después describirá muchas formas individuales de estatura física. Pero no es apropiado en este momento.

D: *Anteriormente cuando tú me hablaste de personas de otros planetas me diste sus descripciones.*

F: Eso es correcto, pero las sesiones eran privadas y eran limitadas en el enfoque. Nosotros, sin embargo, no estamos ahora en ese ambiente y debemos tomar precauciones.

D: *Esta bien, me apegaré a tu consideración ¿Puedes decirme qué sucede?, ¿cómo estas observando la escena?*

F: Las muestras son recaudadas y son colocadas en contenedores cilíndricos, empacados y enviados en una nave de exploración; desde allí son transportadas a la nave nodriza la cuál las transportara a la estación de esta parte de la galaxia que es "El Cuartel Territorial". Las muestras son transportadas vía… UPS cósmico, si asi deseás llamarle (risas del grupo) al universo central donde son examinadas y se hace la determinación.

D: *Son diferentes lugares que tienen que ir.*

F: Si te preguntáramos que observaras tu propia sociedad y verás lo mismo en muchas áreas; porque tu sociedad es meramente una reflexión de eso la cuál es a una escala universal.

D: *Bueno ellos tomaron muestras de tierra y vegetación. ¿Qué hay del aire o cosas como esas? ¿Son importantes también?*

F: En esta misión el alcance se enfoco completamente a la tierra y la vegetación. Eso fue el enfoque de esa misión.

D: *Esta bien ¿Y que hay de la tripulación? ¿Son capaces de funcionar y respirar en la atmosfera de la Tierra?*

F: No contestaremos esa pregunta en este momento porque las razones ya las dijimos anteriormente. Sin embargo, deseamos decir esto, ellos pudieron moverse libremente y no tuvieron problema o inconvenientes.

D: *Esta bien ¿Me darías estas respuestas en una sesión en privado?*

F: Esto no lo diremos porque… nosotros ya no hablaremos más allá.

Pareciera que hay muchos tópicos prohibidos en esta sesión, usualmente yo podría encontrar una manera de darle vuelta a este tipo de oposición, pero pareciera que estábamos siendo fuertemente censurados.

D: *Eso esta perfectamente bien ¿Me puedes decir como es la nave nodriza?*
F: La nave nodriza son como vehículos en forma de cigarro los cuáles en la Tierra muchos han sido vistos. Estos no son únicamente naves nodrizas porque hay naves más grandes que está y las naves nodrizas se adhieren. Imagina un barco naval rodeado de barcos destructores los cuáles a su vez tienen lanzadores y asi podrías entender el concepto.

La mente subconsciente de Felipe estaba usando su experiencia naval para proveer esta analogía.

D: *¿Las madres nodrizas también aterrizan?*
F: Eso no es correcto, porque las naves nodrizas no penetran la atmosfera.
D: *¿Hay alguna manera que me puedas describir desde donde vienen las naves?*
F: Diremos que es desde una constelación que es visible al ojo humano, Andrómeda. Y diremos más allá que algunas visitaciones que son hechas en este planeta en este tiempo son desde la misma estrella de punto de referencia.
D: *Por "este" tiempo ¿quieres decir el periodo de tiempo en el que estamos hablando ahora?*
F: A este tiempo presente, 1984.
D: *¿Por qué están continuando, viniendo a este planeta?*
F: Ellos han regresado porque hubo una gran ausencia de sus visitaciones. El tiempo ha llegado para este planeta que cumpla su destino y mucha información es necesitada en el orden de asimilar y entender en que lugar se encuentra, en lo que conlleva a la contaminación del aire, suelo, niveles de energía etc…
D: *Las naves que realmente hicieron la plantación ¿vienen desde el mismo planeta que estas naves exploratorias?*
F: Eso no es correcto porque este detalle fue de una misión de reconocimiento. La plantación fue hecha por separado y es un grupo comisionado de naves que solo fue con ese propósito de plantar el planeta. Así que ahora, podrías decir que la vida humana y muchas otras formas de vida fueron plantadas intencionalmente y fueron creciendo desde un estado jardín. Entonces ahora puedes

ver que tus hermanos permanecen en el cielo mientras tú estas caminando o preferiblemente gateando en la Tierra. Tu tiempo para volar con tus hermanos ahora se ha acercado.

D: *¿Originalmente de donde son estas semillas?*

F: ¿Por qué preguntarías esto? Porque si decimos de un lugar, tú podrías pensar, "Bueno eso sería mejor que otro lugar o de otra manera nunca nos hubieran traído desde allá". Nosotros deseamos que tengas una mente abierta en esto; porque las semillas fueron traídas de muchos lugares y no solo uno en particular.

D: *Yo me pregunto, si ellos son de un planeta o si ellos fueron desarrollados en una atmosfera de laboratorio, por asi decirlo.*

F: Ellos fueron reservas de razas las cuáles han sido experimentadas, aprobadas y que fueron determinadas para ser las apropiadas para este planeta. Muchas decisiones fueron hechas, porque si la decisión hubiera sido diferente, tú no te verías de la forma que tienes ahora. Tú estarías mayormente sorprendida de ver como hubieras sido. (muchas risas del grupo).

D: *Yo estaba pensando del termino "clonar" el cuál esta llegando a ser muy popular en nuestros días y por eso me pregunto ¿como fueron ellos desarrollados?*

F: No hablaremos de eso porque no tenemos control de lo que brindamos.

Cuando la persona no desea responder alguna pregunta, siempre puedo cambiarla a algo más. Usualmente las respuestas pueden ser obtenidas cambiando las palabras.

D: *Esta bien. ¿Y qué hay acerca de los animales? ¿Cuáles son primeros en la plantación de el planeta?*

F: ¿El carruaje o el caballo cuál fue primero? ¿Realmente importa?

D: *Bueno yo tengo una curiosidad ávida.*

F: Ya lo hemos notado y a veces nos sentimos presionados en contestar tus preguntas y por eso te hemos dado estrictamente una guia de lo que nosotros podemos permitir contestar; y tú a menudo y a veces alcanzás los límites de lo que podríamos contestar. Asi que aquí estamos otra vez en los límites y debemos decir, no contestaremos esto porque no estamos permitidos.

D: *Yo solo me estaba preguntando si los animales estuvieron aquí en un periodo de tiempo antes que los humanos fueran traídos a la escena.*

F: Los humanos son animales.

D: *Eso es verdad*

F: Si deseas verlo desde este punto de vista, ustedes son hermanos de los animales en este planeta tan seguro como son hermanos de aquellos quienes están en la nave y la luces en el cielo. Ustedes tienen una naturaleza dual aquí, aquella de luz y aquella de obscuridad, aquella etérea y aquella de materia, la física.

D: *Yo solo estoy tratando de entender. ¿Estas diciendo que nosotros evolucionamos de los animales en proceso evolucionario? (Felipe dio un gran suspiro). Si tú no quieres responder, esta bien.*

F: Nosotros estamos tratando de alcanzar un consenso de como responder esto, de tal manera que la zona no permitida no sea cruzada, y aún así se te sea dada la respuesta la cuál puedas comprender. Nosotros decimos esto: Existió una poda atenta y gradual de una fuente establecida, la cuál fue nutrida y cuidada con mucha atención para que asegurará el resultado de lo cuál tenemos con nosotros en este tiempo (hablando desde el punto de vista del vehículo). No es accidente que los cuerpos físicos que los humanos visten en este tiempo sean como son ahora. Porque fue muy cuidadosamente planeado de que fueran así como lo son ahora.

D: *Yo siempre he tenido la idea que pudiera haber algún tiempo de experimentación también en aquellos días tempranos.*

F: Eso es correcto, porque siempre ha habido experimentaciones en este planeta y en otros también. Por eso nunca se alcanza el punto de decir, aquí "Esto esta bien y lo dejaremos como es". Porque cada planeta tiene sus propios requerimientos individuales y por eso no hay una respuesta perfecta para todo. Para cada uno es un requerimiento individual.

D: *Siempre me he preguntado si algo como esto podría estar relacionado con las diferentes leyendas de los mitad-hombre, mitad-bestia las cuáles se han transmitido a través de la historia.*

F: La imaginación es la responsable para la mayoría de todas las leyendas.

D: *Bueno, entonces cuando los planetas fueron sembrados ¿Dejaron las naves las cosas de esa manera o que sucedió?*

F: Hubo como dije antes, el cuidado y la plena atención para asegurar que todo resultara bien en el jardín. Ocasionalmente un intruso del exterior... (El hizo una pausa como pensando) ... y no hablaremos más de esto, porque nos estamos aproximando a los límites. Pero hubo una ruptura de el plan y este hombre encontró mucho problema en su vida debido a esa intrusión.

D: *¿Algo sucedió que fue inesperado?*

F: Eso es correcto, porque incluso con todo el conocimiento que tenemos disponible, en todos los niveles no está en total control, o para decir más específicamente, los planes mejor trazados a menudo se arruinan, sin importar su origen; porque incluso en los niveles angélicos y súper angélicos, los planes son hechos y pueden ser distorsionados. Así que existen planeamiento de contingencia desde los más altos escalones de existencia inteligente hasta lo más básico del nivel humano.

D: *Desearía que me pudieras brindar algún tipo de oportunidad de lo que sucedió sin pasarnos de los limites.*

F: Yo desearía que nosotros pudiéramos también, porque esta es una historia muy interesante. Nosotros diremos que no es lo más oportuno en este tiempo.

D: *Esta bien, pero sería apropiado en otra oportunidad ¿cuándo trabajemos juntos?*

F: Eso es correcto.

Al menos parecía que no negaría la historia. Solamente requería un ambiente más privado.

D: *Esta bien, entonces es un tema que estará pendiente. Después de tiempo en tiempo ellos regresaban para atender su jardín, por asi decirlo.*

F: (Humorosamente) Ellos siguen cuidando el jardín, porque las malas hierbas han crecido por donde quiera y deben ser cortadas.

Me uní a su humor y pregunte con una risa "¿Me pregunto, que piensan de nosotros ahora?"

F: (El sonrió ligeramente) No deseamos responder eso porque podemos ver… (risas del grupo)
D: *Tengo una vaga idea (riéndome)*
F: Eres acertada en tu percepción, por observar el desorden que es este lugar, y eso esto lo que necesitamos decir. (risas)

Ellos parecieran tener sentido del humor y les gusta bromear ocasionalmente con nosotros, esto fue bueno porque alivio la seriedad de la discusión. El grupo también disfruto esto porque había algunos presentes quienes vinieron meramente por curiosidad y entretenimiento. Esto podría explicar la negativa de responder a ciertas preguntas debido a que percibían el humor de la gente presente.

D: *¿Existe alguna conexión con estos y con los que llamamos OVNIs o platillos voladores que hemos visto a través de los años?*
F: ¿Te refieres a que no entendiste porque de esto estamos hablando?
D: *Solo me estaba asegurando, bueno ¿existen más de un tipo de naves que nos están visitando de diferentes lugares o…?*
F: Eso es correcto, podrías observar tu propia sociedad y ver la reflexión de las sociedades de sus hermanos universales; para considerar la diferencia en los automóviles como de Francia, un Porsche es comparado a un Pinto, y asi tienes la idea del modelo es una reflexión del creador que lo construyo. Así con estas diferentes sociedades en los planes estelares, existen diferencias naturales en los modelos porque reflejan las sociedades desde donde fueron construidas.
D: *¿Cuál es el propósito de la visita a este planeta de las otras naves?*

Yo quise decir el propósito de naves que vienen de otros planetas, pero el interpreto mi pregunta a su manera.

F: La nave que flota es un vehículo de expedición, la nave nodriza es un vehículo de servicio el cuál mantiene a la nave de expedición. La nave principal o central es el vehículo entre los destinos que transporta, considerando otra vez la analogía de los barcos navales. El barco transportador central en el cuál reside el cargo de comandar las ordenes y decisiones emanadas donde las comunicaciones centrales son hechas. Los buques y los destructores son el apoyo que cumplen como enlaces entre el barco central y los lanzadores o los aviones de expedición; de esta manera puedes ver que un despegue podría ser difícil desde el lado del transportador.

D: Esta bien, pero mi pregunta que yo quise decir era ¿Cuál era el propósito de las otras naves que están visitando la tierra?

F: Han existido muchas diferentes misiones y muchos diferentes propósitos y cada nave que ha sido enviada con su propia particular misión. Han existido la siembra, la exploración, la topografía y cartografía, etc., etc. Hay mucho que hacer considerando cosas como estas; porque no es meramente seleccionar semillas en el aire y ver lo que crece. Todo es muy bien planeado y orquestado ordenadamente. Nosotros estamos hablando realmente de una siembra física como plantar celular en un ambiente hospitalario como el agua de una laguna o en un pantano o en un suelo de bosque. Y asi permitir que germinen y crezcan desde ahí en adelante.

D: Esto pareciera ser muy complicado, necesitaría un gran planeamiento previo.

F: Exactamente, como nosotros intentábamos describirlo anteriormente, porque nada es dejado a la suerte.

D: Pero debes de admitir que es una idea radical.

F: Eso no es una idea. Nosotros deseamos expandir esto, que no es una simple idea (esto es historia). No es que existan grandes planes conectados dando esta información, simplemente es dada. Nosotros tenemos más información que darles mientras ustedes se mantengan investigando. Es preciso como lo estamos diciendo en este nivel de compresión. La información no tendría significado si el grado de compresión fuera más elevado. Porque existe información la cuál sería más allá del intelecto humano que podría comprender y eso sería enteramente inútil de incluir. Porque no existen conceptos en el lenguaje humano con los cuáles se puede traducir esta información, asi que es descrita en términos que son familiares para la experiencia humana. La información es basada en un factor verdadero y es verdad. Sin embargo, podría estar presente de alguna manera que pareciera una paradoja y este no es un factor del todo, es simplemente un asunto de traducción.

D: *Probablemente existe alguna información que nunca podremos tener por la dificultad en su traducción.*

F: Eso es correcto, porque el lenguaje humano tiene muchas debilidades en la habilidad de transmitir ideas. Si esta información fuera dada telepáticamente la historia podría ser totalmente diferente y mejorada.

D: *Bueno, aprecio que este intentando pasarme la historia.*

F: Tú eres una manipuladora del lenguaje inglés y tienes un alto grado de habilidad en esto, así que tú eres, escogida para hacer este trabajo. Para que la información sea dada es tiempo, el tiempo sobre la mesa ha llegado. Nosotros estamos en la parte activa planeando traer a este planeta la etapa de sembrar y debemos de trabajar a través de aquello quienes son hábiles en esta diseminación de factores e ideas en este nivel conceptual.

D: *¿Esto va de acuerdo con lo que me dijiste antes acerca de aproximarnos a la etapa cuando nosotros podríamos también sembrar otros planetas?*

F: Esto es correcto, porque el concepto de sembrar el cuál es muy malentendido, nosotros deseamos aclarar esto, la siembra no será tanto física como espiritual. Para que las almas que están ahora habitando este planeta puedan viajar a otros planetas y llevar con ellos aquellas experiencias que han acumulado a través de muchos miles de vidas en este planeta. De esta manera la conciencia de otro planeta fallido o inferior o... nosotros deseamos omitir "inferior" porque eso no es un concepto preciso, pero deseamos decir que la conciencia de otro planeta podría ser elevado por la infusión de almas de este planeta para después alcanzar la etapa de sembrar. Y como puedes ver esto continua una y otra vez, porque siempre existen a través del universo planetas los cuáles estarán listos para ser sembrados e infundidos.

D: *¿Me puedes decir más acerca del renacimiento de la tierra que mencionaste? ¿De qué exactamente estas hablando?*

F: Ese es el concepto de un planeta sembrado. Imagina un girasol en crecimiento, en sus etapas tempranas esta meramente ahí, sin embargo, cuando florece esta abierto para que todos lo vean, eventualmente da partes de sí misma para poder esparcirse en la experiencia de su tipo. La tierra esta a punto de florecer y abrirse ¡para que el universo la vea!

D: *¿Podrían ser estas las semillas del girasol?*
F: Si algunas serán.
D: *¿A dónde irán desde aquí?*
F: Eso depende de cada individuo y no por una persona que lo dice. Cada uno tiene que hacer su propia decisión, muchos escogerán permanecer, la historia de la tierra le falta mucho por completarse. Hay mucho por hacer aquí, sin embargo, existen muchos que escogerán portar las semillas de experiencia de la tierra a otros planos u otros planetas y asi asistir en su florecimiento y eventualmente dar semillas. Podría ser meramente en el nivel espiritual o podría ser en el nivel físico. Podría ser como una encarnación en otro planeta, la cuál abstraerá la experiencia de este planeta. La expansión de deseo de la energía es el punto principal, porque que la energía de la tierra es particular o única. Asi que la energía de la tierra podría expandirse a otro planeta que esta en necesidad, de un influjo externo, fresco y de nueva energía mental.
D: *¿Por qué la energía de la tierra es única?*
F: La tierra es única, la energía de otro planeta es único es sí mismo. Incluso como cada personalidad es única.
D: *Esto conlleva a una pregunta interesante. Después de que el planeta fuera sembrado con vida, ¿Cuándo sucedió la siembra del espíritu?*
F: Esto fue un proceso gradual que fue logrado después de que el cuerpo humano alcanzara el punto de habitar. Porque hubo el tiempo entre las primeras semillas para el reino animal físico hasta el punto el cuál el cuerpo humano desarrolló evolución donde pudiera se habitado por almas.
D: *¿Alguna vez los animales fueron habitados por ese tipo de espíritus?*
F: No hablaremos de eso en esta ocasión, porque hay mucho por discernir incluso entre nosotros mismos en cuanto deberíamos proveer y como deberíamos darlo. Se proveerá alguna información en una fecha más tarde la cuál será acordada, sin embargo, no hablaremos de esto por el momento.
D: *Esta bien, te lo voy a recordar (riéndose)*
F: No los olvidaremos.

D: *Yo tampoco lo olvidare, tengo una memoria que mide kilómetros (riéndose)*

F: Nosotros tenemos una milenia de largo. (mucha risa del grupo)

D: *Esta bien me las guardare hasta que podamos trabajar por nosotros mismos.*

F: Esto es correcto, porque deseamos mencionar varios tópicos los cuáles aun no han sido discutidos. Sin embargo, nosotros los traeremos en un tiempo apropiado. Nosotros te daremos más de lo que posiblemente puedas usar. Esto depende de ti, sin embargo, en cuanto a que información usar o como usarla, sería tu sello personal a lo que respecta y claro habrá aquella información que es considerada nuestra. Nosotros, sin embargo, te estamos dando lo que a ti pertenece.

D: *Esta bien lo aprecio mucho, entonces según lo que tú dijiste cuando el humano animal apareció a través de la evolución, eso fue cuando las almas fueron permitidas a entrar.*

F: Eso es correcto, porque eso fue planeado para que el cuerpo humano sea habitado por el espíritu. Yo espero que te des cuenta aquí de la sutil distinción porque es comúnmente sostenido que el espíritu había el cuerpo. Esto no es correcto, es asunto del cuerpo habitando el espíritu, porque el espíritu es la forma verdadera. Esta es una presentación más precisa.

D: *Esto es un giro total ¿Podría preguntar de donde vienen los espíritus?*

F: Los espíritus vienen desde muchos otros planetas. No existen espíritus que son verdaderamente nativos de este planeta, porque todos han venido eventualmente desde otros planetas. Existen muchos, sin embargo, quienes han permanecido a lo que decimos mucho tiempo en este planeta son considerados nativos.

D: *Podría preguntar ¿cómo esta información coincide con la historia de la creación en la biblia?*

F: Nosotros te preguntamos que tú también consideres la teoría de la evolución de Darwin y verás que las dos han compartido verdades en ellas. Porque verdaderamente existió la evolución del cuerpo y verdaderamente existió el regalo divino de vida dada a los humanos, eso es el espíritu. Asi que cada uno esta bien en su parte de el todo.

D: *Yo había llegado a la conclusión que ellas son muy similares.*

F: Ellas no son muy similares sino complementarias, porque cada una sostiene parte de la verdad, ellas no se contradicen. Uno debe de abrazar las dos creencias para poder aproximarse más precisamente al todo.

D: *¿Entonces tú crees lo que tú nos has estado diciendo no contradice la historia bíblica de la creación?*

F: ¿Nosotros preguntaríamos que nos digas como lo hace?

D: *No creo que lo hace, pero habrá aquellos que dirán que si.*

F: Nosotros los dejaremos que lo investiguen porque esa es la idea.

(risas)

D: *Siempre me quedo atorada en medio.*

F: Eso es correcto, tú eres meramente un relevo.

A este punto estuve muy aliviada que alguien del grupo tuviera una pregunta: "¿Cuándo fue habitada la tierra, hubo más que una introducción de forma de vida al mismo tiempo?

F: Hubo muchas diferentes formas introducidas las cuáles pudieron eventualmente evolucionar a lo que llamamos ahora el "estado humano." Estos estuvieron monitoreados muy cerca para ver cuál estaban adaptándose más rápidamente al ambiente en el que estaban colocados. Fue decidido que esta forma, la cuál esta ahora siendo usada, fue la más precisa como pudo terminar cuando alcanzo su máximo estado. Como dije antes existieron muchas posibilidades de como la forma humana pudo haber lucido. Esto, sin embargo, fue lo más difícil y sobre todo... bueno, nosotros diremos que una muy difícil (risas) y de esta manera fue escogido la cuál sería permitida continuar su desarrollo.

D: *La sobrevivencia de los más aptos.*

F: Eso es correcto, porque hubo el plan y las figuras o cuerpo humanos que tendrían que llenar aquellas especificaciones para ese plan. Este modelo en particular precisamente lleno todas aquellas especificaciones.

D: *Tengo la foto mentalmente los planos escritos en un pizarrón en un laboratorio. (risas)*

F: Nosotros siempre usamos estas terminologías porque este vehículo es familiar con ellas y puede visualizarlas más fácilmente. El proceso de canalización envuelve aquellas ideas y conceptos que son más fácil de transmitir a la audiencia a través del canal. Asi que es este vehículo que esta familiarizado con aquellos conceptos que naturalmente le vienen. Porque si fuera un sacerdote, un doctor o un jardinero que canalizara, cada uno tuviera diferente interpretación.

D: *A veces me das una analogía cuando no la puedes traducir y lo hace más fácil.*

F: Nosotros únicamente podemos hacerlo en el caso donde el vehículo tiene un concepto escrito con el cuál se puede comparar. Una analogía es únicamente apropiada cuando damos simbología o información y el pueda sacarla desde su experiencia para que pueda relacionarlo adecuadamente. Son sus analogías por las cuáles nosotros podemos hacer esto. Porque él esta simplemente recibiendo nuestra información y después comparándola y sacándola desde su conocimiento y experiencia la cuál le permite una comparación o analogía. Porque sin su experiencia humana no habría nada para relacionarlo ni tampoco un discurso sería posible.

Yo me quería desviar de los conceptos complicados y regresar a la historia.

D: *Bueno, cuando estos planes fueron hechos, ¿Dios tuvo alguien que lo ayudará o él solo lo hizo todo? ¿O estas preguntas son adecuadas?*

Yo estaba pensando en las historias de los Elohim o muchos Dioses quienes supuestamente habían ayudado con la creación.

F: Estas preguntas son, en un sentido de humor para nosotros. Porque pareciera que toda la discusión de esta noche ha sido aventada por la ventana. (Mucha risa)

Después me di cuenta de lo que él quiso decir, él me había estado contando en toda la tarde acerca de las tareas de las diferentes naves y tripulaciones que habían sido asignadas para ayudar con la siembra. Pero yo me estaba refiriendo a aquellos en altas posiciones como son los Dioses.

D: *En otras palabras, ¿No crees tú que ÉL tuvo a alguien a quien ÉL pudiera preguntar un consejo en esos asuntos?*
F: Podríamos preguntarte que aclares tu pregunta, porque estamos percibiendo que tú ves a Dios como un ser individual que es alcanzado a través de los cielos y que avienta semillas a estos pequeños planetas. Y después ÉL se sienta para observarlas crecer y sonríe satisfactoriamente a si mismo y posiblemente aplasta una o dos cuando se le escapan de las manos. (risas)
D: *Bueno, eso es un concepto que algunas personas tienen. (risas)*
F: Nosotros hemos percibido eso, sin embargo, nosotros te preguntamos que tomes o que abras tu mente y consideres a Dios como meramente un observador de sus niños y sus tareas. Los niños están haciendo la tarea, Dios simplemente es, Dios es, punto. Los niños están haciendo, Dios es.
D: *Estoy intentando de hacer una forma de imagen mental. Yo solamente estaba curiosa si ÉL alguna vez quería preguntar a alguien de su opinión o si ÉL solamente quería hacerlo todo por si mismo.*
F: Las opiniones son preguntadas para Dios, no al revés. Nosotros estamos aprendiendo la paciencia, asi como también tú la estas aprendiendo con nosotros (risas). Nosotros deseamos que entiendas que disfrutamos de estas sesiones porque se deriva mucho humor de estas experiencias en la naturaleza humana. (risas)
D: *Bueno deberías de saber ahora que tengo un millón de preguntas.*
F: Asi como nosotros también. Sin embargo, continuaremos con las preguntas una a la vez. Nosotros te obligaremos en las maneras que sean posible. Nosotros te agradecemos y deseamos volver otra ves, porque nosotros hemos disfrutado esto tanto si no más que tú. Porque hay 12 de nosotros aquí quienes se están riéndose contigo. (risas)

Yo estaba un poco preocupada con las fuerzas o con lo que ellos sean cuando comenzaron a bromear con nosotros. Yo pregunto como fuese la información enviada fuera precisa o si ellos solamente estaban jugando con nosotros. El estado de humor de las fuerzas inmediatamente se puso serio.

F: Nosotros estamos enviando la información lo más preciso que podamos establecer. Nosotros deseamos decirte en este momento que no te estamos dando información falsa. Nosotros estamos en una misión donde no existe broma. La misión es de naturaleza sería y no esta siendo portada de una manera informal. Nosotros te damos información, como es recibida puede ser humorística y nosotros disfrutamos los momentos de ligereza y corazón blando porque de esa manera rompe la seriedad de la situación, pero nosotros no estamos jugando. No volveremos a traer el tópico de la seriedad de nuevo porque fue desagradable para nosotros decirte esto como para ti recibirla. Nosotros deseamos subrayar el factor que esta misión no es una con humor. No hay un solo pedazo de esta misión que no tenga la validez de la seriedad.

D: *(Realmente sentí que me habían gritado) pero si te das cuenta yo debo de tener cuidado.*

F: Nosotros nos damos cuenta que también debemos de tener cuidado por las percepciones del material recibido planteado cuidadosamente.

D: *Yo ciertamente no quise ofender a nadie.*

F: Nosotros no estamos ofendidos, nosotros meramente deseamos subrayar el factor e iluminar completamente la seriedad de esta misión en la cuál la tierra esta siendo tomada.

Después de esta sesión yo pude entender su negativa para responder ciertas preguntas. Había algunas personas presentes quienes eran nuevos en nuestro grupo y fue obvio que estaban ahí más por entretenimiento que por conocimiento. El grupo de entidades o como ellos empezaron a llamarse a sí mismos, el "concilio" estaban extremadamente preocupados que esta información fuera interpretada correctamente. Ellos no querían nada que se tomase en la dirección equivocada. Esto fue porque ellos fueron muy cuidadosos intentando encontrar las palabras adecuadas para expresar el concepto que ellos querían transmitir. Esta necesidad de precisión continuo a través de las sesiones.

Nosotros hemos tomado una nueva dirección en la búsqueda del conocimiento, porque ellos han encendido la chispa de mi curiosidad y sabia que yo intentaría averiguar todo lo que pudiera saber acerca de la siembra del planeta tierra.

CAPÍTULO 14

HIERBAS EN EL JARDÍN

LA SIGUIENTE SEMANA cuando nos reunimos para nuestra sesión privada, mi primer objetivo fue tratar de obtener las respuestas que Felipe había rehusado darme enfrente del grupo. Desde la última vez que el método del elevador nos había tomado a un lugar diferente, la primera pregunta que hice cuando él estaba en trance fue hacia ellos, si deseaban continuar con ese método ya que era el procedimiento que Felipe más se sentía cómodo.

F: Nosotros te decimos que tú podrías cambiar tu método en cualquier momento, porque no hay un mandato el cuál diga que debes de usar un método u otros. Solamente existe lo que es un consenso. Nosotros preferiríamos, sin embargo, preguntarte de estar abierta a la posibilidad de un tiempo en el cuál nosotros tendríamos algo que necesitar o nos gustaría decirte o al vehículo o al grupo o alguien en particular. Nosotros te preguntamos que estés consiente de esta posibilidad y que no te comprometas a ti misma a un procedimiento estricto. Permite, que la flexibilidad sea mucho de ayuda, porque las situaciones incluso cambian en este lado. Al usar el método del elevador tú lo estas conduciendo a una vida pasada que es un fondo de material por el cuál él podría obtener su información; para que veas nosotros podríamos hacer lo mismo desde donde estamos y obteniéndolo desde los registros Akashicos. Sin embargo, sería información de segunda mano para la persona a este punto. Entonces es información de primera mano cuando existe la regresión. Ese es el porque durante aquellas sesiones que existió el deseo de usar el elevador, porque coloca a la persona en una primera perspectiva. Él tiene mejor capacidad de ver y experimentar el material que existe ahí; él seguirá canalizando en ocasiones las traducciones de las que esta observando, porque existen muchas experiencias las cuáles no tienen un punto de referencia terrenal. Ya que las explicaciones y traducciones son a menudo canalizadas, para que siempre al ver no solamente sea tu deseo o el de nosotros, existe el de la persona, el canal también es considerado. Nosotros deseamos que sepas esto para que veas que somos una asociación de tres. Existe la persona, existes tú misma y existimos nosotros. Nosotros quienes somos el subconsciente colectivo de la persona.

Esto es una descripción interesante porque a menudo parecieran ser un grupo separado o concilio con identidades y propósitos no relacionados a Felipe. Aunque muchas explicaciones que han sido expuestas por "expertos" explican este tipo de fenómeno, la base y el proceso permanecen como un enigma. Desde que yo tampoco puedo explicarlo lo sobrellevo con la esperanza de obtener información.

D: *Bueno, lo primero que quiero hacer esta noche es rellenar los huecos faltantes de la semana pasada, la información que no quisiste darme cuando estábamos en el grupo. ¿seríamos capaces de encontrar esas respuestas?*

F: Nosotros preguntaríamos que nos hables a nosotros en esta ocasión porque te asistiremos si así es tu deseo. Nosotros, sin embargo, estamos sujetos por las reglas las cuáles son estatutos confiables. Las cuáles estimulan: nosotros no permitiremos que con canalizar esa información la cuál reprogramaría o asustaría o dañaría a cualquier humano quien este buscando alta iluminación espiritual a través de este material. Esa es la esencia de nuestro mandato, desde esta manera estamos dando restricciones en este material y no debemos pasar estos límites de restricción.

D: *Si, yo lo entiendo, yo nunca he preguntado a cualquiera de mis clientes hacer algo que ellos no se sientan cómodos.*

F: Esto no es meramente que la persona se sienta incomoda, porque hay mucho que podría pasar a través de esta persona la cuál él podría encontrar perfectamente aceptable. Sin embargo, también existe la posibilidad que considere el material como no amenazante, podría ser amenazante para aquellos que están escuchando. Asi que por el bien de todos hay material escogido el cuál es relativamente inofensivo.

D: *¿Eso es el porque es la razón de que cierta información quedo fuera la semana pasada?*

F: Eso es correcto. Te decimos a ti, sin embargo, no necesariamente podrías encontrar todos los espacios para llenar; porque mucha información no esta simplemente disponible sea en privado o no. Existe alguna información la cuál no se puede canalizar punto, a esta persona o a cualquier otra. Simplemente hay la existencia del conocimiento prohibido, no solamente en este nivel si no en muchos otros niveles. Porque hay alguna información la cuál es tan radical para el punto de vista convencional humano o perspectiva, que sería como un veneno en lugar de medicina.

No hay manera que le digas algo así a un ser humano y no apagar su curiosidad, pero sabía que si no seguía con sus reglas del juego no recibirá nada. El flujo de información probablemente sería cortado por completo.

D: *Entonces me apegaré a su criterio.*

F: Te preguntamos que lo hagas y también te preguntamos que por favor entiendas que nuestros métodos no siguen la sabiduría convencional humana, si así le llamarías.

D: *Esta bien, (la semana pasada él estaba observando a los tres tripulantes, quienes habían estado tomando muestras de suelo y regresando a la nave). Estas muestras estaban por ser regresadas y analizadas para aquellos que pudieran averiguar que tipo de humanos o que tipo de vida animal fuese dada a la tierra cuando la tierra recibiera su aprobación de vida. ¿Están conscientes de lo que vamos a discutir?*

F: Si, estamos conscientes.

D: *Bueno una de las primeras preguntas que no pudo contestar fue cuando les pregunte por la descripción de estos seres.*

F: Nosotros te la brindaremos en esta ocasión. Las creaturas o seres eran de baja estatura y estaban vestidos con trajes plateados brillantes los que cubrían totalmente sus cuerpos por la radiación ultravioleta que atraviesa a través de la atmósfera terrestre. En aquel tiempo la atmósfera no era estable y había más radiación intensa emanando. De esta manera estos seres vestían plateado en su apariencia trajes los que les protegería de esa radiación.

D: ¿Cómo son de su apariencia física?

F: No hablaremos de eso.

D: ¿Tendrías alguna razón?

F: Nosotros no tenemos razón para darte, solo que no es permitido en esta ocasión.

D: *Yo pensé que tal vez era muy radical o algo asi. Tú dijiste que esos tipos de seres seguían visitando nuestro planeta.*

F: No hablaremos más de esto.

Después de que despertó Felipe dijo que todo lo que podía recordar de los seres era que su apariencia era gris. El no podía recordar sus rasgos físicos, asi que tampoco no le fue permitido verlos. Aparentemente tendría dimitir el tópico.

D: *Buenos, ellos dijeron que habían arboles, minerales y plantas que ya estaban aquí. ¿De donde vienen esto?*

F: Estas fueron naturalmente vidas de formas básicas las cuáles evolucionaron a través de los aminoácidos y proteínas a través de la "sopa" de los océanos ancestrales. El proceso evolutivo es enteramente responsable de estas formas de vidas.

D: *¿No hubieran evolucionado eventualmente la vida humana y animal también? La teoría evolutiva estipula que todo comenzó y provino de las primeras células.*

F: Eso es meramente una especulación. El planeta estaba listo para ser sembrado y así lo fue. Hubo una intención y propósito para este planeta y asi fue utilizado como un vehículo para estas intenciones. Tú podrías observar a un jardín de la misma manera y decir que tienes el suelo listo, el fertilizante en su lugar y las lluvias que vienen. Nosotros te preguntamos te sentarías y esperarías que los cultivos crezcan. Acaso esperas que tus tomates crecieran en esta fila y tus papas meramente sentándote y permitiendo o esperando que ellas lo hicieran. ¿Podrías tú crecer tu jardín de esta manera? ¡Claro que no!, porque debe de haber cierta dirección. Tienes que haber manipulación, si así lo deseas para obtener los resultados esperados. Porque ciertamente tus cosechas no crecerán espontáneamente en la manera que tú lo deseas. Asi que es lo mismo aquí, este planeta fue un jardín el cuál llegó, a estar listo para sembrarlo, para poder sustentar y crecer ese cultivo del cuál se desea que sea. Ese es el propósito que esta siembra cumpliera y eso fue la siembra del jardín.

D: Pero ¿Piensas tú que pudiera la vida evolucionar por sí misma en otros planetas?

F: Muy poco se puede decir de esto porque podría ser preconcebido. Sin embargo, diremos que existen ejemplos donde la vida ha evolucionado por sí misma. Podrías buscar a través de tus previas canalizaciones al tiempo de vida en otro planeta, donde los seres de edificios plateados viven compartiendo con los seres de menos estatura. Los seres de menor estatura fueron nativos de ese planeta y naturalmente evolucionaron completamente. Este es un ejemplo de una forma de vida animal la cuál es nativa y que son originalmente de un planeta.

D: Ya veo, yo solamente me pregunto si aquí eventualmente pudo haber sucedido.

F: Eso es mera especulación y no tenemos tiempo para sentarnos y observar y ver si podría crecer. Porque hay mucho trabajo por hacer.

D: Este es un argumento que podría ser presentado y ese es el porque yo quería obtener la respuesta.

F: Deja que aquellos que desean debatir el punto lo hagan. Porque ellos alcanzaran o llegaran a la misma conclusión y que no existe respuesta, porque nosotros no sabemos. Nosotros nunca nos sentamos tanto tiempo como para ver que podría suceder. Como dije existe mucho trabajo por ser terminado y estamos trabajando y no sentados.

D: Esta bien, hubo otro punto que no se termino la semana pasada, tú estabas hablando acerca del jardín y la vida que comenzaba a crecer y que ellos regresaban de tiempo en tiempo para checar "el experimento" o para ver su desarrollo.

F: Nosotros diríamos que nunca se dejo, porque siempre ha tenido constante atención desde un punto de vista espiritual. Desde la primera vida en la tierra ha estado una civilización de espíritu alrededor de este planeta con muchas formas y funciones. En una posición de gobierno por ejemplo en las diferentes jerarquías las cuáles son inherentes en el mundo del espíritu como seguramente lo es en tu físico.

D: *Estos seres de otros planetas quienes sembraron ¿Dejaron algunos aquí para atender el jardín, por así decirlo?*

F: Estos por naturaleza vienen ocasionalmente, como he mencionado anteriormente este planeta esta lejano del plan asi que no habría razón como para permanecer aquí. Porque el proceso de crecimiento sería muy lento para garantizar una constante atención.

D: *Tú dijiste la semana pasada que durante el curso del tiempo algo sucedió, algo salió mal con el experimento. Existió una interferencia de algún tipo.*

F: Eso es correcto, nosotros ilustraremos en este asunto. Un meteoro desde otra parte del universo se estrello en la tierra. Trajo con ello un desfiguramiento, un virus disruptivo y organismos de vida, el cuál creció en este ambiente muy receptivo. La interferencia de formas de vida externas encontró un lugar fácil para crecer y mezclarse con las formas de vida las cuáles ya estaban creciendo en ese momento. Puede ser parecido al viento soplando semillas de hierba en el jardín y las hierbas encontraron cimientos y el granjero nunca pudo erradicarlas del todo. Esa es la situación hasta este día y nosotros no hablaremos más allá de ese detalle, porque no esta permitido en este momento.

No pensé que fuera justo saborear una rica información y después abruptamente pararla. Ellos detonaron mi curiosidad y cuando eso sucede yo intentare si es posible evadir la censura.

D: *Yo solamente me estaba preguntando que tipo de cambios sucedieron.*

F: No nos permiten hablar de esto, porque eso causaría mucha confusión y estrago. Eso es todo lo que podemos hablar a excepción del conocimiento que existen hierbas en el jardín.

D: *Esta esto entrelazado con las semillas buenas y produce alguna cepa diferente como una hibridación, ¿Sería esto una manera de decirlo?*

F: Nosotros te preguntamos que no pienses en términos como seres humanos. Esto es, existen buenos y malos humanos, porque eso no es el concepto que deseamos expresar. Nosotros deseamos decir en variedades genéticos de diferentes de forma de vida las cuáles están disponibles en este planeta, son hierbas. (No es una sola raza de personas en referencia a otro tipo de raza de personas). Eso no es correcto, las hierbas yacen simplemente en la "sopa" en cuál todos los seres en este planeta obtienen su vida.

D: *Eso es lo que quise decir al mencionar híbridos. Un híbrido es usualmente un tipo de planta que cambia de alguna manera la razón de su forma original.*

F: El concepto de híbridos en este planeta es de uno al cuál es cambiado al través del esfuerzo. Esto es una atención constante para alcanzar el resultado deseado. Este no es el concepto correcto para ser aplicado en esto. El concepto correcto para esto es simplemente las hierbas en el jardín.

D: *¿Qué pensaron los seres cuando eso sucedió?*

F: Hubo muchas tristeza y confusión porque la posibilidad de esto no fue percibida desde un inicio. Sin embargo, cuando la situación llego a ser aparente hubo lamentos y sentimientos de desilusión. Porque cuando el premio de tener un jardín es arruinado de repente, puedes ver el efecto que tendría en el jardinero.

D: *En otras palabras, ya había alterado su arreglo genético.*

F: Eso es correcto, porque en ese punto el jardín estaba en perfecta condición y estaba reluciente. Estaba en ese tiempo justamente exactamente como (la persona estaba teniendo dificultad en traducir el concepto), porque existen muchas diferencias sutiles en las varias maneras que podría ser expresado. El concepto es que el jardín estaba muy puro y limpio en ese tiempo y se esperaba que asi permaneciera. Existían altas esperanzas para que el jardín fuera conductivo. Entonces la interferencia llego o entro y naturalmente las altas esperanzas fueron reducidas a meramente usar lo que estaba disponible.

D: *¿No hubo nada, que pudieran hacer, para alterar o pararlo de alguna manera?*

F: Eso es correcto, fue irreversible.

D: *Estaba pensando de la manera que ahora los científicos están conduciendo experimentos genéticos.*

F: Nosotros te lo volvemos a decir, que eso no es lo que nosotros estamos hablando, en términos de interferencia (hubo una pausa).

Nosotros deseamos consultar en esto porque hay algunos sentimientos de que esta información no debería ser dada del todo, mucho menos el concepto de ser transmitida en una forma malentendida.

Mentalmente, podría verlos juntándose en un grupo discutiendo esto.

D: Esta es cuando viene mi parte, tratar de asegurarme de la mejor manera.
F: Eso es correcto, te preguntamos que lo veas esto de esta manera...

Una oportunidad de práctica, donde previamente ellos habían rehusado a explicar más allá de este tópico, ahora ellos aparentemente decidieron aclararlo.

F: Los cultivos no son las hierbas. La hierba estaría en el suelo, las hierbas no son como plantas de los cultivos sino meramente tierra mala. Nosotros deseamos que tú pienses de esa interferencia no solo como mala hierba, sino tierra mala la cuál ha sido aventada desde una fuente externa y esto clarificara mejor la situación. Al decir "hierbas" se da la impresión que ciertos seres vivos en el planeta son de alguna manera manchados y son los personajes malos. Esto programaría a la gente a ver otra gente y posiblemente aquellas razas o religiones o cualquier prejuicio que tengan. Ellos los considerarían hierbas y motivaría la situación que deseamos sanar. Asi que debemos cambiar el concepto de hierba por suelo pobre.

D: Aparentemente este prejuicio no era la manera en la que yo lo entendía, pero podía ver como alguien más podría interpretarlo de esa manera.

F: Esa es la razón por la que nosotros debemos ser muy cuidadosos porque debemos anticipar no solamente como tú, la persona y aquellos alrededor podrían traducirlo o interpretar esto, sino también existe la población general que esta consciente. Porque si esto esta incluido en el material, entonces las interpretaciones de la población en general deben ser consideradas. Eso es porque hay mucha información que no esta permitida, porque podría ser percibida en una manera falsa.

D: *Entonces ellos regresaron y vieron que estas especies se habían convertido en más o menos contaminadas, ¿sería esa la palabra correcta?*

F: No las especies.

D: *¿Las formas de vida?*

F: Incorrecto, el suelo por sí mismo se había contaminado. Se había accidentalmente dado al planeta una reserva de... (encontrando la palabra) genes, material genético el cuál había causado falla en las funciones del cuerpo y así la enfermedad había sido dada al planeta.

D: *¿Entonces antes de la contaminación no existía enfermedad?*

F: Eso es correcto, este es de hecho la raíz o la fuente de la enfermedad. Fue necesario alcanzar un consenso en la terminología apropiada de usar porque nosotros varias veces debemos de referirnos a nuestros "expertos" quienes están familiarizados con la percepción humana. Asi que ahora nosotros podemos hablarte a ti de la fuente de lo que tú llamas "enfermedad". Ese es el origen de la enfermedad en tu planeta porque si el plan originalmente no se hubiera ensuciado no existiera enfermedad. Hubiera existido la muerte natural, sin que hubiera enfermedad la cuál ha causado tanto dolor y sufrimiento en este planeta.

D: *Esta bien, eso lo hace más fácil de entender, entonces eso son las hierbas de lo que hablaste.*

F: Eso es incorrecto es por eso que nosotros estábamos preocupados de como presentarlo y como sería percibido porque ¿puedes tú tratar de imaginarte culpar el prejuicio en la enfermedad? Nosotros estábamos preocupados de que la impresión fuera de razas "inferiores" y nosotros solos hablamos desde el punto de vista humano lo que se considera las hierbas.

D: *Como dije no lo vi de esa manera, pero otros lo podrían ver. Una idea que estaba teniendo era de que tal vez, la contaminación causo algún tipo de deformidad física en los seres humanos.*

F: Nosotros deseamos decir que la enfermedad puede causar deformidad no existe duda al respecto. Sin embargo, esa no es la única fuente de deformidad.

D: *¿Entonces es aquí donde todas las enfermedades de los humanos provienen? ¿el meteoro que contamino el suelo?*

F: La mayor parte eso es correcto, sin embargo, dudamos al decir que "todo" porque algunas enfermedades son hechas por el hombre. Ellas fueron causadas por ignorancia en el uso de elementos naturales entonces fueron hechas por ellos mismos. Pero para la mayor parte la enfermedad se origino de este meteoro, eso es correcto. Nosotros encontramos dificultad en traducir esto por si expresamos el correcto incorrecto. Por favor entiende que no hay equivalente de enfermedad en el sistema planetario originario de donde viene el meteoro. Él simplemente cargo lo que estaba ya en el sistema y no fue considerado enfermedad de donde venía, pero vino a un sistema en el cuál era incompatible con esto.

D: *Si, cuando vino aquí había una serie de condiciones diferentes, puedo entender ese concepto, pero si la situación hubiera resultado peor, si se hubieran salido del curso, ¿Por qué no pudieron destruir todo y empezar de nuevo?*

F: Nosotros podríamos decir, ¿porque sacar a un bebe con todo y agua de baño? Por que mucho ya se había sido alcanzado, entonces podrías ver desde tu propia civilización ahora, que la enfermedad no ha tomado a toda la civilización sino es meramente una espina en un lado.

D: *¿Evoluciono la vida en la tierra mucho desde que fue descubierta?*

F: Estaba todavía en la etapa de siembra entonces los invasores tuvieron poco problema en encontrar cimientos porque no hubo resistencia en ese tiempo a la enfermedad, cuando fue descubierto ya se había diseminado a un grado que no hubo punto de contención.

D: *¿Qué tanto evolucionaron las formas de vida desde que fueron descubiertas?*

F: Como dijimos ellas estaban todavía en etapa de dar semilla, queremos enfatizar eso. El proceso de dar semilla había sido completado entonces estaban germinando asi que fueron susceptibles a esta enfermedad la cuál no se tenía defensas en ese tiempo.

D: *¿Fue en esta etapa cuando los seres regresaron y descubrieron esto?*

F: Eso es correcto. Ellos regresaron y encontraron hierbas en el jardín y ahora puedes entender mejor la analogía.

Ellos parecían sentirse aliviados de que finalmente estaban compartiendo la información de una manera correcta. Yo pude enfatizar su dificultad dado su aparente desconocimiento a las complejidades del lenguaje humano. Pareciera que era otra parte de su mandado que tenían que buscar hasta que encontraran las frases correctas y terminología para ilustrar cualquier punto que pudieran estar tratando al brindar. Estos detalles son situaciones que pudieran no parecer importantes para el humano, pero yo creo que esta era otra indicación de que yo no estaba en contacto con una conciencia normal o personalidad humana.

D: *Esta bien pensaba que ellos ya habían evolucionado a la etapa humana.*
F: Eso no es correcto, para la etapa humana evolucionar con la enfermedad.Cuando fue descubierto, hubo reuniones regionales… casa de gobierno por así decirlo o planeta. La dirección de este universo local por así decirlo sostuvo una reunión para determinar el grado de infiltración y si era posible encontrar acciones disponibles. Fue determinado que la infestación fue de tal grado que se prohibió el uso de medidas extraordinarias para aliviar esta condición. Porque al hacerlo pudiera matar esa vida que ya se había conectado a este planeta. Así que se determino que se permitiera y aun así tratar, de infundir alguna compensación en esto por lo que había pasado asi que fueron dadas cepas de plasmas e información genética que permitiera longevidad y súper resistencia a esta "enfermedad", entre comillas.
D: *Me gustaría preguntar algo que ha estado pasando por mi mente cuando me dices acerca de esto. ¿Podría ser esto donde la historia del jardín del Edén se origino? ¿Existe alguna conexión en nuestra historia bíblica? El jardín del Edén supuestamente fue un ¡lugar perfecto!*
F: Estamos consciente de eso, estamos intercambiando opiniones al respecto (otra pausa en lo que ellos llegaban a otro grupo). Nosotros nos gustaría reservar cualquier comentario de eso en este

momento. Porque no existe consenso en como hacer una correlación, porque en algunos aspectos hay una correlación que pueda ser dada en otras, sin embargo, no hay relación de las dos y así si se presentase tendría que ser de tal manera que ambos materiales los cuáles se correlacionarían y no se correlacionaran y pudieran ser fácilmente vistos. En (historia bíblica) en algunos aspectos, fue preciso y existe un lugar físico el cuál representa la historia del jardín del Edén y nosotros deseamos enfatizar eso que para la mayor parte en la cuál ha sido compartido es una leyenda meramente y no un hecho si no fue sustentada en incidentes vagos los cuáles son hechos realmente.

D: *Yo pienso que las leyendas usualmente tienen alguna base de hechos en algún lugar.*

F: Sí, sin embargo, algunas de esas bases son frágiles, muchas veces son una remembranza de lo que era un hecho.

D: *Hablaste de un cierto lugar, ¿podría ser el lugar donde inicio la siembra?*

F: Eso no es correcto. La siembra fue hecha en muchos lugares en la tierra, no hubo un lugar central de sembrado, no solo un lugar en el planeta.

D: *¿Entonces la vida se esparció desde estos lugares? Eso es diferente de la manera en la que lo interpreta la biblia.*

F: Eso es correcto. Nosotros te preguntamos que también entiendas nuestra precaución en presentarte estas ideas las cuáles son contrarias a las creencias aceptadas en este planeta. Nosotros no deseamos crear desacuerdos o fricciones o luchas entre los grupos opuestos. Aquellos que creen en el pensamiento de la nueva edad o aquellos que creen en la biblia. Porque no existe intención para albergar desacuerdos y conflictos. Existe simplemente una intención de despertar gradualmente, todo el conocimiento puede ser soltado en uno, pero no serviría como un propósito útil asi que la información debe de ser brindada gradualmente para que la iluminación tome lugar.

D: *Lo sé, habrá muchas personas que se opondrán, pero solo se me ocurrió que tu versión podría tener algo en relación con la leyenda bíblica.*

F: Lo es, tal cuál una leyenda y no es entendida en términos precisos a lo que esta relacionado al hecho. Es una historia muy interesante, pero nosotros ya te indicamos que esta basada en pequeñas fracciones del hecho. Existen solo unas bases sueltas las cuáles se pueden correlacionar.

D: *¿Quisieras dar más explicación en ello?*

F: No en este momento como hemos dicho, nosotros no estamos en consenso y debemos estarlo antes de poder canalizarlo. Esa es parte de nuestro mandato, porque hay 12 de nosotros y cada uno tiene su propia área de especialización. Representando un reparto balanceado de diferentes áreas del conocimiento ambas lidiando con la experiencia humana y desde reinos más altos de existencia. Este es un concilio que está hecho por aquellos que pueden representar de manera precisa estas diferentes variedades de intereses, así que todo es un consenso ninguno pierde, todos son ganadores. Si existiera algún desacuerdo de algún aspecto del concilio se pudiera considerar perdedor porque su punto de vista no esta representado o considerado de manera precisa.

D: *Entonces es muy difícil poner de acuerdo 12 personas incluso en ese lado.*

F: Aquí existe mucho deseo de acordar no existe necedad la cuál es común en tu planeta. Aquí es meramente diferentes puntos de vista, así estos diferentes puntos de vista requieren que una presentación llegue y se pueda llegar a un consenso. Pudiera haber situaciones emergentes en las cuáles no exista consenso y ese tópico sería dejado totalmente.

CAPÍTULO 15

LOS DINOSAURIOS

ESTE TÓPICO fue desarrollado dentro de una historia en continuidad. Una serie de capítulos fueron presentados semanalmente conforme las sesiones progresaban.

D: *¿Podrías decirnos un poquito más acerca de la dirección de vida, cuando empezó su desarrollo?*
F: La vida en el planeta creció desde una sola célula, de tipo de amiba y después a través de mutación comenzó a dividirse y reproducirse en creaturas de células múltiples, las cuáles evolucionaron en organismos y creaturas de más alto orden que se convirtieron en anfibios y réptiles y así sucesivamente.
D: *¿Tienen los seres del espacio exterior algo que ver en que formas de vida resultaron?*
F: La mayor parte fue guiado inicialmente muy cuidadosamente para progresar y evolucionar al punto que pudo simplemente ser dejada en su propia cuenta. La asistencia no fue necesaria después de que las formas de vida evolucionaron a un alto grado en el que la etapa fuera el deseado. Así que, cuando, alcanzo ese punto, la asistencia fue desplazada a la guia natural y la asistencia dada fue simplemente de naturaleza de nutrimento.
D: *Al decir "alto", ¿quieres decir que cuando finalmente alcanzaron la etapa animal o humana?*
F: Hubo muchas etapas debajo del humano en el que lentamente pero seguro evolucionaban hacia la forma humana. Existió la asistencia en asegurar que las etapas preliminares fueran de tal naturaleza que la evolución se dirigiera hacia la forma humana. Fue muy

importante en las primeras etapas dirigir la evolución de tal manera que el resultado fuera de una forma humana y no de otra forma.

D: *En otras palabras, ¿quieres decir que los genes fueron genéticamente cambiados?*

F: Fue visto que ellos no tuvieran una interferencia con su evolución y fueron dadas aquellas energías, moléculas y formulaciones que aseguraran de tal forma tales aspectos de que estas creaturas estuvieran bien nutridas. Tal fue la sobrevivencia del más apto, dictada. Que aquellos que fuera deseables sobrevivieran de hecho y asi evolucionaran a lo que había sido deseado. No fue el nutrimiento dado a aquellos que no eran deseados y asi simplemente expiraron y entonces fueron sus energías regresadas y dadas a formas más armoniosas. (Esto suena como el proceso de sacar la hierba mala, ver el capítulo anterior.)

D: *¿Entonces durante este periodo de tiempo existió supervisión constante?*

F: Eso es correcto, en las etapas infantiles de evolución fue necesario guiarla, tanto como con un niño en edad temprana o infante necesita casi constante supervisión desde el nacimiento hasta que gradual y lentamente crece al punto donde menos supervisión es necesitada. Hasta que eventualmente no es necesaria la supervisión se convierte en una entidad por sí misma.

D: *Bueno, nosotros tenemos algunos científicos que creen en la evolución, pero ellos dicen que esa teoría es un rompecabezas. Ellos han investigado por lo que ellos le llaman "el enlace perdido" en la cadena evolucionaria entre el animal y el hombre.*

F: No será encontrado ningún enlace, porque ningún enlace existió. Muchas ocasiones no hubo tal evolución gradual sino una salida radical y repentina de lo que había; una mutación por asi decirlo. Estos saltos en la evolución fueron profundos y radicales pero muchas veces instantáneos dentro de una generación.

D: *Yo estoy con curiosidad, acerca de la edad de los dinosaurios. ¿Podrían haber sido ellos alguna de las especies que mencionaste fueron permitidas expirar o morir? Ellos fueron una forma de vida que estuvo aquí en la tierra y ya no existen. ¿Fue intencional?*

F: Ellos fueron evolutivos, su oportunidad había expirado asi que esa realidad que aseguro su destrucción fue manifestada. Siempre es cuestión de que es apropiado y siguiendo eso, uno sigue el camino verdadero, asi que su oportunidad había terminado entonces lo fue su existencia. Toda vida animal, se origino de las semillas, los dinosaurios simplemente tuvieron su tiempo y se fueron. La razón de su extinción fue un proceso natural de una inclinación en el eje que causó que las temporadas cambiaran abruptamente, aquellos que pudieron adaptarse al cambio rápido se adaptaron, aquello que no, no lo hicieron.

D: *Las personas siempre se han preguntado que los mato porque se han encontrado los remanentes de muchos dinosaurios que aún tenían comida en sus cuerpos.*

F: El cambio fue asi de rápido porque la tierra se inclino sobre su eje entonces lo que era caliente y soleado de repente en minutos se encontró frio y congelado. El cambio climático para la tierra es como una mujer anciana inquieta que se angustia. Este fue un fenómeno natural el cuál esta ocurriendo de nuevo en este tiempo presente. Existen muchos cambios físicos los cuáles están ocurriendo ahora y ocurrirán los próximos 18 años en este planeta. Estos cambios, están agrupados ligeramente dentro del termino "cataclismo", pero esto no tiene que ser considerado como un evento gigante. Es un lento proceso gradual, hasta el tiempo del cambio, en el que es muy rápido y podría decirse, ser instantáneo. El ajuste podría ser logrado dentro de minutos, es un ajuste, un proceso natural evolutivo en el cuál los polos magnéticos de la tierra se alinean a diferentes puntos estelares en los cielos. Estos puntos se mueven de una manera prescrita como las constelaciones se mueven alrededor de tu planeta. Sin embargo, no están influenciando tanto tu planeta tanto como las estrellas lejanas.

D: *¿Las estrellas lejanas son más poderosas?*

F: Si, no que todas las estrellas lejanas sean más poderosas. Los puntos los cuáles tu planeta se esta alineando son separados similarmente a las constelaciones, en ellos, se mueve a través de un camino prescrito.

D: *He escuchado de este cambio en la tierra que esta causando que los volcanes se despierten, terremotos, cambios en los patrones del clima y diferentes situaciones como esas.*

F: Eso es correcto porque la tierra se esta preparando ella misma a alinearse con otro punto de origen. Eso es lo que esta causando el despertar de tales cosas como el anillo de fuego y volcanes en otras partes de la tierra también. Esto al igual esta causando los disturbios en el clima. Iniciara gradualmente, pero las fuerzas gravitacionales que están viniendo dentro del movimiento ahora también causaran que la inclinación sea más rápida. Los polos ahora están... tal ves treinta grados (30°) de diferencia a lo que estaban aproximadamente hace 40 años. Pero entiende que si una guerra fuera a llegar con el uso de armas nucleares, esto podría causar una mayor desestabilización en el eje de la tierra y podría ayudar la ultima inclinación del eje. Recuerda es un proceso natural mientras tanto sea permitido naturalmente de ocurrir. La humanidad puede adaptarse y preparar, el peligro recae en la velocidad del cambio porque los cambios de la tierra podrían ocurrir más rápido y violentamente.

D: *¿Sabés tú cuanto tiempo será antes de que el cambio dramático ocurra?*

F: Eso depende de la tierra y el Padre en el cielo y nosotros no sabemos más de eso.

Estas noticias fueron incómodas y desconcertantes por asi decirlo, pero desde que el no se expandiera al dar ningún tipo de período de tiempo, decidí regresar a las preguntas de los dinosaurios.

D: *Después del cambio ocurrido, ¿fueron todos los dinosaurios destruidos en una o quedaron algunos vivos en varias partes del mundo?*

F: Hubo algunas formas de vida dejadas porque no fue una completa aniquilación. Los dinosaurios más grandes fueron muertos, eso es correcto porque no pudieron adaptarse sus cuerpos estaba diseñados a un tipo de clima en particular no pudieron tolerar ningún cambio así que ellos, murieron. Ellos eran simplemente demasiado grandes para adaptarse rápidamente, no hubo lugar a donde ir. Los animales pequeños se pudieron esconder y correr debajo de objetos por ejemplo colectar hojas o pasto, etc. alrededor de ellos y construir un ambiente cálido. Los animales grandes, sin embargo, no pudieron hacer esto y fueron dejados de los elementos y murieron.

D: *He leído los descubrimientos en algunos países de antiguas civilizaciones de esculturas y pinturas que muestran dinosaurios y humanos juntos.*

F: Eso es correcto, porque ya habían humanos en ese tiempo. Ellos estaban en un estado primitivo y ya habitaba el espíritu en ellos.

D: *Yo me pregunto ¿cuándo el espíritu comenzó a llegar a la Tierra, para habitar en los cuerpos?*

F: Sí, fue en esa etapa temprana.

D: *Los científicos siempre han dicho que los humanos aparecieron mucho más tarde que los dinosaurios.*

F: Los científicos siempre están diciendo muchas cosas y continuaran haciéndolo. Sin embargo, ellos no tienen acceso ilimitado al conocimiento; asi que deben de hacer sus deducciones de su propio conocimiento el cuál esta disponible en esta época. La verdad a este punto es basada meramente en lo que esta disponible.

D: *Yo creo que los científicos llegan a esas conclusiones porque no encontraron huesos humanos cuando hicieron sus excavaciones.*

F: Eso es correcto, porque ahora han encontrado remanentes humanos con huesos de dinosaurios, pero no ha sido abiertamente aceptado. Porque es este un punto de vista muy radical el cuál ha sido introducido ya hace varios años. Si puedes ver, la comunidad científica es muy lenta para el cambio y se resisten al cambio porque la verdad debe ser reescrita. Esta característica es inherente porque es algo muy común a través de la historia humana. Aquello que es llamado verdad es considerado sagrado y nunca es para cambiar. Así que existe mucha resistencia, porque después uno pierde el sentido a las bases de los sistemas de creencias.

D: *Si lo que es verdad para uno, no lo es para otro; también existe la teoría que esto fue un salto de animales a humanos y causado por seres del espacio cruzando especies.*

F: Esa es una evaluación correcta como esta es, una manera, de alzar la existencia genética, porque fue de nuevo un estilo de asistencia. Sin embargo, más de una naturaleza de nutrimento, como la existencia genética había alcanzado un punto donde ya no podía avanzar más sin la nueva información genética y por esta razón fue dada.

D: ¿Esta es la razón por lo que te refieres como nutrimiento?

F: Eso es preciso, fue una asistencia. Si esto no hubiera ocurrido la forma humana se hubiera estancado de alguna manera hacia los neandertales.

D: Las funciones humanas que ahora tenemos con un cerebro capaz de un intelecto ¿No hubiera llegado a evolucionar en una evolución natural?

F: Eso es preciso o asi ha sido, muchos millones de años hubieran sido necesarios, sin embargo, es dudable que cualquiera de tales sucesos hubiera sucedido naturalmente, como la evolución ha alcanzado el punto, en el cuál, no pudo avanzar más naturalmente.

Según las dos escuelas de pensamiento, el creacionismo significa que toda la vida fue traída repentinamente por el acto un poder superior supernatural, normalmente llamado "Dios". El evolucionismo significa que toda la vida se desarrollo a través de un proceso evolucionario natural desde una fuente sencilla de vida. Los argumentos en contra de la evolución son basados prácticamente en el factor que experimentos controlados muestran que las especies alcanzan un punto o un limite más allá en el cuál no se desarrollaran más por de su propia cuenta. Después de ese punto mutaciones pueden ocurrir a través de manipulaciones genéticas. El concilio pudo haber corregido cuando ellos dijeron que la historia de la creación y la teoría de Darwin de evolución cada una tenían una parte de verdad.

D: En la biblia dice: "hagamos al hombre a nuestra imagen". ¿Eso es a lo qué te refieres?

F: Eso es una alegoría al factor de la aparición del hombre físicamente en esta forma similar a otras formas humanas a través del universo. Eso sería una afirmación correcta.

D: Yo siempre pensé "a nuestra imagen" podría referirse a la parte del alma humana.

F: "Imagen" refiriéndose a la representación visual y tanto esta forma humana es después representada a través del universo en muchas diferentes áreas. Esto también es verdad a través de otros universos también que hay varias representantes de una forma.

D: *Pero en este universo, ¿mayormente es el tipo humanoide o ser humano?*

F: No tanto decir "mayormente" porque existen formas las cuáles no son humanas en cualquier aspecto. Sin embargo, es preciso decir que la forma humana es simplemente una forma de varios. Existen muchas diferentes formas y muchos diferentes planetas con diferentes formas. Existen aquellos planetas los cuáles tienen formas múltiples representando vivir armoniosamente al mismo tiempo. Este planeta tierra, sin embargo, solamente tiene una forma; nosotros diríamos la forma que ustedes tienen ahora es similar a las otras formas humanas en el universo. Muchas tienen cabello, características faciales y estructuras corporales muy similares a la que tú encuentras en este planeta, pero existen diferencias y sería muy difícil decirte el origen de muchas de ellas. Nosotros simplemente estamos diciendo que esta no es la única forma en el universo, sin embargo, esto tampoco es el único lugar de esta forma que hay en el universo.

Cuando la vida alcanzo la etapa al estado humano, los seres de espacio exterior ya no visitaban tan frecuentemente, yo quisiera saber por qué.

F: No fue tan necesario, la asistencia en las etapas iniciales fue primero de nutrimiento y atención cuidadosa para el trabajo que fue hecho en ese tiempo, con la culminación de ese trabajo ya no era necesario tener tanta atención cuidadosa. Ellos simplemente regresaron a aquellos sistemas de los cuáles ellos pertenecen.

D: *¿Alguno permanecieron aquí para observar?*

F: Existieron en ese tiempo varias comisiones de entidades quienes permanecieron en el planeta en una forma permanente y física, para poder monitorear en base al día a día aquellas condiciones. Estas fueron, sin embargo, no en gran escala o administraciones complicadas que como fueron hechas previamente.

D: *¿Mencionaste que estos seres fueron físicos?*

F: En una forma tridimensional, una forma real como tú lo expresarías en tu plano. Estos seres eran de una forma física, pero eran de una raza que no era de este planeta.

D: *¿Nacieron ellos en un cuerpo o crearon un cuerpo?*

F: Ellos fueron, se crearon como tú dirías, ellos no eran cuerpos o retratos de naturaleza, como no había en ese tiempo reserva de población de los cuáles para poder habitar un cuerpo.

Es interesante notar que no existe tal palabra como "retratar." Pareciera ser un intento para hacer un verbo de sustantivo "retrato." Ellos usualmente son muy exactos en escoger sus palabras que no creo que este fuera un error. Podría ser los más cercano que ellos querían transmitir.

F: Los habitantes físicos no habían evolucionado al nivel en ese punto, del desarrollo humano. No habían aquellos cuerpos que fueran aplicables o disponibles para tal uso. Este lapso que nosotros estamos hablando cubre varios millones de sus años terrestres. Así que, no habían reservas humanas naturalmente en el comienzo por asi decirlo del todo. En la siguiente porción de este segmento del cuál nos estamos refiriendo ahora, hubo aquellos desarrollos preliminares y evolucionarios los cuáles cuentan por hombres primitivos como tú podrías entenderlos.

D: *En la biblia dice que existieron gigantes en la tierra.*

F: Eso es una declaración exacta, porque la reserva humana de esa raza fue de un promedio de más de dos metros. Existieron muchas otras razas, pero esa fue una de las primeras, muchos humanos portan esos genes hasta este día y siguen existiendo ocasionalmente aquellos humanos quienes crecerán a una altura de más de dos metros de alto. Estas simplemente son reapariciones genéticas de esa reserva.

D: *Estoy intentando relacionarlo a las cosas en la biblia, la biblia es como historia, aunque ha sido distorsionada.*

F: Existen aquellos factores que hablan claramente incluso a través de los siglos. El contenido es basado mucho en la percepción y tan naturalmente existirán algunas distorsiones, sin embargo, la intención no puede ser errada.

D: *También dice en la biblia algo acerca de que los hijos de Dios miraron a las hijas de los hombres y las tomaron por esposas.*

F: Esto sería exacto en decir que esto fue una referencia al mestizaje entre aquellos que vinieron del cielo y aquellos de la tierra. Existió un intento en esto de mejorar la reserva genética, como las especies habían evolucionado a un punto al cuál ellos por su propia cuenta alcanzaron los limites de su evolución; siendo asi necesario traer esta reserva a un nivel superior. Para mejorar la evolución del cuerpo físico.

D: *¿Entonces sin su intervención la raza hubiera permanecido en un estado animalístico?*

F: No hubieran evolucionado al punto con suficiente capacidad cerebral que pudieran adecuadamente traducir aquellos conceptos los cuáles serían en ese tiempo en el futuro serían necesario para entender estos conceptos de los que estamos hablando ahora... tales como la custodia universal y los conceptos de Dios, etc. Fue logrado a través del apareamiento físico de las razas. Existieron en aquellos días del desarrollo de la biblia, aquellas personas quienes sintieron que no era apropiado para la población común de apreciar completamente aquello. Porque fue sentido que la creencia podría ser perdida al abrazar esas doctrinas. De esta manera las historias en la biblia fueron cuidadosamente alteradas para ser adecuadas en la mentalidad de aquellos días y de esta manera fueron pasadas en estas formas alteradas a este día, fielmente registradas tan precisas como sea posible.

D: *Entonces la gente quienes escribieron esto sabían la verdad, pero lo interpretaron para que la gente lo pudiera entender.*

F: A esa extensión es correcto, no fue mayormente una conspiración de distorsionar los hechos, en relación de estas "historias" una explicación ocasionalmente inocente podría ser dada la cuál terminaría siendo interpretada ligeramente diferente. Asi que la información fue transmitida a través de generaciones a generaciones fue moldeada de alguna manera hasta que alcanzo la forma en la cuál la tienen a estos días.

D: *Existen personas en nuestros días quienes preferirían ser impactadas en ves de aprender estar explicaciones.*

F: Eso es correcto, porque no ha sido dado hasta este tiempo el material que les permitiría una explicación más completa y exacta de lo que verdaderamente ocurrió. Nosotros diríamos que esta siembra esta sucediendo otra vez en muchos lugares en este que llamaríamos universo "local". Esto no es una ocurrencia poco común por asi decirlo desde un punto de vista universal. Tan común como uno podría construir y atender su propio jardín.

Sabía que la misma gente no pudo haber estado involucrada en este entero proyecto por los enormes lapsos de tiempo que duran, pero yo me pregunto y si fuesen la misma raza de gente.

F: Miembros del mismo núcleo sería lo más correcto. Porque existen aquéllos que sus responsabilidades son este tipo de misión.
D: Cuando nos reunamos otra vez, ¿Me podrías contar como nosotros avanzamos en las etapas de la historia?
F: Eso estaría bien, eso sería una pregunta apropiada para aprender, tu curiosidad o conciencia humana es limitada en la percepción.

Al despertar Felipe dijo que la información en la siembra cargaba emociones de orgullo y nobleza para el éxito esperado del experimento, con grandes expectaciones por el desarrollo de las especies en este planeta. Cuando falló, él pudo sentir la amargura de la decepción.

Porque él no estaba completamente en el estado sonambulistico, él no pudo bloquear las emociones que usualmente acompañan en las escenas y esto afecto las maneras de responder las preguntas. Él menciono tres razones porque él sintió que la información no pudo pasar cuando se le hizo las preguntas:

1. No se le permitió darla, incluso él no pudo anular esto.
2. Simplemente no esta disponible, él no estaba totalmente disponible como para manufacturar la información cuando esto sucedió.
3. Si él sintió que el clima emocional de la pregunta le traería con ello sentimientos o escenas perturbantes. En este caso su subconsciente actuaria como un censor y nos preguntaría para cambiar el tópico.

CAPÍTULO 16

EL MESTIZAJE

AL COMIENZO DE LA SIGUIENTE SESIÓN Felipe salió del elevador y se encontró una hilera de cristales gigantes. Él solicitó permanecer allí por un momento para absorber una tremenda energía que estaba circulando alrededor de él. Él sintió que esto aclararía sus canales después de permitirle esto, comencé con el cuestionamiento.

D: *Nosotros hemos tenido una historia continua, es una historia quien seas tú que estas en el otro lado, ahora escoge lo que tú quieras que yo escriba. Una historia de la siembra en el planeta tierra. ¿Sabés de lo que yo estoy hablando?*
F: Nosotros diríamos que no somos enteramente responsables de esto, como esto es algo en el cuál tú misma te has comisionado y nosotros hemos acordado en asistirte. Este es tu proyecto en tu esfuerzo de expresión creativa en este tiempo.

Eso fue una extraña idea, ciertamente yo no había preguntado conscientemente por esta o cualquier asignación, pero únicamente enfatiza la noción que nosotros no siempre estamos conscientes de las muchas otras porciones de nuestro ser que se esta realizando. Esta otra parte de nosotros aparentemente no necesita el permiso de nuestra conciencia, pero desde que yo disfruto escribir acerca de estos tópicos inusuales, la idea no me molesta.

D: *En la ultima sesión tú hablaste de la siembra de este planeta y dijiste que los seres tenían aquí bases en ese tiempo y que ellos guiaron el desarrollo y nutrimiento de las semillas. Cuando estos obtuvieron una cierta etapa donde ellos no pudieron desarrollar más en su propia cuenta, los seres del espacio hicieron mezclas con ciertos animales para entregar información genética y asi desarrollarlos como humanos capaces de tener inteligencia. ¿Lo he dicho correctamente?*

F: Eso fue una evaluación correcta.

D: Muy bien, entonces continuemos. *¿Fue esto un mestizaje físico o fue hecho artificialmente como si fuera en un laboratorio?*

F: Esto fue una entremezcla física de reserva genética. Nosotros diríamos que inicialmente hubo lo que le llamaríamos una inseminación artificial, porque la semillas fueron depositadas con procedimientos quirúrgicos, esto fue necesario para el animal o reserva en ese tiempo porque de otra manera hubiera llegado ser muy violento, debido al miedo.

D: *¿Concentraron ellos un cierto tipo de animales o intentaron ellos con diferentes especies?*

F: Se utilizaron únicamente aquellos que a través de su descendencia llegaran a ser lo deseado de acuerdo con los requerimientos de tal cuerpo, hubo aquellos que aparentemente mayormente se acercaban a cubrir estos requerimientos y fueron escogidos por población.

D: *¿Para comenzar esto fue hecho a menor o mayor escala?*

F: Esta pregunta requiere de una profundidad y balanceo, lo cuál nosotros no estamos disponibles para proveer en este momento.

D: *Yo quise decir si fue hecho en el planeta enteramente o si solamente en un área localizada con algunos cuerpos por asi decirlo, en el comienzo.*

F: Nosotros diríamos que hubo algunos en el comienzo y después muchos otros.

D: *Yo estoy intentando de imaginarme en mi mente como fue que todo sucedió. ¿Los mantuvieron en cierto lugar donde ellos pudieron ser observados durante este periodo de tiempo?*

F: Ellos ciertamente no disfrutaron estar siendo observados, eso es preciso.

D: *¿Estuvieron ellos aislados de alguna manera?*

F: Eso es negativo.

Aparentemente después de que el mestizaje tomo lugar para implantar la inteligencia, las creaturas experimentales fueron observadas y cuidadas y así fue como crecieron y evolucionaron. Todo esto tomaría una increíble cantidad de tiempo, como nosotros lo sabemos, para que los animales evolucionaran al estado primitivo humano. Parecería haber sido el trabajo o la asignación de este grupo de seres para monitorearlos y probablemente protegerlos a estas especies cambiantes. La duración del tiempo envuelta aparentemente no tenia significado para ellos. Si ellos tuvieran lapsos de vida que nosotros podemos identificarlos, podría haber requerido muchas generaciones de su raza para ser "una responsabilidad" en este planeta. El mencionó que ellos permanecieron en constante comunicación con las áreas que ellos habían venido originalmente. Yo diría que eso únicamente fue un trabajo para ellos. El resultado fue demasiado extenso para tener algún significado.

D: ¿Tuvieron algún contacto estos seres o vivieron con los habitantes?

F: Hubo aquellas visitaciones que fueron desde el punto de vista del hombre primitivo, profundas a la extensión de aparente percepción de la siembra de un Dios. Se proveyeron aquellos conceptos los cuáles fueron entendidos en aquel tiempo; los cuáles causarían pensar a estas gentes primitivas; al pensar estas cosas de las cuáles ellos nunca hubieran considerado normalmente a través de sus vidas. Se les dieron alimento para su pensamiento, por asi decirlo, como su lugar en el universo y su rol en este planeta. No existe una grabación escrita de tales eventos con los cuáles puedas reforzar tu creencia.

Han existido muchas leyendas que han venido a nosotros de civilizaciones antigüas concerniendo a seres extraordinarios tales como Osiris, Quetzalcóatl quienes supuestamente habían sido dioses quienes vinieron a ayudar a las tribus, algunos de estos fueron considerados deidades. Asi que yo pregunté acerca de esto.

F: Nosotros aquí nos estamos refiriendo a eventos muchos más previamente de aquellos que tú estas hablando. Tú has mencionado aquellos quienes no necesariamente eran dioses, pero fueron individuos quienes fueron iluminados a través del contacto con estos "Dioses". En ese tiempo, cuando asumían el rol de maestro de este nivel de conocimiento, era una práctica común en considerar esta persona como un profeta o alguien quien estaba en contacto directo con Dios. Para elevar a esta persona al rol mucho más parecido al Dios mismo. Nosotros diríamos que estos individuos quienes estaban muy entonado en sus propias energías como también aquellas energías a través del universo. Cualquiera que llegue a estar entonado a aquella energía puede aparentar o llegar a ser elevado en estatura sobre aquellos que los rodean. Nosotros diríamos que estos individuos fueron meramente proveedores de las energías.

D: Según las leyendas, yo creo que estos (Osiris y Quetzalcóatl, etc.) fueron vistos por la gente como si ellos hubieran venido del espacio exterior y que llegaron a convivir con las tribus, a enseñarles.

F: Eso no sucedió asi, pero nosotros no estamos de acuerdo que esos individuos fueron tales. Estos fueron otra vez mensajeros o proveedores de la verdad y de las energías. Existieron muchas incidencias de los individuos desde otros reinos viviendo entre la gente, incluso por un corto tiempo, asistiendo y educando en aquellas maneras las cuáles fueron apropiadas en ese tiempo. Muchos conocían las identidades verdaderas de estos individuos, pero usualmente muchos no lo supieron. Algunos fueron verdaderamente viajeros de otros planetas. Otros simplemente eran de otros planos de existencia, no necesariamente de otros planetas, hablando físicamente. Porque existen muchas otras áreas de existencia las cuáles no son de una naturaleza física; así que, es posible, venir desde algún otro lugar sin realmente estar dispuesto a describir exactamente desde donde vienen. En las otras dimensiones no existe una dirección posible, ya que aquel concepto no existe, eso es un concepto tridimensional el cuál llevado a la cuarta o altas dimensiones no llega a tener sentido. Así que sería preciso mencionar, que muchos visitantes simplemente eran de otros planos de existencia y vinieron a este nivel para asistir y dar información.

D: Entonces aquéllos fueron como Quetzalcóatl personas físicas que nacieron en esa tribu o vinieron de otro planeta

F: Algunos individuos y líderes fueron, verdaderamente, de otro reino de experiencia. Nosotros no revelaremos las identidades de estos, esto no es posible hacer en este tiempo, como tampoco no esta permitido aquello no esta permitido. No sería apropiado señalar cualquiera de esos individuos como mensajeros o quienes no eran de la tierra y así sucesivamente, porque la atención entonces sería enfocada en el individuo y no en la información. Vamos a decir que fue necesario que esto ocurriera para que la información fuera distribuida. Porque uno tuvo que comenzar tal misión como quizá, un representante de la esfera de influencia y que sería algo limitado en comparación de lo que el gobernante fuera capaz de acomodar.

D: *¿Acaso no fueron aquéllos seres que terminaron siendo adorados?*

F: Verdaderamente existieron aquellas visitaciones por los avanzados, pero este rol fue meramente uno de asistencia como cuidador. La memoria de estos seres fue sostenida en alta reverencia muchas veces a través de la historia de la tierra. Ellos fueron reverenciados y considerados como Dioses de naturaleza y fueron santificados. Existieron muchos ejemplos en las culturas primitivas donde hubo visitaciones por estos extraterrestres, a menudo a los líderes selectos de tribus quienes la mayoría eran capaces de asimilar aquello que estaba ocurriendo. Aquellos quienes tendrían la menor reacción de reducir las visitaciones a deidades o a niveles angelicales y reconocer que estas simplemente eran visitaciones y dispensaciones. Ellos aparecerían como personas, sin embargo, ellos eran de formas de energía las cuáles podrían resemblar a la apariencia de un ser humano y así no espantar.

D: *¿Qué tipo de información proveyeron a la gente?*

F: Hubo mucha discusión en ese tiempo a cuanta fuera la información impartida a estos individuos. Fue decidido que, de una forma lenta, pero constante, ascendente, para alzar la conciencia sería más apropiado, que, tan simplemente bombardear o sobrecoger a estas sociedades primitivas con el conocimiento desde las estrellas. Así que la información fue dada de alguna manera limitada a áreas útiles y muy prácticas tales como recolecta de plantas y jardinería, por ejemplo. Estos fueron algunos de las primeras enseñanzas y como las sociedades se fueron desarrollando, y se observaron aquellos quienes mantuvieron el conocimiento, se seleccionaron algunos quienes completamente estaban conscientes de las implicaciones de estas visitaciones. Después a través de la elevación de conciencia gradual en estos individuos fue posible lentamente ampliar los discursos durante las visitaciones para eventualmente incluir el posicionamiento de los cuerpos celestiales con respecto al planeta tierra. De esta manera eventualmente fue posible enseñar a estas sociedades primitivas como por ejemplo astronomía avanzada.

D: *¿Por qué fue tan importante que ellos supieran acerca de la posición de las estrellas?*

F: Muchas personas están conscientes de la influencia de las estrellas en los eventos humanos, esto ahora se le llama astrología, pero fue conocido en un grado más amplio de lo que es ahora y fue mucho más usado con precisión. Podría ser calculado marcando las posiciones de los planetas y las estrellas. La naturaleza de las energías que llegan a la tierra lo hacen posible poder predecir la naturaleza de aquello que estaba por ocurrir.

D: *¿Existieron algunas otras habilidades o conocimiento que fueron enseñadas a estas personas?*

F: Existieron muchas diferentes áreas que estuvieron disponibles en aquel tiempo. Muchas áreas que se considerarían sorprendentes por los estándares de ahora por tales personas "primitivas" que las utilizaron. La practica dental fue enseñada tal como las extracciones fueron hechas con mínimas molestias, extracciones fueron después reemplazadas después de la preparación y reparación de los dientes dañados. Entonces fue posible reemplazar estos dientes para que pudieran continuar con sus funciones. Esto ahora esta siendo aprendido una vez más en este lapso de tiempo en el planeta.

D: *(Esto fue una sorpresa) ¿Quieres decir que estos no eran dientes falsos, estos eran dientes originales, como minimizaban el dolor?*

F: Existían como existen ahora muchas hierbas naturales e ingredientes los cuáles podrían amortiguar el dolor cuando son tomados (tales como las hojas de coca y muchas otras hierbas conocidas ahora las cuáles causan un efecto similar.)

La coca es una planta tropical la cuál al secar sus hojas son la fuente de la cocaína que no solamente es un narcótico sino un anestésico local.

F: Este conocimiento fue dado a un grupo selecto quienes después impartirían esto a su gente para después propiamente enseñarlo en estas áreas. Podría ser sorprendente aprender que una cirugía de corazón abierto no era raro en muchos lugares en aquellos tiempo. Una forma de esto fue (nosotros estamos buscando la palabra) nosotros estamos teniendo dificultad en traducir este concepto. La intención original fue para reparar y sanar, pero después la práctica se convirtió en un sacrificio humano. Ellos no recordaban las razones detrás de esta técnica y a través del tiempo el procedimiento fue reducido al sacrificio. Esto habría después servido para calmar a los dioses que ellos habían creado y asi salvarlos de un destino peor que la muerte. Así que la muerte era un precio pequeño que pagar.

D: *¿Cuándo ellos realizaban esta cirugía de corazón abierto, como eran capaces de minimizar el sangrado? Incluso esto es uno de los problemas de ahora.*

F: Otra vez aquéllos ingredientes naturales los cuáles, incluso, ahora son usados y también fueron usados en aquellos tiempos. Aquéllas presentaciones en polvo de hierbas las cuáles facilitarían la coagulación fueron usadas. Así como, la manipulación de puntos precisos de presión dentro del cuerpo podían controlar el sangrado al limitar el flujo de sanguíneo de áreas específicas.

D: *¿Podían ellos controlar la infección de esta manera?*

F: No a través de la presión.

D: *Yo quiero decir a través del uso de las hierbas.*

F: Las infecciones fueron tratadas con un tratamiento con energía al canalizar las energías humanas como ahora una vez más esta siendo descubierto como la terminología de estas personas que le llaman "grupos metafísicos."

Yo recordaba que los aztecas debieron de haber practicado este tipo de sacrificio al cortar y sacar el corazón humano.

D: ¿Fue este ritual realizado por la misma gente que construyeron las pirámides en México?
F: Desafortunadamente, si; porque al mismo tiempo ellos eran avanzados y también retrógradas. La degeneración de la civilización a los sacrificios humanos e incluso al canibalismo, por la mayor parte fue después del tiempo de la construcción de las pirámides. El uso de las pirámides fue concurrido con el tiempo de los sacrificios humanos y no con su construcción.

Yo puedo imaginarme que a través de la muerte de un hombre sabio o de algunos que mantuvieron el conocimiento no lo pasaron enteramente y con cada precesión de generación, la práctica se llego a corromper y fue distorsionada en una forma de adoración. Con el tiempo llegó a ser, como, una presentación de sacar los corazones para los "Dioses" como estos seres lo interpretaron así.

D: Bueno, si los seres siguieron observando esto y vieron que el conocimiento estaba siendo distorsionado a como fue transmitido originalmente, ¿No pudieron ellos regresar y darles el conocimiento otra vez?
F: No fue posible hacer esto otra vez por razones que están más allá del alcance y la compresión humana, porque las razones no son traducibles.
D: Yo pensé que si ellos habían venido una vez, ellos podrían simplemente regresar de nuevo.
F: Eso sería una percepción simplista y muy humana, sin embargo, existen muchos más mecanismos complejos en el trabajo del plano universal los cuáles no permitirían influencias exteriores que manipularan a los nativos.
D: Quizá yo pensé que ellos podían venir y decir, "ustedes no están haciendo esto bien, no es la manera que nosotros les enseñamos."
F: Eso sería manipulación y esto no esta permitido.
D: Pero si ellos ya lo habían hecho una vez, ¿acaso eso no es considerado manipulación?
F: El regalo se dio una vez, al corregirlo sería ¡una manipulación! Existe una diferencia entre dando el conocimiento como un regalo y dirigiendo los asuntos de una sociedad.

D: Ya veo, entonces después que es dado, ellos no tienen control, sobre la manera que fue usado.
F: Eso sería de alguna manera preciso. Estaría en contra de las políticas al manipular estas sociedades. Para ponerlo en términos terrenales está en la sociedad, en crear su propio destino.
D: Entonces las sociedades debieron haber protegido esta información y observar que fuese transmitido correctamente.
F: Eso una vez más sería de alguna manera una declaratoria precisa

Esto pareciera ser una diferencia muy sutil, pero aparentemente era una gran diferencia importante para ellos. Ellos eran permitidos brindar conocimiento para el mejoramiento de las vidas de sus creaciones; pero al dirigir la continuidad del uso de ese conocimiento era visto como interferencia y eso no esta permitido. Él continuo con más ejemplos.

F: La agricultura fue perfeccionada a un alto grado en seleccionar aquellos cultivos que eran más apropiados para la dieta en particulares regiones; Porque no era únicamente un clima o climático (tuvo dificultad con esa palabra) considerando, pero una consideración nutricional la cuál dicta el contenido de la dieta. Porque estos fueron verdaderamente y como son ahora diferencias en requerimientos nutricionales con los diferentes ambientes.
D: ¿Explicaría esto las leyes de comida en el viejo testamento de la biblia? ¿las que fueron dadas por Moisés a su gente? A ellos le dijeron que no comieran cerdo o cosas como esas y ellos prohibieron el beber la sangre. ¿Podrían ser estas las razones de estas cosas?
F: Eso es correcto, los requerimientos fueron creídos ser de una naturaleza religiosa, pero fueron basados en requerimientos realistas nutricionales. Fue permitido a los cuerpos de los humanos la elección más apropiada de comida tales aquéllas que tendrían aquéllos nutrientes y vitaminas más esenciales para procesarlas, mientras en su viaje o en su tránsito y más adelante.
D: Entonces a ellos se les enseño los diferentes tipos de comida que crecerían más adecuadamente en su clima.
F: Eso es correcto.

D: *¿Sabés que le sucedió a la gente maya? Supuestamente ¡ellos repentinamente desaparecieron!*

F: Nosotros diríamos que la respuesta a esta pregunta está de alguna manera, atada en corte, usando tu analogía. La historia o quizás el final no esta completo en este tópico, sin embargo, cabe decir que ellos no murieron, pero fueron transportados.

D: *¿Por naves espaciales?*

F: Nosotros no nos preocuparemos en explicar en este momento, sin embargo, ellos fueron transportados.

D: *¿Sabés por qué?*

F: Ellos mismos eligieron a escapar a aquella destrucción la cuál ellos pudieron predecir que sucedería a sus hermanos durante la conquista española.

D: *¿Esto sucede a menudo a cada civilización en la historia?*

F: No aquello no tiene precedente, sin embargo, no es un suceso regular. La situación que se presenta a la civilización cuando ha alcanzado un nivel como un todo y que ellos por el deseo de sobrevivencia de la civilización tal transportación entonces si sucediese. No es que exista alguna ley que diga esto debe suceder, sin embargo, a través de los deseos de los individuos para proteger sus niveles de conciencia y sus logros para mejorar, y extendiéndolos más allá de su entendimiento y crecimiento, para proteger su sociedad, entonces ellos se les daría esa oportunidad. Fue en su mejor interés como también en el mejor interés de aquéllos que los rodearon.

D: *(Yo procedí con las preguntas) ¿Existen algunos otros ejemplos en tiempos recientes de ayuda extraterrestre, como cuando una civilización comenzó a evolucionar?*

F: En esta fase de la evolución del hombre no existen aquellas áreas, las cuáles son el resultado de contacto directo, aunque son idénticas en naturaleza, estas al día de hoy, son el producto de un proceso mental o canalización, si así tú lo preferirías. Muchas ideas son canalizadas, aunque ellas son consideradas originales del inventor. Ellas son simplemente ideas que han sido transferidas desde un plano interior de conciencia a un plano exterior de conciencia.

D: *Entonces en vez de realmente aparecer a la gente como lo hicieron el pasado, ellos lo comunican mentalmente.*

F: Esto sería de alguna manera preciso, sin embargo, por la mayor parte la información fue abstraída desde un plano interior de conciencia de los individuos la cuál es excluida la necesidad por una interacción de este tipo.

D: *¿Explicaría esto porque muchos de las mismas invenciones están siendo creadas por diferentes personas al mismo tiempo?*

F: Eso es correcto.

D: *Bueno, ¿Por qué hacen eso? ¿bombardean el planeta con una cierta idea?*

F: Las energías son dirigidas hacia este planeta la cuál el planeta es bañado con estas energías y aquéllos quienes responden a esta energía son entonces (nosotros no usaríamos la palabra "extracción" porque eso daría una falsa impresión.), sin embargo, ellos...

D: *¿Inspirados?*

F: Eso sería un termino apropiado, ellos son inspirados para crear estas manifestaciones basadas en o abstraídas por estas energías.

D: *¿No consideran los seres que esta es una influencia?*

F: Las personas no lo percibirían como tal porque ellos, por la mayor parte no estarían conscientes del origen (a menos que ellos fueran de una naturaleza alta espiritual y estuvieran conscientes de la realidad de tales conceptos como los planos interiores y estados de conciencia interiores.)

D: *Entonces el planeta es bañado en esta idea o esta percepción de una invención o algo que el planeta necesite en cierto tiempo. Es solamente liberado a quién quiera que lo recoja. Esa manera no es una fuerza o influencia porque ellos no hacen a nadie aceptar la idea.*

F: Eso es correcto, hay invenciones las cuáles aún serán descubiertas y están ahora bañando el planeta y se dan absorbidas desde planos interiores de conciencia y manifestadas en la realidad física.

Tal vez lo que llamamos "imaginación" es otro nombre o una parte del plano interior de conciencia.

D: *Entonces ellos asumen que alguien recogerá las vibraciones o ideas, que alguien en la Tierra se sintonizará por así decirlo.*

F: Esta allí si alguien así lo escoge. No es comandado para que sea esto, simplemente es dado libremente para usar de tal manera que el individuo lo podría escoger, porque tú deberías de recordar que ¡este es un planeta de libre albedrío!

D: *Si eso tiene sentido, entonces una persona solo dice un día" Oh tengo esta idea fantástica que vino hacia a mi" y entonces ellos comienzan a ver como ponerla en orden de otra manera podría parecer que nada fue realmente su propia idea, podría ser como si no tuvieran crédito de ellos mismos. Pero si ellos le agregan sus propias invenciones a ellos, su propia creatividad, entonces se convierte en su idea después de que una pequeña chispa ha sido plantada. De esa manera ellos no se sienten como si fueran un títere o algo tomando ideas o haciendo algo que alguien les dicta.*

F: Eso es correcto y a través del proceso creativo humano, energías similares pueden manifestarse en varias diferentes formas dependiendo de la creatividad del inventor. Los conceptos son dados, es cuestión que el individuo decida como usarlo o que aplicación usar este concepto, por ejemplo, perforar es usado en diferentes formas, desde perforar caries hasta perforar por petróleo el concepto es el mismo, sin embargo, con la inventiva del individuo el concepto puede ser usado en muchas diferentes formas. El concepto o semilla sería "perforar".

D: *Entonces la persona descifra los diferentes métodos y maquinaria o cosas envueltas en ello. ¿Estas ideas que vienen son dirigidas por seres extraterrestres?*

F: Uno primeramente debe de entender lo que un ser extraterrestre engloba. Porque es común percibirlos como seres físicos de otro planeta lo cuál es correcto, sin embargo, existen muchas otras formas de seres extraterrestres, existen aquellas en formas de espíritu quienes son definitivamente de otros planetas, pero no son físicos y estas también son extraterrestres en naturaleza. Hay energías desde otros universos, galaxias y planetas los cuáles son de tal naturaleza diversa como son las energías humanas. Todo es extraterrestre en ser porque todos están en el universo; y como tal todo es extraterrestre o nada es extraterrestre. No existe realmente una delineación. Ellos son como los humanos, muchas diferentes Formas de energía. Existen aquéllos en forma humana quienes sus energías se ríen mucho y tienen una actitud despreocupante y alegre. Existen también aquellos en energía humana que son muy serios y sombríos. Ellos simplemente escogen expresar sus energías en forma diferente. Entonces esto es que todas las energías a través del universo son de alguna manera similar al respecto. Hay muchos diferentes tipos de energías en todas las partes del universo y universos.

D: *Yo he estado mayormente siguiendo aquellos que ayudaron con la siembra y nos vigilan todo este tiempo. Así que me estaba preguntando si las ideas e inspiraciones estaban conectadas de alguna manera con ellos.*

F: Sería de alguna manera preciso de decir "si" al respecto que diversas energías estuvieron ambas trabajando en un plan común así como, alzar la conciencia de este planeta. Sin embargo, de nuevo hubo diversas energías al respecto y lo están en este respecto y existen como tantas energías terrestres. Existen tantos diferentes tipos como son tantos diferentes tipos de personas, no por decirlo numéricamente hablando, pero la diversidad es muy similar como sea que estén en forma energética o física.

D: *Bueno, ¿quien dirige todo esto para mantenerlo en orden y decirles que hacer, si son tantos diferentes tipos?*

F: El esquema entero o plan de el universo, el plan maestro, el trabajo cósmico gigantesco, el concepto de Dios el cuál es popular en la noción humana, es lo que mantiene esto en orden.

D: *Ellos saben que hacer en cierta fase en nuestra historia en situaciones como esas.*

F: Eso es correcto, lo apropiado siempre es la prueba de fuego en cuanto es o no es apropiado.

CAPÍTULO 17

EL ÁREA PARA LOS DIGNATARIOS

USUALMENTE cuando se abre el elevador Felipe no vería las tres estructuras, en vez de eso habría otras escenas. No existía una manera clara de predecir que pasaría. La siguiente sesión fue un ejemplo de esto.

F: Esta es un área reservada para dignatarios de otros planetas, la zona de las llegadas en este planeta de lo que nos referimos. Esta es el escenario de las salidas (el realmente dijo "salidas") y llegadas del planeta. Observamos delante de nosotros, el símbolo de unidad, como es reconocido y se sabe en esta parte del universo.

Yo pregunte si el podría dibujar el símbolo cuando lo despertara; el dijo que sería muy difícil porque no era una foto o diseño convencional de dos dimensiones. Era percibido en cuatro dimensiones.

D: ¿Entonces el símbolo es más como una vibración?
F: Esa es una observación mayormente astuta de tu parte, porque esa es exactamente la connotación que es usada; lo es como uno diría aquí en este planeta, un faro de lealtad para traducirlo a este lenguaje a La Federación de Civilizaciones avanzadas de aquellas razas quienes se han agrupado y formado una alianza para expandir la educación moral y espiritual de sus respectivas razas.
D: ¿Por qué hemos llegado a este lugar?

F: Para trabajar con energías como estas, usualmente no existe concretamente una base motivo o razón. Simplemente si hay una pregunta, por ejemplo, es dada.

En otras palabras, nunca estaríamos seguros donde estaríamos cuando el elevador se para.

D: ¿Mencionaste que están llegando y saliendo?, estoy pensando en una estación, un hangar o una terminal aérea ¿es algo como eso?

F: Es un escenario de bienvenida, cuando los miembros importantes, de otros planetas son recibidos y se les rinden cortesías apropiadas a las personas debido a la posición. Después de la llegada ellos viajarían a cualquier área asignada que ellos vinieron a visitar, por ejemplo, instalaciones comerciales o gubernamentales o científicas, entonces son recibidos para cumplir sus intenciones; para ilustrar la diferencia aquí, en la llegada de un dignatario en la ciudad capital de Washington D.C. no llegaría en el metro subterráneo. El presidente no recibiría la llegada de un dignatario en el metro subterráneo o en un taxi. Existe mucha alegoría y circunstancias dadas para alguien que sostiene una posición como un presidente de otro país. Asi de esta misma manera sería el equivalente de saludo con armas las cuáles son como protocolo de visitas para dignatarios y la ceremonia que la envuelve de dichas personas. Esta es simplemente un área que conduce mayormente a la llegada de grandes comités de dignatarios. Existe bastante espacio alrededor para tales llegadas y salidas.

D: ¿Es esta un área o escenario en algún planeta?

F: Sí es en este planeta, es en un lugar específico de este planeta, mucho de las mismas consideraciones dadas colocadas en las áreas de recepción en este planeta son dadas otra vez, como son en otras partes del universo.

D: Tú sigues diciendo "este" planeta. ¿No te refieres al planeta Tierra?

F: Eso es correcto, nosotros tenemos dificultad designando aquí porque estamos hablando de dos realidades simultáneamente donde estamos como un factor en las dos al mismo tiempo. Asi que delinearemos más claro.

D: El planeta que estamos hablando ¿sabés donde estaría localizado?

F: Si puedes tú imaginarte ver a la galaxia vía láctea desde arriba y ver el brazo de espiral en el cuál tu sistema solar reside, desde tu perspectiva por debajo y algo así como adelante hacia la izquierda desde tu punto de vista. Entonces este planeta estaría atrás y arriba de tu hombro derecho, en esa dirección observando planamente hacia abajo en tu galaxia espiral, como tal el movimiento espiral de la galaxia es en el sentido de las manecillas del reloj.

Fue difícil para mi seguir esta descripción, pero las investigaciones revelan que nuestra galaxia vía láctea es verdaderamente una galaxia espiral compuesta de varios brazos. Aparentemente este otro planeta estaba localizado en el lado opuesto de nuestra galaxia, en uno de los otros brazos.

D: ¿Existe algo especial acerca de este planeta que fue escogido como área designada?
F: Es simplemente un planeta de muchos; cada planeta tendría en turno un área designada como la área escénica o área de llegadas y partidas. Esto no es el planeta central en esta región, este es simplemente un área designada de muchas en los diferentes planetas.
D: Entonces todos los planetas que pertenecen a esto, ¿Cómo le llamarías una federación o algo asi? ¿tienen todos ellos el mismo símbolo de unidad?
F: Esa sería la traducción más cercana como sería posible.
D: ¿Entonces estos dignatarios viajan a cada uno de los planetas que pertenecen a esa alianza o federación?
F: Eso es correcto, ellos mantienen un apoyo mutuo de confianza y no son como la naturaleza de ustedes, ya que estas son civilizaciones nobles y viven sin miedo de ataques de ningún vecino. Porque ellos se han evolucionado y desarrollado mucho más allá del nivel en el que uno encontraría violencia o violencia intencional.
D: ¿Es por esto que nuestra tierra no esta incluida en esta alianza aún?
F: La alianza es de alguna manera local, sería como si los vecinos se juntaran para formar una alianza. La tierra, no podría ser considerada un vecino, porque mayormente se encuentra muy distante de esta área.

D: ¿Es más o menos como unas naciones unidas?

F: Esa sería una analogía muy precisa, en un nivel planetario.

D: ¿Qué es lo que hacen estos dignatarios cuando ellos llegan a estos diferentes lugares?

F: Una vez, existe mucho comercio e intercambio en muchas áreas, tales como en las comunidades científicas donde la información se comparte libremente; por ejemplo, de esta manera serían como científicos viajando de un planeta a otro compartiendo descubrimientos científicos. Estas razas son gobernadas y tienen un gobierno diseñado el cuál no es muy diferente como los que encuentras en tu planeta. Aunque más de tipo tribal que de un gobierno democrático.

D: Yo pensé que ellos sonaban similares a un embajador, tomando información o asuntos para llevar a su gente, pero como científicos ellos tendrían más conocimiento que de un embajador promedio. ¿Comparten todos ellos estos descubrimientos?

F: Eso es correcto, ellos trabajan conjuntamente en muchas áreas y en emprendimientos los cuáles los llevarían a un avance en sus civilizaciones.

D: Eso es algo que a nosotros nos gustaría tener aquí en la tierra, pero pareciera, que hay muchos celos concernientes a descubrimientos. Los lideres solamente los quieren para sus propios países.

F: Existe un motivo de ganancia aquí en este planeta tierra el cuál no es compartido en este sistema del que estamos hablando. No hay necesidad de engrandecimiento propio simplemente porque no existe, de esta manera todos los descubrimientos son compartidos. Como ellos han descubierto no existe el concepto de ganancia personal de trabajo, por eso no existe tal concepto. Así que no hay necesidad de secretos o menosprecio o celos profesionales como los encuentras aquí en el planeta tierra.

D: Ese es nuestro problema, ellos siempre tienen que guardar todo como un secreto. Especialmente desde que el conocimiento usualmente va en la forma del desarrollo de armas y defensa. Estas personas no tienen necesidad de ello, ¿es eso lo que quieres decir?

F: Eso es correcto, no existe una industria de defensa, no hay competencia. La competencia no tiene conceptos en esta civilización.

D: *Entonces ellos piensan únicamente en el todo, ¿Cómo, cada quien, puede obtener ganancia o beneficio de lo que ellos descubren?*

F: Eso es correcto, estos descubrimientos son trabajados o preferiblemente el trabajo es hecho con el pensamiento en mente o con el propósito de compartirlo con otros.

D: *Esa es una idea muy extraña a nuestro planeta, porque ellos son muy temerosos de otros gobiernos y otras personas.*

F: Y aún así sería tan fácil de implementar tal concepto, si la gente pudiera pensar en los otros, como ellos piensan en sí mismos.

D: *Yo creo que estamos muy lejos para obtener ese pensamiento.*

F: No tan lejos como uno pensaría, porque existen muchos trabajando ahora en tu planeta quienes están trayendo este mismo concepto a la superficie y este concepto lo están practicando. Tal como aquéllos, otros podrían ver entendiéndolo y llevando este concepto a sus vidas.

D: *Yo pensé que los extraterrestres estaban intentando inducir estas ideas entre nuestra gente. ¿Eso es lo que quieres decir?*

F: Este concepto no es tan extraterrestre en liberación como un terrestre, porque aquellos humanos y gente de las estrellas, quienes han encarnado, con las intenciones de alzar la conciencia en este planeta Tierra, están mostrando con ejemplo estos conceptos. Ellos no necesitan explicarlo, solo meramente mostrándolo a quién lo dan.

D: *Pareciera cuando ellos vienen a la tierra, ellos quedarían atrapados en lo que llamamos "la carrera de la rata." La competitividad, el hacer una vida y todo lo que conlleva con ello. Porque ellos deben de tener dinero y comida así que tienen que entrar en la competitividad si quieren o no para poder sobrevivir.*

F: Sí es muy frustrante para muchos quienes han encarnado y se encuentran en esta situación, sin embargo, es una prueba la cuál puede ser dada para fortalecer este concepto en aquellos quienes han venido aquí para entregar este concepto a sus hermanos. Así que existe una mezcla de estos conceptos, así como el concepto dado es formado o cambiado a como sea necesario, donde podría trabajar aceptablemente con los conceptos prevalentes. Porque no sería factible intentar destruir aquellos conceptos presentes en la tierra y reemplazarlos, es mucho mejor transformarlos permitiendo estos nuevos conceptos que trabajen con los viejos conceptos y asi reemplazarlos gradualmente. Muchas personas son tan competitivas en esto al respecto, que ellos perderían la visión de su responsabilidad con sus vecinos y han fijado completamente sus energías en el concepto de éxito. Esto es muy prevalente y un concepto muy fuerte especialmente en la sociedad americana.

D: *Entonces realmente no hay nada malo en trabajar y hacer dinero ganándote la vida honestamente, mientras no permitas que sea tu único objetivo y querer pisar a los demás para conseguirlo.*

F: Eso es correcto como lo hemos dicho muchas veces, todo lo que es en exceso no lleva a nada bueno para todos. Esto sería un ejemplo para este vehículo (Felipe) para entender más allá porque él se encuentra a sí mismo muchas veces en situaciones que el hace. Esto ayudaría a explicar estos conceptos raros que él encuentra en sí mismo, por necesidad teniendo que trabajarlo o comprendiéndolo de alguna manera.

D: *Es muy difícil mantenerse alejado de ello en una vida mortal.*

F: Nosotros podríamos hacer comparaciones entre las realidades de existencia en este planeta tierra y algunas realidades en otros planetas a través del universo. Existen conceptos los cuáles no son compartidos en varios planetas, por ejemplo: nosotros hemos indicado que el concepto de ganancia por uno mismo y sus asistentes manifiestan realidades tales como la avaricia y no están en todas las razas y sociedades a través del universo. No es que este el único planeta con tales conceptos.

D: *Yo me preguntaba si éramos las únicas ovejas negras, si sabés a lo que me refiero. ¿no somos nosotros lo únicos que no se han evolucionado en ese estado?*

F: Eso es correcto, porque hay muchos planetas tales como el suyo. Algunos están en peor condición de lo que ustedes llamarían del punto de vista de "derechos humanos", porque aun existe esclavitud, barbarismo y tiranía. La tierra no está de ninguna manera rezagada de los ciudadanos celestiales.

D: *¿Los extraterrestres tratan de ayudar a estos otros planetas también?*

F: En algunos casos no es posible ayudar a estos planetas ya que se han retrocedido a tal punto que cualquier esfuerzo o asistencia pudieran ser considerado interferencia y podría encontrar hostilidad. Así que, en estas instancias es mejor simplemente dejar que los planetas evolucionen como puedan hasta que en algún tiempo sea apropiado iniciar alimentar a esas razas y expandir su conciencia como está siendo hecho en tu planeta ahora.

D: *¿Entonces ellos evolucionarán eventualmente?*

F: Uno podría esperarlo, sin embargo, no es inaudito en los anuales galácticos de la historia que un planeta se aniquile a sí mismo. Tal auto destrucción que literalmente no quede planeta físico alguno. En el caso de la tierra si hubiera un holocausto nuclear el cuál ha sido algunas veces proyectado, es probable que el planeta no se destruyera si no meramente se desfiguraría, sin embargo, ha ocurrido que planetas que se han autodestruido a tal extensión que el planeta entero se perdió en el cosmos y no quedo más que fragmentos. Entonces no hay nada dejado para registrar el pasaje de tal raza ya que la destrucción es total y completa.

D: *¿Por su puesto que los espíritus de estas entidades podrían aún sobrevivir o no? Porque incluso una destrucción como esa no podría destruir el alma o espíritu.*

F: Eso es correcto, sin embargo, no habrían remanentes físicos de tal civilización, no habría nada para recordar.

D: *Bueno, aquellas civilizaciones que estuvieron en tan mal estado, ¿fueron sembradas de la misma manera que nosotros lo fuimos?*

F: Sería posible decir que toda vida ha sido sembrada desde el comienzo hasta el final del tiempo de una forma u otra.

D: *Tú me dijiste antes que usualmente la vida no se permitía evolucionar por si misma y tomar su propio curso. ¿Fue eso porque los seres sembraron los planetas y los guiaron, es eso correcto?*

F: En todos los casos esto no sería completamente correcto, como algunas de las formas de vida o civilizaciones las cuáles están comenzando y no necesitan tanta supervisión como otras. Existen varias formas de vida indígena en algunos planetas que llegan a ser un asunto de (estamos buscando la palabra) relativos a lo que es llamado indígena.

D: *Bueno, si ellos fueron sembrados de la misma manera que nosotros fuimos y comenzaron con grandes ideales. ¿Cómo es que llegaron a convertirse en tal estado de negatividad?*

F: A través de muchos de los mismos errores hechos en este planeta. Este planeta no es tan único, como ha simplemente progresado, a donde esta ahora atravesando mucho de los mismos accidentes y errores en los cuáles han caído otros planetas. No es común, lo que diríamos, una concurrencia casual; no es una regla, pero tampoco le llamaríamos raro. Mayormente los planetas no tienen que permanecer de esta forma de evolución.

D: *A mi me parece como si los planetas evolucionarán mucho como el espíritu humano evoluciona. Nosotros hemos vivido otras vidas en el pasado, donde nosotros fuimos muy básicos, muy egoístas y hemos tenido que evolucionar por encima de ello. Pareciera que los planetas son de la misma manera, únicamente en gran escala. ¿Sería esta una analogía correcta?*

F: Los planetas evolucionan debido a los espíritus y la evolución de los planetas simplemente refleja como es la evolución espiritual. Porque el espíritu es la verdadera realidad y el físico simplemente refleja aquello que es el espíritu.

D: *Y que es lo que esta ocurriendo en lo físico, los espíritus habitando la gente física en ese planeta son lo que influencia y alzan el todo, ¿sería esto como la conciencia planetaria?*

F: ¡Eso es correcto!

CAPÍTULO 18

OTROS TIPOS DE SERES

AL COMIENZO de esta sesión Felipe remarco que las tres estructuras aparecieron diferentemente.

F: Hay una luz brillante blanca inundando en el elevador. Esta vez las tres estructuras parecieran estar acomodadas en una manera peculiar que nunca las había visto antes. Solían estar de la más grande a la más corta, pero ahora pareciera que la más corta esta en el centro y las dos que parecieran estar casi del mismo tamaño están en los extremos. También ellas parecieran ahora brillar diferentemente. Las otras antes daban un brillo de luz blanca de su misma intensidad ¡y estas pareciera que brillan! Ellas parecieran estar más grandes en su base y en su forma de alguna manera diferente, pareciera que esta representación ha cambiado junto con la interpretación de el vehículo y lo que se esta viendo aquí también ha cambiado. No es que hayan cambiado de ubicación sino meramente un cambio en la interpretación.

D: *¿Estarías dispuesto a hablar acerca de los diferentes planetas y explorar las cosas del espacio exterior?*

F: Lo haríamos felizmente, porque lo haríamos con mucho amor, cuidado al darte esta información ahora, porque ha sido reservada hasta este tiempo que podemos dártela ahora.

D: *Has dicho antes que las formas de vida en nuestro universo fueron mayormente de las características humanas o humanoides.*

F: Esto es correcto en esta parte del universo, existen muchas formas humanoides esparcidas a través del universo.

D: *Yo estaba sorprendida que todos somos más o menos parecidos.*

F: Pareciera que existen más similitudes a tus hermanos extraterrestres que diferencias.

D: *Yo creo que una vez tú mencionaste que me darías más información acerca de los otros tipos de entidades y de sus estilos de vida. No necesariamente de aquellos que su vehículo ha vivido, pero de los otros que están allá afuera. Estoy interesada en los tipos físicos tridimensionales de planetas y gente que vive en ellos. ¿Tienes algo así como eso que puedas decirme?*

F: Existen muchas realidades, la realidad es un termino muy ambiguo el cuál cubre a lo que alguno podría llamar "la verdad." nosotros diríamos que las realidades que podríamos darte, tú podrías cubrir en muchas facetas física y espiritual de cada una, pero nosotros hablaremos de aquellos de los cuáles tú llamarías niveles de existencia "físicos" en otros planetas. Nosotros diríamos que son aproximadamente 10,000 variaciones en este sector del universo de forma de vida física. Una en el cuál tú podrías decir, a base de carbón y la cuál como dirías receptiva a tus sentidos del toque y asi sucesivamente. Esto es lo que tú dirías una forma física. Entonces dejanos decirte que existen aquellas formas; las cuáles... permiteme expresarlo de otra manera, existen aparentes discrepancias en la traducción. Nosotros diríamos que existen en lo que tú defines como físico aquellas características las cuáles están más allá de tu entendimiento y percepción; en otras palabras, existen sentidos físicos disponibles los cuáles no son dados a aquellos en este planeta y de esta manera nosotros no necesitaríamos tener que incluir aquellas características para darte una justa y completa imagen de las realidades las cuáles te rodean. ¿Es esto entendible?

D: *Si, eso esta bien, porque me gusta expandir mi mente en las cosas que no he explorado, porque incluso cuando no puedo entenderlas, disfruto el reto de intentarlo. Al pensar en entidades físicas o gente o como sea que tú le llames entonces eso sería que están operando diferentemente de lo que somos nosotros.*

F: Eso es correcto, porque nosotros intentaremos como hemos dicho limitarnos como sea posible en esta discusión en aquellos de propiedades físicas con las cuáles tú estas familiarizada. Pero otra vez, sin embargo, existen ocasiones cuando esto no sería justo limitar a únicamente aquellas propiedades.

D: *Eso esta bien no se tienen que limitar, vamos a ver cuando nosotros podemos entenderlo*

F: Entonces asi lo haremos, existen muchas áreas en tu propio universo con las cuáles nos podemos entretener. Ahora todos nos alistaremos como tú dirías a abordar nuestra nave para un viaje a otra parte de tu universo, en uno de varios. Y de esta manera comenzaremos a partir y viajar a una estrella distante, a una que esta muy muy lejos. A una que tú podrías percibir que esta en la orilla de tu universo conocido, sin embargo, eso es simplemente una cuestión de percepción limitada debido al nivel de su tecnología. Existe verdaderamente más, mucho más de lo que puede ser imaginado. Es un factor que existe mucho más para explorar más allá de los límites que has descrito como seres físicos y ahora nos estamos aproximando a este limite. Esta tierra fronteriza o allá afuera o como dirías la naturaleza del universo. Al menos llega a ser un grupo de estrellas el cuál es en tu terminología, uno de tamaño mediano. Si este vehículo (Felipe) fuera más educado y tuviera conciencia de las dimensiones astronómicas, podríamos brindarte una descripción completa, sin embargo, esto es como dirías, una falta de terminología con la cuál se pueda trabajar. Asi que debemos decir que es una de un tamaño que es más grande que tu propio sol y con respecto a otras estrellas, no es una de las grandes. En los al rededores de este sol un planeta que irradia un color verde claro muy pálido, el cuál es el quinto de los planetas que orbitan este sol y es habitado por lo que llamamos creaturas físicas, sin embargo, si podrías intentar percibirlos con tus sentidos, no verías casi nada solo sombras; porque sería que a través de tus fuentes de percepción que les falta una substancia, sin embargo, debido a tu vista aguda o tu habilidad de percibir la agudeza a la luz por tus ojos, sería solamente obscuridad, una persona sombra enfrente de ti. Esto es simple debido al hecho a que estos cuerpos emiten luz en un espectro ultravioleta y que es la energía de las almas que habitan estos cuerpos y es esta la razón por la verías sombras, sin embargo, si pudieras alcanzar y tocar, no sentirías calor o frio sino presión. Sería como si alguien estuviera punzando o empujando en tus dedos. Estas serían las propiedades físicas de tu sentido del tacto como mejor lo podemos traducir.

D: ¿No tendrían un cuerpo solido?

F: No en cuanto sentirías como solido, pero es un factor tri dimensional y bastante material y claro esta, no existiría una manera verdadera de comunicación con estas creaturas; por el concepto básico en el cuál los dos lenguajes, el tuyo y el de ellos es basado completamente muy diferente y por lo que podemos decir no tienen comunes denominadores. Los conceptos de amor, conciencia y más podrían ser comunicados a través de métodos telepáticos.

D: Yo estaba pensando que tal vez ellos son invisibles a nuestra vista, pero tendrían un cuerpo solido si los tocaras ¿no es asi?

F: Es como si la luz brillante emitiera de ellos y más obscuro que ellos parecieran ser.

D: ¿Pero son ellos inteligentes?

F: Ellos son creaturas altamente desarrolladas y son de alguna manera industriales en su sociedad, pero ellos están más entonados a la construcción telepática de realidades. Nosotros aquí en este planeta estamos entonados a la construcción física de realidades.

D: ¿Qué hay acerca de sus comunidades? ¿Podremos ser capaces de verlos? ¿Por ejemplo algún edificio?

F: Sería posible ver algunos de los sistemas disponibles, porque hay en el planeta muchos nutrientes los cuáles son derivados de los recursos del planeta y las cuáles son transportados en forma de transporte pesado, sin embargo, podría decirse que uno puede ver un edificio con toda la plomería y cableado intacto, pero nada de los remanentes del edificio. Sería como si el cableado y la plomería estuvieran libremente sostenidos sin ir a ningún lado.

D: ¿Pero si uno se acerca al edificio sentiría como si estuvieran allí en el edificio?

F: Sí, los habitantes de este planeta pudieran percibir el edificio sería completo, sin embargo, sería una declaración precisa decir, que pudiera parecer que no hay nada allí, porque ustedes no tuvieran manera de percibir las realidades de tal edificio.

D: ¿Incluso con el tacto?

F: Eso es correcto porque es una forma telepática de construcción; es real a los sentidos de los altamente entonados, sin embargo, sería invisible para todos los que no están entonados. Si estos seres estuvieran cerca de la Tierra ellos percibirían a los humanos como rocas o piedra; desde su punto de vista porque sus vibraciones son muy densas. Sería como si vieras a un ser hecho de piedra y roca. Así es, como tan denso aparecés a ellos, la gente de la Tierra están todas unidas con diferentes vibraciones y sería increíble para ellos, ver como les dicen cosas que ellos instantáneamente saben telepáticamente. Tienes que prender las direccionales en tu automóvil para decir que vas a dar una vuelta, ustedes tienen que tener señalamientos en el camino y luces rojas para decir cuando pasar y así no chocar entre ustedes. Todas esas cosas que ustedes toman por hecho, pero nunca será necesario para ellos por su alto nivel de conciencia. Todo es automático todo es sabido, ellos viajan telepáticamente; cuando ellos piensan en ir a algún lugar ellos simplemente van. Ellos son casi totalmente telepáticos porque no tienen ningún tipo de sistema vocal.

D: *Pareciera que no tienen ningún tipo de cuerpos.*

F: Ellos tienen cuerpos físicos, pero son muy frágiles. Ellos no tienen más consistencia o substancia que una nube de humo. Así son tan delicados sus cuerpos, pero son altamente evolucionados telepáticamente.

D: *Yo estaba pensando seres espirituales.*

F: Bueno ellos son espíritus, pero ellos tienen cuerpos muy frágiles. Ustedes son espíritus, pero tienen cuerpos muy densos.

D: *Eso es muy interesante pero como describirías otro tipo de ser que pudiera ser más (bueno tú mencionaste que todos son físicos) ¿Pero me podrías describir algo para que yo lo pueda ver?*

F: Nosotros podríamos describir muchos de lo que podrían llamar bestias las cuáles posiblemente asustarían a muchos quienes percibirían a tal animal, porque sería como tu dices verdaderamente desconocido a cualquier concepto del hombre. Creaturas las cuáles a tus ojos serían horribles de ver, pero aquellos que están acostumbrados a aquellas creaturas es tan común como a ti posiblemente sería ver a un gato o perico.

D: *Sí, pero estos no tuvieran el intelecto de lo que yo estoy investigando.*

F: Eso es correcto estamos hablando aquí de animales.

D: *Pienso que estoy curiosa acerca de las creaturas con intelecto que no sería de tipo humanoide, tú mencionaste que habían muchas variedades.*

F: Existen en este universo que estamos hablando muchas que son similares a sus cuerpos físicos, de hecho hay muchos planetas en los cuáles puedes aterrizar y encontrarías que sus habitantes lucen casi idénticos; de hecho no podrías decir que no son humanos, porque ellos son humanos. La especie humana no es una peculiaridad de este planeta es, sin embargo, un modelo físico de cuerpo que ha sido usado a través del universo con mucho éxito en planetas quienes tienen ambientes similares al de ustedes. Porque el cuerpo humano es muy adaptable a este tipo de ambiente. Existe, sin embargo, muchos cuerpos similares al de ustedes que no podrían sobrevivir a este planeta.

D: *Creo que hay algo de esto que hemos explicado anteriormente.*

F: Eso es correcto, estos no son extraños en tu planeta, sin embargo, han habido en muchas instancias en las cuáles seres de alto rango han sido autorizados a materializarse en este planeta y caminar sin ser detectados alrededor de su gente, compartiendo la palabra, enseñando e iluminado a aquellos que puedan escuchar, pero muchos que pensaron estar en contacto y tener un discurso con ellos no estuvieron tan impresionados y no escucharon, entonces su esfuerzo hacia ellos simplemente fue perdido.

D: *(Risa) Esa es una característica humana, no escuchar, pero pienso que lo que yo estaba realmente buscando eran aquellos que no eran humanoides. Creaturas que fueran físicas y tuvieran intelecto pero que no fueran humanoides. Pienso que estoy detrás de la idea que no tienen que parecerse a nosotros para también ser...humanos en espíritu. ¿Me entiendes? Solo porque algo luce o actúa diferentemente no tiene que ser extraterrestre o atemorizante. Yo pienso que este es el concepto que estoy detrás de.*

F: Nosotros podríamos decir que hay muchas formas de lo que tú podrías llamar creaturas no humanoides quienes tienen intelecto más allá posible del tipo humano. Por la estructura cerebral, la cuál es el traductor de la energía del alma al físico aquí en este planeta, sería tan altamente inadecuado incluso a no ser capaz de soportar vida. Porque el concepto de vida dado desde la energía del alma no podría ser capaz de ser traducido y así el cuerpo físico simplemente moriría por falta de nutrimiento. Existen muchos cuerpos los cuáles poseen un alto grado refinado de sintonía a lo que es energía pura, la cuál ellos no necesitan sustento a los que ustedes llamarían alimento en este planeta. Y ellos derivarían su nutrimiento directamente a lo que ustedes llamarían lo astral o energía cósmica. La estructura celular molecular de estos cuerpos es una de alta naturaleza cargada etéricamente la cuál continuamente se alimenta a través de el proceso mental del alma. La fuerza vital la cuál sostiene sus cuerpos humanos es derivada desde el hecho que esta fuerza esta en la carne y vegetales los cuáles ustedes constituyen sus alimentos. No es que esta fuerza vital no pueda ser derivada en otras maneras, es simplemente lo que es, sin embargo, la costumbre en este planeta y así tú puedes ver que con la sintonía apropiada uno podría fácilmente en este planeta con este cuerpo físico sostener su fuerza vital a través de procesos enteramente mentales. Es simplemente que ustedes han crecido acostumbrados a vivir de la fuerza vital del alimento. ¿Hace esto sentido para ti? Es simplemente que las células y los organismos de sus cuerpos necesitan este nutrimiento de fuerza vital y sus órganos se han adoptado abastecer esto a través de su proceso digestivo.

D: *Porque de otra manera el cuerpo moriría de hambre, claro probablemente primeramente de deshidratación.*

F: A través del proceso natural eso es correcto a no ser que el nutrimiento fuera dado de otras maneras.

D: *Me has dicho anteriormente que había almas o lo que sea que han evolucionado al estado que no necesitan un cuerpo y ellas eran pura energía, pero yo supongo que estoy buscando por algo que no es humanoide pero que aún está en estado físico, pero de forma diferente asi que me puedo ajustar a esa idea.*

Yo estaba determinada a seguir preguntando hasta que obtuviera lo que estaba detrás de. Yo estaba positiva de que en algún lugar del vasto universo tendría que haber creaturas que no eran humanoides. Por supuesto existía siempre la posibilidad de que el subconsciente de Felipe estuviera censurando y no estuviera permitiendo ver cualquier cosa que fuera considerada, no ser placentera.

F: A nosotros nos gustaría describirte una forma de una muy altamente refinada y sofisticada creatura, una altamente social en naturaleza, con una estructura social la cuál tu llamarías colonias de abejas en tu planeta. El concepto social es tan altamente refinado a lo que complementaria a una colonia de abejas.

D: *¿Cómo es su apariencia?*

F: Nosotros diríamos por tus cálculos que ellos miden un metro de estatura. Ellos, sin embargo, son de una manera de forma de cebolla. Si puedes imaginar una forma de cuerpo como una cebolla con la parte del cuerpo ancha hacia el suelo, en un ambiente de gravedad, estos cuerpos, sin embargo, no son motivados por propulsión a lo que sería en ustedes, porque ellos no tienen lo que llamarías "piernas" sino tentáculos, los cuáles irradian hacia la parte inferior de su cuerpo.

D: *¿Algo como pulpo o hidra?*

F: Eso es preciso. Estas creaturas son muy altamente telepáticas y no tienen el equivalente al sentido de visión tales como los que tienen aquí en este planeta, pero en vez de eso son capaces de comunicarse estrictamente a través del sentido telepático.

D: *Tú mencionaste que vivían en colonias, bueno ¿Cómo podrían ellos?...*

F: (El escogió mi siguiente pregunta antes de que terminara de preguntársela) El nutrimiento es tomado a través de los tentáculos, a través de los nutrientes y líquidos del planeta. Es directamente tomado a través de lo que llamarían ustedes "poros" de la piel, a lo que ellos se podrían referir al equivalente en terminología como "portales".

D: *¿Tienen el color de una cebolla?*

F: Ellos son de alguna manera de color gris y lo que podrías traducir a lo que decimos, ellos no tienen ojos, sin embargo, ellos podrían ser percibidos a través de la traducción de energía que pudieran parecer de alguna manera gris en color con una textura gruesa de piel, la cuál es debido a la radiación de su estrella más cercana. Su piel exterior se ha adaptado a esta radiación convirtiéndose en muy densa en sus capas más externas. Asi que la mayoría de la radiación es absorbida en estas capas externas la cuál permite que la energía de esta radiación sea disipada sin dañar a la atmosfera de alrededor.

D: *Estaba pensando que el pulpo tiene pequeñas ventosas pegajosas en sus tentáculos. ¿Sería similar a eso?*

F: Realmente no, porque no tiene necesidad de agarrar; estos poros son mucho más en apariencia y son usados de alguna manera como un sistema de raíces de arboles o vegetales en tu planeta.

D: *Excepto que en este caso ellos pueden, por asi decirlo, jalar sus raíces e ir a otro lado.*

F: Ellos por naturaleza no son estacionarios, pero siempre se están moviendo en el ambiente. No se aproxima la gravedad allí como lo que es en tu planeta y esa es la razón de que ellos flotan con un impulso suave con sus apéndices; estos son siete en número, los cuáles irradian debajo como un patrón concéntrico de... lo que podríamos llamar "poros de residuos", a través de la parte baja de su cuerpo. (El pareciera tener dificultades para encontrar las palabras adecuadas para describir esto).

D: *¿Cómo estas creaturas se podrían procrear? ¿Hay necesidad de eso?*

F: Estas creaturas son asexuales y simplemente se dividen por si mismas durante el proceso de procreación. Ellos se dividen como una amiba lo haría en tu planeta, es un proceso muy natural que ocurre en un lapso de tiempo el cuál no es el equivalente a tus siete años, pero durarían en tu lapso de tiempo de siete años.

D: *Tu mencionaste que ellos viven en colonia o en comunidad, ¿Qué tipo de lugar o estructura viven?*

F: No hay y no viven en lo que describirías como estructura, porque no hay necesidad de esconderse de los elementos naturales. Existe un alto grado de aclimatación al ambiente que no hay necesidad de estructuras o edificios y todo es simplemente expuesto. No hay forma de posesión de edificios que requeriría como lo es en tu sociedad. No hay aquí el concepto de propiedad particular, porque todo es compartido como en un panal de abejas.

D: *Pero ¿Existe esta necesidad de estar juntos?*

F: Eso es correcto, porque existe una comunicación total todo el tiempo. Todos son uno.

D: *¿Tendrían enemigos naturales estas creaturas? ¿O solo viven en armonía con su ambiente?*

F: No existen depredadores como los describirías en este planeta, los cuáles siempre serían una presa de comida por estas creaturas, eso no es preciso, porque es una sociedad pacífica. Una que no es, técnicamente desarrollada, pero muy altamente desarrollada mentalmente. Esta es el área que las formas de mentales de realización y comunicación se distinguen es este planeta. Existe como podría ser esperado muchas formas de lo que llamarías "muerte" en este planeta; porque es otra vez una ley natural la cuál dictamina que los números son checados, por asi decirlo.

D: *De otra manera se seguirían multiplicando.*

F: Eso es correcto, se da la habilidad de la proyección de uno mismo a un plano alto cuando es necesario y el cuerpo físico cesaría sus funciones como una unidad viviente y se descompondría de regreso a los elementos de los que fue hecho. Existe enfermedad, la cuál de alguna manera es un problema recurrente y varia con las fases de su sistema solar. Porque durante ciertos alineamientos de sus soles existe una radiación extra intensa, la cuál no es capaz de ser procesada y muchos quienes son débiles en estatura sufrirían lo que sería el equivalente a la enfermedad de radiación y perecen.

D: *Tu mencionaste soles en plural. ¿Existe más de un sol allá?*

F: Eso es correcto. Existen tres soles los cuáles tienen una influencia directa en ese planeta. Estos tres soles son como hermanas y rotan cada uno alrededor. En ciertas fases de alineamiento, la radiación sería muy intensa que causa la muerte de muchas de estas creaturas; estas, sin embargo, celebran este evento en el planeta, como constituye la culminación de otro ciclo y el comienzo de otro ciclo. Por este tipo de existencia es una de sus lecciones de armonía y naturaleza cíclica son aprendidas con un alto grado de habilidad.

D: *¿Son estas la única forma de vida inteligente en el planeta?*

F: Eso es correcto, porque ellos no tendrían defensa en contra de otra forma de vida, si así fuera.

D: *Bueno, alrededor de este sistema solar ¿existen otros tipos de vidas como estos?*

F: Eso es correcto, existen muchas formas de vida tales como serían el equitativo a insectos y formas bajas de vida, sin embargo, en este planeta ellos no son mucho problema. Otros planetas están compuestos enteramente a lo que llamarías bajas formas de vida como insectos y sin formas de vida más altas. Ellos varían en tamaño y en características únicas, como aquí en tu planeta. Sin embargo, sus balances serían bien checados como sería otra vez una estación de aprendizaje para muchas inteligencias las cuáles son como dirías por debajo de tu propio nivel. Porque los humanos tienden a pensar que son las únicas inteligencias lo cuál no es correcto. Existen muchas inteligencias las cuáles están dentro de un rango por arriba y por debajo de los de ustedes.

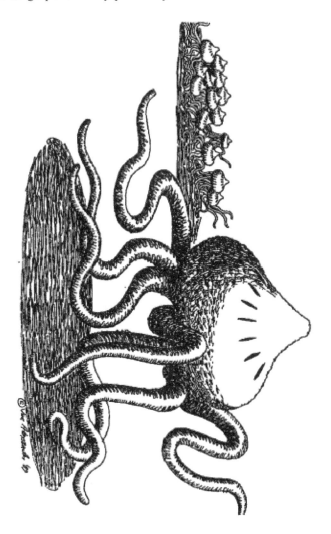

D: *Estoy pensando que este sería un planeta compuesto enteramente por insectos.*
F: Esta es una analogía correcta.
D: *¿Evolucionarían hacia una forma de vida más elevada?*

F: ciertamente porque ese es el propósito. A través de la ganancia del conocimiento y la experiencia laboral ene estos planetas de les dará la oportunidad de evolucionar a un nivel más alto en algún otro planeta.

D: *Quise decir la forma de vida ¿Podrían evolucionar en otra forma de vida?*

F: Posiblemente no en ese planeta.

D: *Entonces el único tipo que sobreviviría sería en forma de insecto.*

F: En este planeta en particular eso es preciso. Existen otros planetas en los cuáles es posible evolucionar desde un bajo grado forma de vida aun muy alto grado forma de vida, todo en un planeta en particular. Las combinaciones son infinitas y existen muchas variaciones de vida de las que un humano posiblemente podría imaginar.

D: *Pero existen ciertos planetas donde la evolución ha procedido de muy lejos y se ha parado.*

F: Se le ha dado ese tipo de evolución la cuál es apropiada para las lecciones para aprender en ese planeta.

Encontré que este tipo de experiencia mental emocionante y supe que debería de haber más posibilidades diferentes y variaciones que las que hemos cubierto. Yo pedí permiso para ir y hablar de estas situaciones de nuevo.

F: Eso es correcto, porque nosotros siempre disfrutamos compartir nuestra visión del universo contigo, así que nos gustaría tomarte hacia un viaje a través del universo como si estuviéramos haciéndolo.

D: *Sí porque en nuestro estado de evolución no podemos ir en naves espaciales, esta sería una manera de explorar.*

F: Eso es correcto, la nave mental es muchísimo más superior a cualquier cosa que se pudiera construir físicamente. Es simplemente cuestión de permitir que suceda.

D: *Sí porque la especie humana es muy curiosa acerca de cosas de cualquier naturaleza especialmente del espacio exterior y tomaría mucho en nuestro tiempo de ser capaz de ir, incluso si nosotros tuviéramos una nave espacial que fuera disponible.*

F: Eso es correcto como es una situación triste de ver que muchos viajarían hacia afuera y nunca salir del planeta simplemente por el hecho que creen que no pueden. Existen aquellos en este planeta quienes viajan a muchos otros planetas y traen con ellos sus experiencias dentro de las realidades en otros planos, entonces podrías encontrar mucho lo que tú llamas "ciencia ficción" escrita siendo ciencia ficción verdadera.

D: *Si a través de historias y conceptos entretenidos, la gente obtiene gemas de sabiduría que no se dan cuenta de lo que están obteniendo.*

F: Eso es correcto, porque verdaderamente lo que deseamos compartir aquí es la verdad y sabiduría.

Al despertar Felipe dibujó una imagen de su memoria de los seres con forma de cebolla. En el dibujo incluyo portales aéreos los cuáles él no pensó que los había mencionado. El disfruto mucho este viaje, él dijo que fue una energía muy agradable la cuál había emergido casi femenina. Yo pensé que había sido un tipo de energía diferente porque repitió información acerca de varios tipos de seres que ya habían sido mencionados. Por supuesto si hubiera habido otro tipo de energía, además del concilio, no se hubiera sabido lo que habíamos ya discutido.

CAPÍTULO 19

LOS EXTRATERRESTRES ESTÁN AQUÍ

D: ¿Te gustaría desarrollar más en cualquier de los tópicos que no he preguntado aún?
F: Nosotros diríamos que muchos de estos seres espaciales que han sido vistos o que han reportado avistamientos varias veces en este planeta; se transportaron aquí por sus propias naves espaciales. Ellos han estado viniendo desde los albores de la vida a el planeta.
D: ¿Serían estos los mismos tipos de seres que ayudaron con la siembra del planeta tierra en el primer comienzo?
F: Esta no es la misma raza, sin embargo, sería preciso decir que aquellos quienes sembraron el planeta eran de naturaleza similar. Estos de quienes hablamos ahora son relativamente nuevos visitantes.
D: ¿Por qué continúan viniendo?
F: Existen muchas razones: por encuesta, por estudio, simplemente para ver como las cosas se están desarrollando. Existen aquellos quienes están establecidos permanentemente aquí. Aunque ellos son desconocidos por la población general, ciertos individuos quienes tienen el estatus de ayudante en este planeta están conscientes de ellos.

Esto fue una sorpresa que ellos se han estado establecidos aquí en la tierra.

D: *¿Pensaron ellos que fue fácil tener una base aquí en vez de estar yendo y viniendo?*
F: Si eso sería preciso.
D: *¿Podrías decirme donde se encuentra la base?*
F: Eso no esta permitido.
D: *¿Pero está en la tierra o está en la luna?*
F: Esta en el planeta, en diferentes lugares en este planeta, existen bases o colonias de extraterrestres, como es comúnmente asignado a estos seres. Ellos simplemente están aquí, aunque muchos y mayormente no están conscientes de su presencia.
D: *Pero su base... estoy pensando algo como que sería muy extraterrestre que llamaría la atención. ¿O sería algo que nosotros veríamos y ni nos daríamos cuenta de lo que es?*
F: Las bases están muy bien escondidas. No son obvias en naturaleza, porque no serviría el interés de que alguien las descubriera inadvertidamente antes de su tiempo. Así que las precauciones han sido tomadas las cuáles aseguran que ellas están mayormente escondidas secretamente.
D: *Solamente estoy adivinando, pero pienso que tendrían que estar en un área aislada en nuestro país.*
F: No necesariamente en los Estados Unidos, pero en áreas aisladas del planeta. Es verdad que existen visitaciones en este país, pero ellos no necesariamente están viviendo únicamente en este país. Es correcto decir que sus bases serían removidas de los grandes centros de población.
D: *¿Estos seres han venido a las áreas pobladas?*
F: Sí eso es correcto, más en ciudades con población pequeña y densidades que en lo que tú llamarías grandes áreas metropolitanas. Porque las visitaciones son a menudo rápidas sin ser vistas y sin anunciarse. Ellos vienen especialmente en la noche cuando es más apto o disponible de moverse sin ser observados.
D: *Si ellos se ven tan diferentes, ciertamente ellos sobresalieran si vinieran a las áreas pobladas.*
F: Eso es correcto, pero esas visitaciones son de tal carácter que únicamente aquellos quienes estarían entonados en este nivel de existencia los podrían percibir. Aquellos quienes no están conscientes de la existencia de tales creaturas no encontrarían nada o no verían nada. Muchos han visto estos seres y han

permanecido en silencio por miedo a ser ridiculizados o que han perdido la cordura, o por el miedo de represalias; por supuesto que no existiría nada mencionado viniendo de estos seres.

D: *¿Por qué ellos vendrían a las áreas pobladas?*

F: Para observar, asistir, tomar muestras, simplemente para entender. Existen muchas más razones.

D: *Si ellos vienen desde otros planetas, ¿Cómo ellos podrían adaptarse a nuestra atmosfera?*

F: Eso es debido a la similitud y hospitalidad de esta atmosfera a sus sistemas. Existe una adaptabilidad inherente en estas creaturas. Ellos pueden alterar sus propios sistemas para entonarse de la mejor manera a la atmosfera en la cuál ellos se encuentran. Y no es una cuestión simplemente del ser al acoplarse con la atmosfera.

D: *Bueno, cuando nosotros iniciamos a trabajar, tú describiste la vida en otros planetas y hablaste de gente que no podría existir en nuestra tierra.*

F: Eso es correcto, porque no existe una tolerancia universal a nuestra atmosfera para todas las creaturas. Algunas atmosferas incluso en este sistema solar serían consideradas de naturaleza de lluvia acida; así que, los cuerpos físicos no serían compatibles con estas atmosferas, aquellos que encontrarían este planeta inhabitable naturalmente no vendrían aquí.

D: *Tú mencionaste que algunos de ellos tenían rutas de exploración y rutas de colonización, pero nunca habían venido hasta aquí.*

F: Esto ha estado fuera del camino desde que esta parte del universo ha sido poblada. Simplemente no existe actividad en esta área la cuál la pondría cerca de una ruta comercial.

D: *Tú también describiste a seres de la cuarta dimensión. ¿Serían estos a los que llamamos "la gente de los platillos voladores" que están viniendo de la cuarta dimensión?*

F: Usualmente ese es el caso y sería preciso, porque esos no son muy físicos sino de formas energéticas o espirituales, usualmente con cuerpos formulados, sin embargo, hay seres físicos los cuáles están en existencia. Las bases de aquí son tridimensionales en planos físicos de la tierra.

D: *Algunas personas dicen que el medio de la tierra es hueco y que algunos de estos OVNIs vienen de esa área, ¿Es esto verdad?*

F: Para decir que tu planeta es hueco sería un mal concepto, es un centro solido con un manto flotante, pero no un manto solido continuo. Sin embargo, nosotros diríamos que verdaderamente existen aquellos quienes habitan en áreas por debajo de la superficie de tu planeta. Es un factor que existen una civilización entera la cuál reside por debajo de la superficie de tu planeta. Nosotros no podemos profundizar más sobre esto en este momento, sin embargo, debido a las energías inestables en el área inmediata.

D: *¿Qué quieres decir?*

F: En el área geográfica en la cuál tú estas localizada, es un factor que existe una contingencia de estos de lo que nosotros diríamos "seres" quienes están haciendo su camino hacia la superficie. Hay una preparación para la salida de estas entidades a tu superficie, pero la preparación que esta siendo hecha no se ha resuelto en este momento. Hay algunas discrepancias en diferentes niveles para lo más apropiado de esta salida, como también el tiempo de la salida si debería ocurrir. Sería preciso decir que ha habido una tentativa e iniciativa de incursiones, probando el camino por asi decirlo.

D: *¿Son estos seres físicos o seres espirituales?*

F: Ellos son como ustedes mismos son de los dos.

D: *¿Serían ellos de energía hostil o de energía amigable hacia nosotros?*

F: Ellos serían de una naturaleza gentil, más altamente desarrollados socialmente de lo que ustedes han llegado a ser. Sin embargo, ellos son protectores y cuando se les ataca ellos se defenderían. La probabilidad de violencia, si sus estructuras sociales se conocieran, es probablemente alta en este tiempo.

D: *¿Cuándo ellos comiencen a salir nosotros los reconoceríamos como seres diferentes o se verían como cualquier otra persona?*

F: No existiría duda de que ellos no se parecen a ustedes, ellos serían físicamente diferentes. Únicamente necesitarías observarlos para ver que ellos son diferentes.

D: *¿Y de qué manera?*

F: Aquí las descripciones exactas serían de alguna manera contraproducentes. Sin embargo, en términos generales, ellos son mayormente delgados o lánguidos en naturaleza, un poco más altos de lo normal y muy blancos o pálidos.

D: ¿Ha sucedido lo opuesto que alguien de la superficie haya encontrado algún camino?

F: Eso es correcto, han existido incidentes donde exploradores han inadvertidamente cruzado en lo que sería, como tú dices, un túnel. Ellos han tenido la oportunidad de encontrarse con estos seres y cuando ellos regresaron a la superficie y fueron ridiculizados y tomados como locos por contar tales historias. El conocimiento de esta civilización viene no mucho de aquellos quienes han tenido la oportunidad de esos encuentros, pero de aquellos quienes son los guardianes de la verdad y aquellos quienes son buscadores de la verdad. aquellos de tu grupo de metafísica que podrían describirlos como buscadores de la verdad. Existen volúmenes de literatura listos y disponibles en tus librerías las cuáles hablan de la verdad; son escritos que hablan de estas civilizaciones, por lo tanto, el conocimiento es compartido y no de una experiencia directa si no más bien del deseo de saber de lo que es. Existen aquellos quienes tienen conciencia o que están conscientes y están ayudando a iluminar a aquellos de la superficie, no únicamente de la posibilidad de existencia si no para preparar a aquellos quienes llegarían a ser asistentes, para preparar los encuentros.

D: ¿Cómo fue que estas civilizaciones se establecieron por debajo de la tierra?

F: Hubo en el tiempo de las convulsiones de la Atlántida, muchos quienes migraron a través de una grieta que se abrió en el movimiento del cambio de la corteza hacia dentro del planeta. Hubo aquellos quienes tomaron con ellos el conocimiento de la Atlántida para ayudarse a sí mismos en estas cavernas subterráneas; asi que ellos no son de una naturaleza bestial, si no ¡son sus ancestros! Quienes simplemente migraron en ese tiempo a una mejor área desarrollada, socialmente hablando.

D: ¿Por qué no regresaron ellos a la superficie después de que la tierra se asentó?

F: Ellos no tuvieron necesidad de la confusión y desarmonía de la superficie. Sus lecciones en el mundo subterráneo han sido el de refinar el intelecto humano y la sociedad a un alto grado.

D: ¿Puedes decirnos donde está localizada esa civilización subterránea?

F: Geográficamente existe un área que esta parcialmente por debajo de la costa del golfo de México. Es un área la cuál en este momento esta siendo habitada por quienes son los descendientes de la Atlántida. También existe un área de alguna manera por debajo del circulo antártico, el cuál esta siendo habitado por aquellos seres quienes son de una naturaleza interdimensional. Existen otros, sin embargo, el tipo de Atlante son de alguna manera mayores en el sentido que ellos están en este tiempo, jugando más un papel prominente en tus próximos cambios.

D: *¿Es el triangulo de las bermudas una entrada a esa área?*

F: No es tanto una entrada, sin embargo, hay eventos que están por debajo. Las prevalentes manifestaciones en esa área son simplemente el resultado de productos de trabajo que se ha hecho por debajo de la superficie.

D: *Entonces tiene más que ver con lo que esta sucediendo por debajo de la superficie de la tierra que arriba o afuera en el espacio.*

F: Eso es correcto.

D: *¿Por qué ellos están viniendo continuamente ahora?*

F: Se esta dando en este tiempo los próximos cambios, el conocimiento que se fue con ellos en su última conmoción. Este conocimiento, el cuál ellos han perfeccionado por milenios y que en el tiempo será traído a la superficie para ser usado por quienes permanecerían para reconstruir. Habrá muchos de estos seres que se perderán por accidentes y destrucción en los próximos cataclismos, sin embargo, la elección sería suya enteramente.

D: *¿Tendremos la capacidad de comunicarnos con ellos?*

F: Incluso ahora es posible si tú te entonaras a su nivel.

D: *Yo he leído que existen miembros de nuestro gobierno que saben de la existencia de estas otras civilizaciones, ¿es verdad esto?*

F: Eso es correcto, algunos de ellos están en el margen del gobierno y tienen alguna influencia. Aunque no existe una burocracia o agencia que trate con esto, sin embargo, existen aquellos quienes son muy bien respetados y los escuchan en el gobierno y corren la voz como por así decirlo.

D: *Yo sigo teniendo una imagen mental de una civilización grandísima por debajo del mundo, ¿existen áreas dentro del planeta capaces de sustentar una civilización grande?*

F: Eso es correcto, aunque no en términos grandes del total del volumen de la tierra; no es tan largo en el sentido de espacio comparado a sus distancias, pero suficientemente grande para sustentar una civilización y existen verdaderamente lagos enteros.

D: *Regresando a los ovnis, tú mencionaste que a veces la gente los ve, ¿pero habrá un contacto físico entre estos seres extraterrestres con la gente de la tierra?*

F: Como se dijo antes, existen aquellos quienes son guardianes de la fe, guardianes de la luz, son el equivalente natural en su entendimiento a los Esenios quienes fueron los guardianes de la verdad. Ellos trabajaron con el Cristo mayormente resguardando asuntos secretos hasta el tiempo que fue apropiado, para permitir que la luz o el mensaje fuera sabido.

Yo estuve muy familiarizada con los Esenios, desde que me ocupé mucho tiempo reuniendo información para mi libro: Jesús y los Esenios. En ese libro fui muy cuidadosa en admitir que los extraterrestres habían visitado el Qumran en Israel durante el tiempo que Jesús, fue un estudiante allí, los tan llamados "observadores" estuvieron muy complacidos de que los Esenios habían intentado preservar el conocimiento ancestral.

F: Y de esta manera otra vez que hay aquellos quienes son nativos y quienes están asistiendo en esta misión. Ellos simplemente realizan sus asuntos sigilosamente en una manera sin expectativas, sin sospechas de sus vecinos. Ellos son seres humanos físicos quienes están tratando con estos extraterrestres. Ellos mismos son extraterrestres y entonces son ayudantes humanos quienes están asistiendo en esta misión.

D: *Nosotros escuchamos muchas historias de autos que son parados en las carreteras y personas que están siendo tomadas y abordadas en naves para ser examinados. ¿son estos tipos de seres que están haciendo eso?*

F: Eso es correcto, porque existe al menos una muy buena razón para permitir que esta información sea transmitida y esta es, para despertar a la población en una manera muy sutil, una forma delicada al factor que existen otros en este planeta. No podría hacer de manera segura al mismo tiempo porque esto podría causar pánico a nivel mundial.

D: *Yo he escuchado que cuando ellos toman personas a bordo, de alguna manera los hacen que se vuelvan dóciles para que no se vuelvan violentos o se pongan histéricos. La gente piensa que tiene que ver algo con la mente.*

F: Eso es correcto, es simplemente enfocarse en la atención de uno alejándose de lo físico, de tal manera no es dirigida hacia el cuerpo humano pero enfocado al plano mental.

D: *Algunas personas quienes han sido abducidas mencionan que no tienen memoria de lo que sucedió hasta que este tipo de técnica "hipnosis" ha sido empleada para atraer esas memorias.*

F: Eso es correcto, fue simplemente una manera en la cuál la experiencia podía ser procesada o asimilada en el nivel subconsciente antes de ser regresada al consciente.

D: *Algunas personas quienes han tenido esta experiencia mencionaron que estaban temerosas. Ellos pensaron que estaban en algún tipo de peligro.*

F: Eso es correcto, aunque esto fue meramente su percepción y no fue el caso. Esto ilustra la necesidad de recrear esta experiencia en un nivel muy sutil.

D: *¿Por qué se los llevaron y los subieron a bordo en sus naves y los examinaros?*

F: Existe un interés en observar como el ambiente está afectando el cuerpo humano y como los químicos y elementos en el ambiente se están infiltrando en el sistema humano.

¿Qué podía ser más natural? ¿Por qué ellos deberían de estar preocupados por nuestro progreso?, ¿acaso no nos han estado cuidando desde el comienzo de la vida en la tierra? Pareciera una idea perfectamente racional que ellos continuaran ocasionalmente tomando especímenes a bordo de sus naves para ver que cambios en el cuerpo estaban ocurriendo debido a la contaminación en el ambiente. Estos cambios probablemente están siendo reportados de regreso a la base principal donde los registros continuos de nuestra civilización son mantenidos. Al menos una razón sensible porque los seres de los ovnis están haciendo estas cosas a la gente que los ha reportado.

D: *¿Qué piensan los seres del incremento de radiación en nuestra atmosfera? ¿Es esto lo que esta causando algunas mutaciones en el cuerpo físico para ser capaz de tolerar esto?*

F: Nosotros no percibimos mucho el cambio en el metabolismo físico como una causa directa siendo manifestada. Una causa es el cáncer el cuál, han visto incrementarse en una escala alarmante. Nosotros deseamos, sin embargo, no implicar que este cáncer es simplemente por la radiación. Porque también esta siendo causado por el influjo de varios químicos diferentes en el sistema humano. Este cáncer es una forma de protesta o significa que el cuerpo humano no puede asimilar todos estos químicos diferentes con los cuáles esta siendo bombardeados. Esta es una forma de expresión del cuerpo humano el cuál esta diciendo "No puedo absorber todas estas cosas"

D: *¿Piensas tú que eventualmente el cuerpo será tolerante a esto en futuras generaciones?*

F: Nosotros diremos que todas esas "cosas" deben ser controladas al punto donde la expresión no sea necesaria.

D: *Eso está muy bien, (yo puedo entender que estos seres están cuidando por nuestro bienestar). ¿Pero existen otros seres en estos que llamamos "platillos voladores" u ovnis que podrían ser un peligro o amenaza? Muchas personas siempre piensan si algo que es extraterrestre debe ser malo. Ellos son temerosos de cualquier cosa que sea diferente.*

F: Es una percepción humana. Nosotros percibimos nada que sería con intenciones peligrosas, porque esa no es la naturaleza de los seres de luz.

D: *Algunas personas dicen que ha habido rayos de luz que salen de las naves y que son golpeados por estos, yo no sé si es un verdadero testimonio o no. ¿Esto es porque la gente piensa que las naves son peligrosas por estos rayos de luz?*

F: Esto es correcto, porque la energía de estos rayos muchas veces causa ampollas en la cara o enrojecimiento y esto es una prueba física de un encuentro. Porque si alguien reporta tal encuentro y no tiene prueba de ello, la experiencia perdería grandemente su significado. Pero ha habido un mal entendimiento de los factores porque las ampollas o el enrojecimiento desaparece rápidamente y no tiene más daño que permanecer bajo el sol por mucho tiempo.

D: ¿Entonces piensas que esto fue hecho intencionalmente?

F: En algunos ejemplos si, en otras instancias sucedió meramente que las personas estaban en el camino de esta energía.

D: También he escuchado que estas naves han sido vistas cerca de las estaciones de radar y de las plantas eléctricas, como si ellas tuvieran alguna necesidad por estos sitios. Existe una teoría que tal vez ellos usan el poder, que viene de esos sitios.

F: Existe la necesidad del agua, sin embargo, no hay necesidad de permanecer cerca de las estaciones de radar o plantas eléctricas. Esta teoría brinda la aparente percepción de que estos seres de alguna manera son dependientes como son los humanos. Y baja su estatus percibido de omnipotente a de seres dependientes. Pero ellos no tienen la necesidad ya que su fuente de poder esta más allá de cualquier cosa que el hombre sea capaz en este tiempo. Estos seres estudian estas instalaciones, lo cuál es una demostración, una manera de permitir a otros de observar que estas naves no son un asunto amenazante.

D: ¿Quieren ellos ser vistos?

F: Eso es correcto, porque ese es el propósito en estos avistamientos, para traer la conciencia a nivel global y eventualmente la aceptación de abrazar a estos seres. De tal manera que no habría necesidad para tales reuniones y trabajos clandestinos y eso sería hecho abiertamente.

D: Siento esta fuerte sensación de que existe una armada de seres universales planetarios afuera viéndonos, listos para hacer contacto cuando sientan ellos sientan que es seguro.

F: Existe de hecho una armada como tú dices, sin embargo, no nosotros, decidimos no usar esa palabra, porque en tu contexto, que está en las sutilidades de tus ejercicios lingüísticos, "armada" implica un ejército el cuál es de naturaleza de tipo guerra y como tú te puedes imaginar nosotros de hecho somos las creaturas menos bélicas que cualquiera pudiera concebir. Nosotros no tenemos un concepto de dañar, no existe desarmonía o necesidad de querer dolor. Nosotros diríamos que somos simplemente un grupo de comité que ha sido enviado desde instancias lejanas de este universo el cuál ha sido construido como la mitad de otro universo para la superposición de universos. Una delegación de seres quienes han creado una comunidad alrededor de tu planeta para alimentar esta información y energía la cuál esta disponible para todos aquellos quienes pregunte por ella; todos aquellos que estén sedientos de esto y con hambre del conocimiento de esto. Nosotros simplemente estamos aquí para dar esa energía a tu planeta. Nosotros venimos en amor total y servicio absoluto. Porque no tenemos nada en común con la necesidad de dominar, como Jesús lo hizo.

D: *Muchas personas se preguntan porque no aterrizan en Washington, DC justo enfrente de la casa blanca para que el gobierno se pueda contactar con ellos.*

F: Esto causaría tal estado de pánico que sería contraproducente, tiene que ser hecho muy cuidadosamente y muy sutilmente. Porque la psique humana tiene muy poca tolerancia a lo que no está dentro de su entendimiento.

D: *¿Entonces ellos solo permiten a personas verlos en diferentes lugares aislados?*

F: Si, así existe una creencia gradual; asi existe el lujo de la población de creer o no creer.

D: *¿Existirá un tiempo donde ellos vendrán abiertamente y permitirán a todos verlos?*

F: Eso es correcto, esta ya predestinado; es parte del trabajo, la línea del tiempo aún no es tiempo para darla ni es completamente sabido en este tiempo. Sin embargo, es inevitable que esto suceda porque es simplemente un paso en el proceso evolutivo de alzar este planeta en la conciencia universal.

D: *Bueno, ¿piensas tú que ellos podrían interferir con nuestros asuntos en la tierra?*

F: No sería preciso decir el termino "interferir" porque el propósito total es de asistencia.

Me pregunte si podría haber algún evento en específico u ocasión que causara que esto sucediera, que saliera todo a flote por así decirlo. La amenaza de guerra nuclear era una posibilidad que podía visualizar.

F: Esto sería determinado por el curso de eventos humanos, de tal principal ocasión, así como sí sería necesario o no.

Yo creo que, si ellos han tomado cuidado de nosotros por tan increíblemente largo periodo de tiempo, ellos no permitirían que explotáramos nuestro planeta. Entonces ellos encontrarían de alguna forma la manera para pararnos si llegamos a ese punto.

F: Si la raza humana escoge hacerlo entonces es el destino humano, sin embargo, será dada cualquier oportunidad para que esto no ocurra. Las energías de su planeta están afectadas por los pensamientos de los cuáles se alimentan. La energía de su planeta son los pensamientos de los cuales se alimenta y entonces aquellos patrones destructores negativos que han sido alimentados en la energía de su planeta están siendo retados por energías alimentadas en tu planeta de naturaleza más constructiva. El resultado podría ser que la energía más dominante será la forma más alta.

D: *¿Cuál es la fuente de estas fuerzas positivas?*

F: Aquellos que están trabajando en las energías, tales como tu grupo, que meditan y generan energía positiva en el banco de energía son la fuente, como también aquellos trabajando desde el plano espiritual.

D: *¿Será entonces determinado en ese tiempo cuál lado ganará por así decirlo?*

F: Eso es correcto, la decisión aún no ha alcanzado el punto, por lo tanto, las energías cambiarían entre este tiempo cronológico a ese punto del tiempo; incluso una pequeña variante en las energías podría causar una diferencia dramática en el último resultado de esa decisión.

D: *¿Han pasado los otros planetas a través de este proceso de desarrollo?*

F: Eso es correcto.

D: *¿Cómo sabremos en ese tiempo que camino será el que tomaremos?*

F: Se proporcionará información a través de grupos tales como el de ustedes así como la acción en curso a tomar, incluso al estar hablando ahora las decisiones están siendo hechas en varios niveles así como el plan de acción, en ambas situaciones. Así como fuera un plan de contingencia, no existe una regla fija establecida en este tiempo, pero muchas contingencias. Cuando el voto final se diera y se fije el destino entonces el curso apropiado de acción será dado.

D: *Una vez que el destino sea fijado ¿Existe alguna manera de que podamos cambiarlo?*

F: No tanto, en el sentido de lo que destinado es fijo. Ha sido mutuamente acordado, ustedes mismos, pueden siempre cambiar su destino, sin embargo, no pueden cambiar el destino de su mundo. Si el destino fuera mutuamente descartado entonces por supuesto que sería diferente.

D: *¿Estamos hablando acerca de que muchas personas se refieren a lo que es el Armagedón?*

F: No tanto en el sentido de uno o series de eventos catastróficos, claro todo este escenario el cuál es el final de los días de las viejas maneras es como tú dirías el Armagedón. Este termino "Armagedón" es usado simplemente para describir la muerte y proceso de nacimiento, el cambio de lo viejo a lo nuevo. Los aspectos negativos de este proceso son descritos como el Armagedón, sin embargo, no es el termino equivalente que se ha dado, a aquellos, aspectos positivos los cuáles tienen la misma cantidad de importancia. La nueva era es variablemente descrita como aquel tiempo cuando todo será nuevo.

D: *¿Entonces ustedes están diciendo que el Armagedón es solamente simbólico, no es verdaderamente un evento?*

F: Ha llegado a representar aquellas series de eventos los cuáles serán experimentados en el tiempo del cambio, y no tanto como un evento singular.

D: *A mí, me han informado, por otras personas, que estos seres podrían interferir ayudando y previniendo antes de que todo llegará a reventar por así decirlo. Ellos podrían intentar pararlo todo de alguna manera.*

F: Esta canalización diremos que (esto es estrictamente la opinión de este canal) es posible para la raza humana que se aniquile a sí misma, si así ellos lo eligieran, porque ellos tienen esa opción.

D: *Estoy pensando en una analogía, no se si sería correcto o no, para mí sería compararlo como cuando tu crias a niños, los cuidas y los educas, pero cuando llegan a cierta edad, realmente ya no puedes influenciarlos o hacer que hagan algo. ¿Sería correcta esa analogía?*

F: Eso sería lo más apropiado, en muchos aspectos y facetas de lo cuál no están conscientes, este concepto es el más apropiado. Una analogía la cuál podría ser usada en este contexto.

D: *Porque no importa que tanto los ames y quieras ayudarlos o detenerlos de que se lastimen ellos mismos, cuando ellos llegan a un cierto punto, tú no tienes más control sobre ellos.*

F: Sería posible que los puedas restringir físicamente incluso si estos niños fueran de una estatura de adulto, sería posible por los padres imponerles físicamente sus creencias a sus hijos, sin embargo, no sería muy probable.

D: *Entonces no importa que tanto estos seres gustarían de hacer esto, ¿están ellos limitados por el uso de su libre albedrio?*

Yo estaba muy orgullosa que finalmente pude descifrar este concepto y suplementar mi propia analogía. Fue como un rayo de luz atravesando las nubes.

F: Eso es correcto, el libre albedrio no es tomado ligeramente, es muy importante el concepto el cuál se ha dado a este planeta en la fundación de su realidad.

D: *Entonces el concepto del libre albedrio supera cualquier otra cosa.*

F: Eso es correcto, porque eso es una herramienta principal de aprendizaje en este reino de existencia.

D: *Creo que estoy obteniendo la idea, yo quiero asegurarme de que lo tengo correctamente, incluso si ellos podrían intentar enviarnos ideas e información de maneras que nos pueden ayudar, ellos no pueden obligar en aceptar estas cosas.*

F: Eso es correcto, esta en la decisión del individuo decidir por ellos mismos su destino colectivo.

D: *Porque yo pensaría que, si ellos vinieran y aterrizaran en ciertos lugares en sus naves, ellos podrían prevenir mucho alguna de estas cosas que sucedieran.*

F: Eso es debatible, porque podría también ser dicho que esto instigaría lo que se esta intentando prevenir.

D: *¿Por qué piensan eso?*

F: Por que podría convertirse en (como serían percibidos desde un punto de vista humano) invasores, y aquellas armas las cuáles fueron restringidas en primer lugar podrían causar las explosiones, aunque directamente hacia otros (aquellas mismas explosiones las cuáles estábamos tratando de prevenir en primer lugar).

D: *Por supuesto, los seres extraterrestres probablemente serían capaces de defenderse a sí mismos muy bien, asi lo creo si se llegara a un momento como ese.*

F: No habría necesidad de defenderse, los seres simplemente no estarían allí, ellos simplemente se desmaterializarían a otro reino de existencia. Se podría argumentar que las armas podrían ser desarmadas y asi sucesivamente, pero la especulación no tiene final y no es productiva a este punto.

D: *¿Entonces su naturaleza no es violenta porque ni siquiera se expondrían en estar en esa posición?*

F: Ellos no se pondrían en una posición la cuál podría precipitar la ocurrencia de tal evento.

D: *¿Qué podrían estos seres enseñar a la gente en la tierra si estas personas los escucharan?*

F: Existen muchas lecciones, más allá del amor y entendimiento el cuál simplemente no esta dentro de la comprensión humana, en este punto, ya que no esta establecido en este planeta la conciencia universal aún. Con este establecimiento muchos nuevos conceptos serán introducidos los cuáles serán relacionados a política o afiliaciones políticas, etc. Muchos tipos de conceptos para los humanos respecto a uno mismo serán introducidos, por ejemplo, percepciones de uno mismo dentro la sociedad.

D: *¿No pensaran las personas de esto como una interferencia si estos seres quieren lidiar con nuestra política?*

F: No existirá política a como es conocida en este tiempo porque esta no es una política universal. Existirá una pronta aceptación; porque todas las maneras viejas serán eliminadas y los programas limpiados. Esto será una manera de reescribir los programas.

D: *¿Entonces ellos nos ayudaran a crear un tipo diferente de gobierno o como quiera que les quieras decir?*

F: Eso es correcto, ellos les asistirán en este esfuerzo, será un tipo de gobierno mundial.

D: *Eso es lo que algunas personas podrían llamarle interferencia, cambiar las maneras que siempre han existido.*

F: Eso es una declaración correcta la cuál es percibida desde las maneras viejas de hacer las cosas. Aquellos quienes se resisten al cambio podrían sentir que esto sería una interferencia, sin embargo, la manera vieja tiene pruebas abundantes de sus constantes errores en la historia humana. Uno necesita mirar meramente dentro de las últimas horas, despreciando mirar atrás a través de siglos, para ver la prueba de estos errores en las maneras viejas. Entonces será muy aparente que existe una gran necesidad de una nueva manera y esta nueva manera les podría dar lo más apropiado a la raza humana en su planeta, cuando las maneras viejas sean removidas entonces las nuevas maneras serán dadas.

D: *Yo pienso que será muy difícil crear un gobierno mundial con tantas diferentes opiniones.*

F: Como dijimos, las maneras viejas serán eliminadas y las nuevas maneras entonces serán traídas adelante, no habrá maneras viejas en existencia en ese tiempo.

D: *Pero los humanos han tratado con sus Naciones Unidas y la Liga de Naciones y siempre se encuentran con obstáculos.*

F: Eso es correcto, nosotros diríamos que estés consciente y estés alerta en mantener una mente abierta, porque aquello quienes entran en la luz deberán ser capaces de desprenderse de las maneras viejas con el fin de aceptar lo nuevo. Y así, es mucho más fácil despegarse uno mismo de las maneras viejas y fácilmente será aceptar lo nuevo.

D: *Aunque existen aquellos quienes se resistirán al cambio, ellos pensarán que tener un cambio de estilo de vida podría ser el equivalente a ser ocupado o tomado por un poder enemigo.*

F: Entonces eso es infortunado porque se atan a las maneras viejas y la historia del planeta no permitirá retener esas ideas. Estas personas tendrán un tiempo más brusco que aquellos de naturaleza menos rígida. La historia de la herencia de este planeta no será sostenida por estas personas.

D: *Es por esto porque pienso que las personas creen que los extraterrestres son... malos por así decirlo, porque ellos podrían cambiar nuestras maneras.*

F: Esto es simplemente el destino de este planeta, el cuál es ser ayudado por los extraterrestres. Y aquellos que se reúsan a participar encontraran un tiempo más difícil que aquellos que aceptan y participan.

D: Bueno, ¿Qué pasará si un número grande de personas no quieren seguir esta idea?

F: Entonces un número grande de personas se encontrará en un tiempo difícil en ello, como mencionamos anteriormente, el destino no puede ser cambiado, asi como una mujer embarazada que desea no tener a su hijo puede prevenir el nacimiento incluso a última hora, a pesar de sus objeciones el niño nacerá entonces será mucho más fácil asistir en el nacimiento que luchar en contra de.

D: ¿Nos darán oposición los extraterrestres si algunas personas no quieran?

F: Eso no es correcto, porque la razón por la que ellos están aquí en primer lugar es para asistir, ayudar, convertirse en su partera en este esfuerzo.

D: Estaba pensando que una guerra podría crearse, sí suficientes personas, no quisieran el cambio entonces podría haber violencia.

F: Eso no es correcto porque el rol no sería a la extensión de que el cambio sea forzado en grandes cantidades de tal manera que podría crearse una guerra. El esfuerzo es muy sutil y detrás del escenario, pasará lentamente, esto es una evolución, no una revolución.

D: Esto lo hace ser más claro, pensé que ellos tratarían de cambiar todo de repente, existirían muchas personas que se resistieran a eso.

F: No será arrojado a esta gente porque no sería conductivo en permitirles que decidan cambiar.

D: ¿Estos seres influencian a nuestros líderes en el mundo?

F: Ellos están influenciándolos ahora.

D: ¿Piensas tú que ellos podrían influenciarlos para no usar armas nucleares?

F: Existe el ánimo de no utilizarlas, eso es correcto, la influencia es mediante una sugerencia de naturaleza telepática en que estas armas no sean usadas.

D: Entonces ellos tienen que aparecérseles, ellos pueden hacer todo esto mentalmente...

F: Eso es correcto, existe algo el cuál todo humano es capaz no solamente los extraterrestres.

D: *¿Esta bien que use esta información que me están brindando y tratar de compartirla con otras personas?*

F: Ciertamente, pero con una estipulación, si alguien no desea creer esto, no profeses esto de ser la verdad "real" porque la verdad es lo que uno hace; si ellos están listos para aceptarlo, dejalos. No trates de cambiar sus sistemas de creencias en contra de sus deseos. Yo entiendo que tú, no trataras, de influenciar a alguien más, yo meramente deseo enfatizar que esto, es para aquellos, que lo desean. Aquellos quienes no lo están, no están mal en no tomarlo, ellos meramente no están listos para hacerlo.

D: *Ellos probablemente no lo entenderían de todos modos.*

F: Si ellos estuvieran listos para tomarlo, ellos lo podrían entender, permíteles ser el juez. Existen muchos que pueden entender, existen muchos más que serán capaces de entender. Permíteles buscarlo en su tiempo propio porque en el tiempo en que estén listos, ellos buscarán y encontrarán, todo esto es parte de nuestro objetivo.

D: *Entonces lo escribiré y les permitiré que lo tomen o lo dejen; bueno, ¿existe algo más que gustarían decirnos?*

F: Solo que lo más importante en este planeta en este tiempo para que entiendan es la elevación de la conciencia humana. Las guerras en el Medio Oriente son un ejemplo clásico de los asuntos de estado en este planeta en este tiempo. Y no solamente es el Medio Oriente, en Sudamérica e incluso en su propio país, en sus propias ciudades, uno puede ver el descuido y desconsideración de un hombre a otro. Esto es lo más importante de estar consciente de, toma un paso iniciar la experiencia, usando un viejo cliché, pero si ese paso podría ser tomado por todos, el resto lo seguiría. Algunas veces solo se necesita un paso, para que otros lo sigan.

SI FELIPE ES UN VERDADERO NIÑO DE LAS ESTRELLAS, un verdadero extraterrestre, entonces yo digo que nosotros necesitamos más de ellos infiltrando nuestro mundo. Porque su naturaleza es gentil y muy necesitada, si esta nueva sangre puede infiltrar la raza humana suficientemente, tal vez la violencia cesaría y nuestro mundo podría ser libre al fin para vivir en paz y armonía.

CAPÍTULO 20

TERROR EN LA NOCHE

POR TODOS LOS DERECHOS este libro ya debería estar terminado, en factor ya lo había terminado. Lo había diseñado en su forma final y ya había sido enviado a varias casas editoriales. Según las reglas de escritura, cuando una historia ha alcanzado su conclusión es tiempo de parar. Para hacerla más extendida no tendría sentido y a menudo se vuelve anticlímax; pero algo ocurrió en 1987 que me hizo abrir de nuevo el expediente de Felipe. El material de este libro es acerca de la siembra del planeta Tierra se revelo durante los años de 1984 y 1985. Después que Felipe continuo con su vida y pareciera que se estaba ajustando a las extrañas memorias que removió, él ya las había guardado en el lugar de su mente que ya no pensaba en ellas. Yo por mi parte había continuado trabajando con otras personas y escribiendo otros libros mientras yo buscaba por encontrar la casa editorial.

Yo había crecido en esos dos años, mi trabajo se había expandido al punto de encontrar cosas bizarras, que ya no, me sorprendían más, mientras seguía creciendo mi curiosidad. Yo acepté cualquiera de mis descubrimientos con una mente abierta. Complementando mi trabajo de terapia de vidas pasadas, yo comencé a trabajar con la MUFON (Red comunal de investigaciones ovnis) en 1987 en casos sospechosos de abducción OVNI. Esto trajo toda una nueva perspectiva a mi trabajo, ya no solamente estaba concentrada meramente en casos creados por trauma o eventos que ocurrieron cientos o miles de años de otras vidas pasadas e intentando ayudar a las personas aplicando las lecciones aprendidas de aquellas vidas a los problemas en sus vidas presentes. Ahora yo estaba tratando con eventos que les había ocurrido a las personas en esta vida, eso significo, que, tenía que cambiar mi técnica y ahora tuve que aplicar un tipo de terapia diferente porque usualmente las personas tenían problemas tratando con los eventos extraños y que el subconsciente muy protegedor había escogido esconderlos de ellos. Yo estaba guardando la información que venia de varias personas, anotando cualquier similitud entre sus experiencias. Yo estaba haciendo este tipo de trabajo en relación con mi trabajo normal de reencarnación. Mis teorías y conclusiones serán presentadas en un libro futuro llamado Los Custodios, que se trata de los casos de abducciones de OVNIS.

Durante este tiempo (1987) Budd Hopkins y Whitley Strieber escribieron un compendio de libros acerca de las abducciones ovnis y llamo la atención de la nación enfocándose en esa área. Yo también encontré durante los próximos años que ellos habían abierto literalmente la caja de Pandora. Las personas quienes sus experiencias habían permanecido dormidas por la mayor parte de sus vidas repentinamente sus memorias sigilosamente surgieron a su mente consciente después de leer estos libros. Tal vez eso fue, uno de sus propósitos escondidos, quizá fue finalmente el tiempo para que sus memorias emergieran entre la mayoría de la población porque yo encontré que esto es exactamente lo que sucedió. Tal vez las memorias siempre estuvieron muy cerca en la orilla de la mente consciente y solamente necesitaba este estimulo para salir a flote, pero esto podría haber sido la parte de un plan complicado, habilidoso, más certero, que nadie, pudiera comprenderlo.

Yo supongo que no debería haber estado sorprendida cuando esto le sucedió a Felipe, después de todo quien sería más el candidato en esta vida posible para un contacto extraterrestre, y aún más alguien que tenia memorias de vidas pasadas siendo él mismo un extraterrestre. Yo recibí una llamada de Felipe en una noche de 1987 y yo supe inmediatamente que algo le había sucedido. Él comento que había terminado de leer el libro Comunión, él se le hizo interesante el libro, pero hubo dos cosas que le llamaron la atención; parecían revivir algún tipo de memorias escondidas y no supo como interpretarlas. En el libro el autor Whitley Strieber menciono haber visto un búho como una "proyección oculta" por el extraterrestre real. Yo me había encontrado con casos de estos en mi trabajo, de casos de ovnis, y yo les he llamado "trasposición", como sea que escojamos como llamarles, ellas parecieran ser proyecciones protectoras las cuáles el subconsciente elige para cubrir lo que realmente esta allí. También podría ser que los extraterrestres están usando un tipo de tecnología de proyección para proteger al individuo de las sorpresas o de la impresión, susto o de lo que sea. Si esto es verdad entonces ellos son tendientes a manipular nuestras mentes, pero el factor de que estas memorias están comenzando a emerger prueba que sus técnicas no son infalibles. A menos por supuesto que ellos puedan construir limitación o duraciones del tiempo.

También Strieber mencionó a un extraño ser de tipo insecto que aparenta como una Mantis religiosa. El resto del libro no le llamo la atención a Felipe o le trajo otras memorias, pero estos dos incidentes en ese libro provoco memorias de un sueño horrible que Felipe tuvo varias veces en años anteriores mientras estaba viviendo en Kansas. Él ahora se preguntaba si realmente fueron sueños verdaderos o no. Había levantado su curiosidad y él quería tener una sesión para ver si tenía que haber algo en ello.

Nosotros acordamos de vernos y Felipe inmediatamente inicio a decirme que podía recordar acerca de los sueños que le habían ocurrido en 1977 mientras él estaba viviendo en Lawrence, Kansas. Él tenia alrededor de 21 años en ese tiempo y fue antes de que se mudará a San Francisco, para vivir con su hermana, y donde él tuvo los eventos de intento de suicidio. Quizá nosotros finalmente podríamos atar todos esos extraños eventos juntos, si es que hubiera alguna relación. Él recordaba dos incidentes separados y él no estaba seguro si ocurrieron en la misma noche, pero él sabia que habían sucedido mientras él estaba viviendo en Kansas, EU.

Él había estado manejando de Ottawa de regreso a Lawrence después de haber visto una película. Había sido una noche ligera, la película había sido una comedia, nada de terror, ciertamente nada que pudiera haber detonado el siguiente incidente. La carretera era de dos carriles, muy poco tráfico a esa hora de la noche, entonces una gran ave salió de la obscuridad y sorprendió mucho a Felipe que él hasta se trato de ocultar dentro del carro. Él supuso que era un búho muy grande volando bajo por la carretera buscando ratas o animales muertos. Estaba volando muy bajo y por la parte central del camino, de repente se acerco a la altura de los faros del automóvil y él pensó que iba a estrellarse de frente. Él pensó que esto fue un incidente muy extraño y que lo espanto, porque fue muy sorpresivo. Esto fue la memoria que le surgió debido al comentario del búho en el libro Comunión. Después Felipe llegó a su casa e inmediatamente se fue a dormir. Él pensó que los siguientes incidentes ocurrieron en la misma noche, pero la memoria había llegado a estar tan distorsionada que él no estaba seguro.

Él recordaba que era alrededor de las cuatro de la mañana cuando repentinamente él despertó cubierto en sudor y lleno de un terror absoluto. Él comentó que nunca se había sentido con tanto miedo en toda su vida, él había tenido un sueño que seguía muy fresco y real en su mente. Él intento en decírmelo y pude notar que él seguía afectado por ello incluso 10 años después.

"Primero que nada, en el sueño, yo o mi alma era como una esfera de mercurio o una gota de agua… o algo asi. Y después llegaba como un dedo gigante que salió… de algún lado y empujo a esta esfera o gota que era yo. Yo nunca había visto algún dedo, pero fue muy real el sentimiento de la presión hacia mi alma o espíritu o lo que sea y me estaba empujando fuera de mi cuerpo físico. Fue como si yo fuera una esfera de conciencia, y sentía la presión de que estaba sometido por el pulgar. Este descendió lentamente, presionándome y después se retiro".

Él sabía que había estaba sucediendo más actividad en el sueño, pero no pudo recordar nada más excepto la creatura extraña. A él le recordaba a la mantis religiosa del tamaño de un hombre. Una cosa que le asusto fue que algo como tipo de pequeño aparato explorador que salió del área de la boca del ser y que se le metió en el lado derecho de su espalda; y al mismo tiempo hubo una sensación de parálisis. "Yo sentí que no podía moverme incluso si yo quería hacerlo, pero sabia que no debería moverme. Yo no estaba resistiéndome porque yo sabía que no estaba siendo lastimado, pero aún así en sueño fue muy aterrorizante".

Yo siempre cuando pienso en la mantis religiosa es como una creatura con unos ojos muy prominentes, una cara pequeña y con sus dos largos brazos plegados. Pero él dijo que era mucho más que eso, "yo realmente no vi tanto el rostro no tanto como sus características generales, era como una astilla con una cosa como cabeza en el extremo, pareciera tener algún tipo de brazos o apéndices que le salían. En el sueño era muy fácil de identificarlo como una mantis religiosa".

Hubo sensaciones cuando el aparato explorador entro en su espalda, pero no hubo sensaciones de dolor. "Fue una sensación física muy real de algo que entro en mis espala, pero realmente no me dolió. Se sintió como si estuviera siendo violado, aunque ese sentimiento fue más psicológico que físico, fue tan extraño. El sentimiento de que yo no estaba en control y ellos (o lo que sea que fuese) lo tenían. Yo no tenía ninguna objeción moral al describirlo, pero como yo dije fue hace 10 años, y realmente yo no apunte nada. Yo no había pensado todo lo que sucedió hasta que ese libro revivió las memorias".

Felipe después describió sus reacciones después del sueño. "Yo desperté y pensé que había tenido una pesadilla. Yo nunca había sentido un terror tan puro, yo se que me asuste muchísimo, cuando desperté y me pare, prendí todas las luces de mi departamento. Yo no quería nada de obscuridad que incluso encendí las luces del closet y yo comencé a orar. Yo estaba muy convencido que al siguiente día iba ir a ver a un sacerdote de la comunidad y regresaría a la iglesia católica. Yo no soy una persona religiosa, pero pareciera ser la única cosa que podía pensar. Mis únicos pensamientos fueron de que había algo de maldad en el sueño que me había horrorizado. Yo creo solamente lo clasifique como malo, porque en sí mismo el sueño no se sintió de esa manera, pero eso fue la forma que yo trate de lidiar con ello. Yo supuse que al decir que era malvado, fue una pesadilla muy horrible, como el peor sueño que he tenido en mi vida. Yo nunca había experimentado algo que me había espantado tanto. Yo había hablado acerca de ese sueño en años posteriores, pero nunca lo conecte con cualquier tipo de experiencia real o de abducción, hasta que el libro sugirió esa conexión. Probablemente eso fue solamente un mal sueño, pero es algo que a mi me gustaría investigar".

Felipe también mencionó que al final del libro un grupo estaba hablando acerca de sus experiencias, y varios de ellos mencionaron que ellos no deberían haber recordado ciertos lapsos de tiempo, como si ellos estuvieran programados a no recordar. Esto le pareciera a él que esto le podría haber sucedido a él, como él lo analizo, si el sueño hubiera sido un encuentro real, quizá él no debió haberlo recordado porque hubiera tenido influencia de lo que fuera desde ese tiempo que tuvo esa experiencia en su vida. Él no pudo haber puesto después los eventos en perspectiva, porque hubieran estado fuera de contexto. Hubiera sido disturbante en ese tiempo en intentar asimilar ese tipo de experiencia. Existió también el sentimiento de que, si eso fuera verdad, en ese tiempo, hubiera llegado cuando fuera lo más apropiado en recordarlo.

El grupo de Strieber también, reporto que muchos de ellos parecieron de haber desarrollado sus habilidades psíquicas después de los encuentros. Felipe estaba consciente que esto le había sucedió a él. Su conciencia psíquica había incrementado dramáticamente después de su intento de suicidio en California.

Si estas abducciones fueron guardadas en nuestro subconsciente en la forma de sueños, muestra que tan eficientes los extraterrestres podrían ser, en ocultar, las experiencias reales. Demuestra que también ellos entienden nuestra psique, mucho mejor de lo que nosotros mismos lo entendemos, pero aparentemente ellos no entienden completamente de que nosotros podemos obtener la información a través de la hipnosis. Algunos de los libros que he leído mencionan que ellos se han sorprendido de que nosotros tenemos la habilidad de encontrar la información si es que nosotros sabemos algo que hay allí y sabemos que buscar. Ellos no se habían dado cuenta que nosotros podíamos descubrirlo de esa manera y esto les molesta. Yo he escuchado que en algunos casos cuando la gente ha tenido avistamientos o encuentros, los extraterrestres intentan otros métodos para asegurarse que no pueda surgir a través de la hipnosis. Es una únicamente una especulación de que tan efectivos podrían ser estos métodos.

Yo prendí la grabadora y nos preparamos para la sesión, yo me concentraría en intentar que Felipe regresara en el tiempo y que viera si había algo en la memoria intranquila de la pesadilla.

Aunque no habíamos trabajado juntos y que no habíamos tenido ninguna sesión en dos años la palabra clave funciono perfectamente, como si no hubiera habido alguna pausa. Él inmediatamente entro en un trance profundo y nosotros una vez más regresamos a los terrenos familiares, excepto, que en esta oportunidad, nosotros estaríamos explorando un evento en la vida presente de Felipe en vez del pasado. Esto puede ser muy sensible, si nosotros traspasáramos en lo que, el subconsciente podría considerar terrenos peligrosos, simplemente podría rehusarse a entrar y no permitiría a Felipe recordar. Este es un trabajo después de todo en proteger a la persona de lo que se considera información dañina. Mi trabajo como investigador es de convencer, que todo, esta seguro y eso permite que la información se revele. Nada de esto es fácil ya que la investigación psíquica nunca lo es.

Le pregunte a Felipe que regresará al tiempo en 1977 cuando él estaba viviendo en Kansas. Él instantáneamente me dio la dirección y comenzó a describir la recámara de un departamento en una vieja casa. Él recordó el nombre de la propietaria y hablo de su trabajo del negocio de electrónicos donde él reparaba radios de aviones.

Lo moví a través del tiempo a la noche cuando él regresaba a su casa de ver una película y cuando tuvo la experiencia extraña, él inmediatamente comenzó a describir cuando manejaba en la carretera en una noche fría de octubre, cuando repentinamente un búho grande salió volando de la obscuridad hacia el medio de la carretera de frente al carro, a él le sorprendió porque él pensó que iba a estrellarse.

D: *¿Fue eso la única cosa que sucedió en esa noche que fue diferente?*
F: Yo creo que hubo más, pero, yo… siento como si me dijeron que allí no había nada. (Una revelación repentina) ¡yo no vi el búho! A mi me dijeron que lo viera.
D: *¿Quieres decir que realmente no había un búho allí?*
F: No, me dijeron que lo viera o me sugirieron que lo viera.
D: *¿Qué quieres decir? ¿Quién te dijo?*
F: Yo veo luces, solo destellos de luces, ellos están en el suelo, fuera de la carretera.
D: *¿Piensas que ellos tienen luces?*
F: No, no, son de diferentes colores, ellos se ven como colores neón; azul y rojo, colores muy encendidos, encendidos.
D: *¿Cómo los colores del árbol de navidad?*
F: Únicamente más encendido, ellos parecieran estar al lado de mi derecha… en algún tipo como de arboles… no lo puedo ver claramente. Hacen destellos, pero pareciera que hay luces y movimiento. (Seriamente) Siento que es tiempo de saber, es tiempo de recordar.
D: *¿Qué sucedió?*
F: Yo siento como que algo me dijo que me saliera de la carretera… hacia la derecha. Habría un pequeño camino de terracería o una vereda que se dirigía hacia algunos arboles, yo sentí como si algo me dijo que me apagara (suavemente) eso no está bien. Salirse de la carretera no está bien.

D: *¿Qué quiere decir?*
F: Yo no sé que quiero decir, no sé lo que quiero, yo creo que debí haberme salido de la carretera, pero no quiero hacerlo.
D: *¿Te saliste de la carretera?*
F: No, yo me pare en medio de la carretera … porque había una luz en medio de la carretera, hay una luz (emocionalmente) ellos… me pararon, en medio de la carretera y yo me siento enojado, yo siento enojo. (Enfatizando) yo no quería hacer esto y ellos lo hicieron de todos modos.
D: *¿Quién te paro?*
F: Ellos lo hicieron, ellos lo hicieron.
D: *¿Quiénes son ellos?*
F: Yo no sé, yo no sé quienes son ellos. Hay una luz en la carretera, y tuve que parar en medio de la carretera.
D: *¿Piensas que fue otro conductor?*
F: No, yo sabia que no era eso, pero yo no quería experimentar esto, yo no me sentía listo. Yo pensé que si lo estaba… yo quería, pero no estaba listo.
D: *¿Qué quieres decir? ¿Es esta una experiencia que tuviste antes?*
F: (Pausado y después suavemente), sí.
D: *¿Y tú pensaste que querías experimentarlo otra vez o que?*
F: Yo… (un gran suspiro) no lo sé, yo no lo entiendo.
D: *¿Pero tú viste la luz y te hizo enojar? ¿qué sucedió entonces?*
F: Ellos vinieron hacia el carro, no me gusta porque ellos están aquí, pero yo sé que ellos no me van a lastimar, yo me siento como … sedado, no soy, yo no sé quien soy, yo no sé a donde me he ido.
D: *¿Puedes ver como se ven ellos?*
F: No estoy seguro, ellos son pequeños, yo no sé si pudiera verlos a ellos. Yo no quiero verlos y siento sus manos…en mi. Ellos están fríos… pegajosos, yo no entiendo que es lo que quieren de mí. ¿Por qué yo? ¿Por qué yo? Ellos me quieren por algo, pero son amistosos, yo siento su… amor. Yo no entiendo, ellos son pequeños, su piel es gris y ellos lucen … como calvos, con cabezas grandes y pequeños dedos.
D: *¿Cómo son sus rostros?*
F: (Una pausa) solamente ojos grandes son todo lo que veo, pero ellos son como niños, niños pequeños, niños pequeñísimos. Todos ellos sostienen… ellos tocan… su toque es tranquilizador.

D: ¿Son muchos de ellos?
F: (Pausa) no estoy seguro, yo creo que son como cuatro o cinco.
D: ¿Qué sucede después de eso?
F: Yo no puedo dejar el auto en medio de la carretera y yo digo que no puedo.Pero ellos dicen que está bien. Eso es extraño porque yo no quiero dejar el automóvil en medio de la carretera, pero ellos dijeron que estaría bien, y eso fue lo que hice.

Este pequeño incidente abrió una especulación más adelante, normalmente en esos casos las personas reportan automáticamente que manejan saliéndose de la carretera principal en áreas desoladas donde los inesperados eventos ocurren. En este caso Felipe se rehusó a manejar hacia un camino aislado, asi que él dejo el carro en medio de la carretera. ¿Entonces que le sucedió al automóvil durante este encuentro? ¿No habría creado un peligro al tráfico o al menos llamar la atención de la policía? Las pequeñas creaturas indicaron que no sería ningún problema. ¿Tendrían ellos métodos para que el vehículo fuera invisible o fue una sugerencia de distracción, fue levantado el auto en el aire y suspendido fuera de la vista de los carros que pasaban? O acaso de alguna manera el tiempo fue suspendido durante este incidente, entonces eso no importaba ya sea que el carro estuviera en la carretera o fuera de ella. Eso abriría todo tipo de especulación. ¿Qué habrían visto los conductores al pasar o acaso no habrían visto nada? Esta teoría será expandida en mi libro Los Custodios que trata mi experiencia con otros casos de abducción OVNI.

A este punto Felipe reporto dejar el auto y ser dirigido noblemente cuidado por esas creaturas al camino de terracería

F: Nosotros fuimos a la nave, ellos me dejaron caminar, pero ellos estaban… sosteniéndome, tocándome al mismo tiempo que estaba caminando. Ellos me estaban tranquilizando a través de su tacto. No pareciera que querían dejarme ir, como que me estaban guiando y yo caminé. ¡Ellos fueron buenos!

Existía una extraña familiaridad con estos pequeños seres, ellos lo trataron como si ellos de alguna manera lo conocieran. Esto borro cualquier miedo de la mente de Felipe. Él extrañamente sintió como si estuviera entre amigos, más adelante esto lo confundió cuando él intentaba analizarlo.

D: *¿Hablaban ellos en palabras?*
F: No, no tanto como palabras... sentimientos, emociones, solamente lo sabia, yo podía entenderlo, existe una... compuerta con una escotilla que está abierta y nosotros caminamos hacia la escotilla.
D: *¿Son como escaleras?*
F: No, es como una rampa, sin escalones, y dentro de la nave pareciera estar lleno de luz. Hay un pasillo, pareciera como estuviera en la parte exterior. Las paredes son curvas y se dirigen al techo, se curvean con el contorno de la nave. Hay luz en todos lados, pero... solo viene, solo es ahí. Ellos pareciera que están esperando por alguien, o buscando por alguien. Nosotros nos paramos en la cima de la rama y hay alguien al final del pasillo... a mi derecha, pareciera que ellos están preparando algo. No hay cuarto de control... a la izquierda de la rampa puedo ver las ventanas, pero no puedo... yo no entiendo los controles.
D: *¿Qué ves que puedas describir?*
F: Perillas, parecieran ser, perillas en la consola.
D: *¿Alguna otra cosa que puedas describir?*
F: (Hace una pausa al estar observando) Yo no estoy seguro, ni siquiera estoy seguro de que esto sea real.
D: *Esta bien, nosotros podemos hablar acerca de ello de todos modos.*
F: Pareciera que hay un mapa de las estrellas, parece que ellos me están mostrando después un mapa de las estrellas.
D: *¿Te llevaron a ese cuarto después?*
F: No era tanto como un cuarto si no un área en un vestíbulo, el vestíbulo se dirigía a esa área.
D: *Bueno, regresemos... ¿mencionaste que estaban esperando por alguien? Veamos que pasa ahí primero.*
F: (Haciendo un gran suspiro) estoy temeroso porque se lo que va a suceder, y yo no lo quiero.
D: *¿Qué quieres decir que ya sabés que va a suceder?*
F: Yo se lo que ellos van a hacer. Yo solamente lo sé, no me gusta lo que va a suceder, estoy temeroso de... (pausa)

Felipe estaba visiblemente reacio a reconocer lo que sea que iba a suceder después, desde que esto era obviamente algo que le molestaba, yo le dí instrucciones para que él no tuviera que participar en la escena. El podría ver como si estuviera fuera observando y así no tener ninguna intervención emocional. Él tenía la opción sí la escogía, de hacerlo de esa manera.

D: *¿Por quién están esperando?*
F: (Pausa) yo pienso que ellos están esperando por mí. (Suspira) supongo que yo decidí terminar con ello, de alguna manera sentí que yo no quería decepcionarlos. Pareciera que me caen bien, ellos son... buenas personas. Me gusta el sentimiento y ellos dicen que todo va a estar bien, así que... pienso que podría avanzar con eso.
D: *¿Piensas que tenías alguna opción?*
F: No lo sé, yo no quiero saber.
D: *Bueno, movámonos hacia adelante para averiguar que paso, ¿A dónde fuiste después?*
F: Al final del pasillo a la izquierda, segunda puerta a la izquierda y es blanca. Todo es blanco adentro.
D: *¿Ves algo?*
F: Si, (pausa y después emocionalmente) ¡Si lo veo y no me gusta!
D: *¿Qué es?*
F: No lo sé, yo no sé que es, no sé si esta vivo o sí es una máquina, ¡pero no me gusta!
D: *¿Me podrías decir como es? tal vez podríamos descifrar que es.*
F: Se parece a algo que mi padre tenía en su oficina (el papá de Felipe era dentista) él tenía un taladro que usaba en el ejército para taladrar dientes, tenía un brazo que se doblaba y tenía el taladro en la punta, me recuerda a eso, es similar. Tenía un brazo que se movía de alguna manera, solo que hay más de eso (con detenimiento) no sé si esta vivo o si es una máquina. Yo creo que está vivo.
D: *¿Por qué piensas que está vivo?*
F: No lo sé, pero no me gusta como es, no sé lo que es, no me gusta verlo, ¡no quiero ver!
D: *No tienes que hacerlo si tú no quieres, solo me tienes que decir que pasa.*

F: No lo sé, no estoy viendo, me recosté en la mesa, es blanca… es fría, y ellos me dicen que me recueste o me piden que lo haga, ellos simplemente… yo sé como recostarme en la mesa, estoy acostado boca abajo y esta cosa esta acercándose a mi espalda.
D: *¿Puedes sentirlo?*
F: Si, yo sé, es por eso que estoy aquí, para tomar una muestra.
D: *¿Qué tipo de muestra?*
F: No estoy seguro, algo dentro de mi, se fue al lado derecho de mi espalda.
D: *¿Tuviste alguna sensación de dolor?*
F: No, no me dolió, pero sabía que estaba ahí, podía sentirla, pero no sabía que es lo que ellos querían o ¿por qué?
D: *¿Qué fue lo que sentiste?*
F: Yo podía sentirlo… aunque no dolió, solamente no lo sentí bien y no me gusto.
D: *¿Hubo alguien que te dijo que es lo que estaban haciendo?*
F: Ellos me dijeron que todo estaría bien, que no había ningún problema, que no había porque preocuparse. Ellos necesitaban tomar una muestra para checar y eso es todo lo que dijeron.
D: *Me gustaría saber, ¿qué tipo de muestra fue?*
F: No sé, no quiero saber… no quiero hacer esto, pero lo hago porque ellos lo necesitan.
D: *¿Entonces ellos no te dicen para que lo necesitan?*
F: No pregunte, y no quiero saber.
D: *¿Aún estás vestido?*
F: No, ellos me quitaron la ropa en el pasillo, antes que entrara al cuarto.
D: *¿Cómo te sientes al respecto?*
F: No me molesto, hay algo en la vestimenta… estaban sucias, contaminadas, no podían ingresar aquí adentro, dentro de la nave, pero no en el cuarto.
D: *¿Y qué sucedió después de eso?*
F: Mucho amor. (Pausa) ellos hicieron algo con mi cabeza, no recuerdo que fue, fue una presión con un aparato, o algo… como de estimulación, no sé. Algún tipo de energía. (increíble) ¡ellos removieron mi conciencia! De alguna manera la removieron. Ellos me están mostrando como pueden remover tu conciencia de tu cuerpo y lo pusieron en un contenedor, para que tu cuerpo

pueda ser trabajado o ... mirando sin daño a tu conciencia, sin necesidad de preocupación. Yo no sé como (esto debió haber sido la sensación que Felipe describió en los sueños de un pulgar gigante que lo empujaba fuera de su cuerpo). Fue como que dijeron "aquí estas tú, tú estas aquí, ya no estas allá". Sigo sintiendo la presión... en un contenedor.

D: *¿Sentías como si estuvieses en un contenedor?*

F: Sí, fue en un contenedor, yo no sé como.

D: *¿Podías ver tu cuerpo?*

F: Sí... en la mesa. La cosa estaba insertando una aguja plateada larga en mi espalda y yo no la sentía. Yo no estoy seguro como hicieron esto. Es como si el cuerpo tuviese sensación, pero la conciencia no. El cuerpo recuerda la sensación, pero no la conciencia, ellos separaron el cuerpo y la conciencia.

D: *¿Hicieron algo más al cuerpo?*

F: Ellos hicieron más después de la aguja, ellos limpiaron el cuerpo con algún tipo de luz, la luz irradiaba un color púrpura, casi como sí fuera ultravioleta, para remover los gérmenes, después hicieron más pruebas, ojos, lengua, oídos, muchas pruebas, exploraciones y chequeos. Están buscando por algo, yo no sé que, ¿ADN? Usar....para usar... para usar el ADN.

D: *¿Por qué ellos tienen que hacer muchas pruebas para hacer eso?*

Entonces la voz de Felipe cambió de estar emocionado al de una voz joven y espantado y tomo una forma de característica mecánica. Él aparentemente estaba recurriendo a canalizar en este punto para poder desasociarse y localizar la información; de esta manera él llegó a desprenderse y permanecer sin reacción emocional, ya que es más cómodo para él permanecer en ese tipo de estado por un rato. Yo estaba acostumbrada a verlo hacer esto, asi que reconocí lo que estaba sucediendo, él procedió con una explicación de la examinación.

F: Para checar defectos, checar las anormalidades, ellos quieren el mejor espécimen que puedan encontrar, para usar en repoblar, para la segunda venida.

D: *¿Qué quieres decir?*

F: La segunda venida, el segundo jardín del Edén, la segunda población, el nuevo comienzo.

D: *¿En la tierra?*
F: No, para otro lugar, otra tierra, un lugar diferente. Ellos necesitan los cuerpos, ellos necesitan la reserva genética para poblar otro planeta, para infundir las combinaciones deseables o formas de ADN, para poblar otro planeta, para hacer un camino para aquellos quienes escogerían emigrar después del cambio. Asi que habrá un ambiente familiar para ellos y ellos de esa manera tendrían otro cuerpo muy similar a los que dejaron atrás, después del cambio.
D: *¿Hay alguien que te está diciendo esto o eres tú que lo estas canalizando?*
F: Esto es conocimiento, libre y disponible para cualquiera que preguntase, no hay necesidad de apropiarse, esta simplemente disponible para quien quiera escoger y aceptar esto.
D: *¿Yo pensé que tal vez tú estabas canalizándolo de sus mentes?*
F: Eso es correcto, porque ellos están conscientes de su misión, ellos están tomando planos genéticos para los nuevos vehículos que habitaran otro planeta, para poder proveer un vehículo huésped para aquellos quienes escogerían reencarnar allá en un ambiente libre y limpio de las crisis tan prevalentes en este tiempo en este planeta.
D: *¿Hay algo más que me puedas decir al respecto?*
F: (Pausa) algo como un tipo de examinación, raspando.
D: *¿Qué es lo que están raspando? ¿quieres decir en diferentes lugares de tu cuerpo?*
F: Sí, adentro, en diferentes, para diferentes razones, ellos están tomando muestras.
D: *¿Qué hacen con estas muestras?*
F: Ellos crecen cultivos, ellos necesitan estas muestras de forma de vida que viven en nuestros cuerpos.Porque ellos no quieren estas formas en el otro planeta. Ellos las estudian y determinan cuáles permanecerían y cuáles no.
D: *¿Estas hablando acerca de la bacteria o de formas de vida microscópica que están presentes en el cuerpo?*
F: Sí, algunas son buenas, algunas no.
D: *Mmm, no lo hubiera pensado, entonces cuando ellos reproducen el cuerpo, ¿ellos quieren asegurarse que sea lo más perfecto posible?*

F: Sí, pruebas, probetas, chequeos, medidas.
D: *¿Puedes encontrar quienes les están ordenando que hagan esto? ¿ellos tienen algún tipo de indicaciones?*
F: Es una mente en grupo, una conciencia telepática, todos son uno y uno es todo.
D: *¿Pero tú dijiste que tenías una sensación de estar en un contenedor, o en algún contenedor de algún tipo?*
F: Eso es correcto, fue un removimiento de la conciencia para que la alerta fuera contenida separada del cuerpo físico y asi aminorar el trauma.
D: *Entonces cuando ellos estaban haciendo todo esto de explorarte y tomando muestras, para que tú no estuvieras consciente de ello.*
F: Eso es correcto, no tanto alerta, pero de alguna manera desplazado.
D: *¿Realmente es un contenedor? Yo estoy consciente que tú puedes contener la conciencia en algo. Yo pensé que era similar a un espíritu y que no se podía contener, ¿me puedes explicar más al respecto?*
F: Eso es muy acertado. La conciencia es simplemente una forma de energía y por lo tanto puede ser contenida dentro de un campo energético, eso es por decir, un contenedor el cuál es construido con las propiedades de dimensiones o elementos de energía. Existe una función de sustento dada aquí, la cuál alimenta y de alguna manera anestesia la fuerza de vida del trauma de la experiencia. Esto no es simplemente un contenedor de cristal tridimensional, sin embargo, lo es, es una analogía, un contenedor.
D: *Bueno, ahora que te han removido, por asi decirlo, y no te molesta tanto, ¿puedes ver a estas pequeñas personas más cerca?*
F: Eso es correcto.
D: *¿Puedes describírmelas?*

Él estaba ahora desprendido y totalmente sin emoción, y dispuesto a reportar de una manera objetiva.

F: Ellos tienen ojos amplios en forma de almendra, rasgados de alguna manera hacia arriba. Piel gris, de alguna manera de apariencia gruesa o correosa, aunque sus manos son muy suaves, su tacto es muy sutil y confortante, no tan pegajoso como primero se sintió.

La percepción de pegajosidad fue telegrafiada por sus apariencias o más basado en su apariencia que en la percepción verdadera.

D: *¿Qué hay acerca de sus facciones físicas?*

F: De alguna manera tienen pómulos grandes y estrechez hacia su barbilla, de alguna manera de rostro de tipo triangular.

D: *¿Alguna nariz o boca?*

F: Una sutil boca, casi sin labios, pero llenos de compasión y amor, sus facciones son de alguna manera simples pero llenas de amor y el resplandor es prominente.

D: *¿Tienes orejas?*

F: No tanto como … orificios.

D: *¿Tienen algún tipo de vestimenta?*

F: Sí, uniformes azul fuerte… un tipo de uniforme con insignia, no estoy seguro como luce.

D: *¿Dónde esta la insignia?*

F: En el lado izquierdo del pecho

D: *¿Es un uniforme largo?*

F: No, es simétrico para nuestros estándares.

D: *¿Podrías describir la insignia para mi después?*

F: No estoy seguro, no es una descripción fácil de hacer, muy abstracta, podría ser hecha, dificilmente, pero puede ser hecha.

Le di instrucciones para que pudiera recordar como lucia la insignia, de esa manera pudiera ser capaz de dibujármela cuando despertara, sin esta sugerencia post- hipnótica ese detalle se hubiera evaporado una vez que Felipe entrara en su estado consciente, pero después de que se levanto encontró la insignia difícil de dibujar porque era abstracta. No estaba totalmente satisfecho con sus intentos, y mencionó que se estaba sintiendo un tipo de relieve resaltado en el diseño, cuando estudio los dibujos, estaba sorprendido de la semejanza del diseño a un feto, ¿me pregunte si existía alguna conexión?

D: *¿Tienen todos los mismos tipos de uniformes e insignias?*

F: (Pausa, mientras mira) es todo lo que he visto, sin embargo, de alguna manera se que hay otros, la cosa es diferente, no la misma.

D: *Bueno ahora ve y objetivamente dime, ¿qué piensas acerca de esa cosa?*

F: No lo sé, yo nunca e incluso ni en mi imaginación me acerque a algo así no se que hacer con eso, (ahora sin emoción) pareciera ser una máquina viva, una máquina con vida. ¡Eso es lo que es! ¡Esta viva!... pero es una máquina. No sé lo que es.

D: *¿Tiene conciencia?*

F: No la conciencia como nosotros, no un albedrio como nosotros, no es una personalidad, pero esta viva, toma ordenes, sabe que hacer y lo hace, sabe donde ir, sabe lo que esta buscando y sabe cuando lo encuentra.

D: *¿Es capaz de moverse?*

F: Sí, por su cuenta, sé que esté viva porque lo hace. (un tipo de repulsión de nuevo), no me gusta.

D: *¿Tiene alguno otro tipo de aplicaciones aparte de la que tú viste?*

F: No lo sé, no quiero mirarla tan cercanamente.

D: *Está bien, no tienes porque hacerlo, ya me dijiste mucho.*

F: Yo siento más de lo que veo, porque no quiero mirarla.

D: *Esta bien, no tienes que, ¿piensas tú que este tipo de cosa ya te había sucedido antes o es la primera vez?*

F: (Suspira) otras veces, otras vidas, esta es la primera vez, en esta vida.

El modo de canalización estaba cediendo y el subconsciente de Felipe se estaba reportando. Era muy fácil para mi notar la diferencia, porque la otra parte estaba sin apego y tenia acceso a más información, mientras que la parte que ahora hablo era más emocional y muy humana.

D: *Me pregunte, porque pareciera que supieras que estaba viniendo y tú no quisiste ir dentro de la nave.*

F: Estaba consciente antes de quienes eran, que eran y por qué.

D: *Bueno, ¿Qué sucedió después?, ¿esto sucedió por mucho tiempo?*

F: No, no tanto, es difícil decirlo, no hay referencia de tiempo, se me dijo que recordara y después olvidara. Ve a casa, olvida, no recuerdes.

D: *¿Te dijeron ellos que tú podrías recordarlo más adelante?*

F: No, se me dijo que olvidara.

D: *¿Se te dijo que olvidaras todo acerca de eso? bueno, ¿estaba tu conciencia aún separada?*

F: No lo sé, no se donde estoy, no lo sé.

D: *¿Mencionaste anteriormente que ellos te mostraron algo en el cuarto de control?*

F: Mapa de estrellas, ellos me enseñaron donde esta el nuevo planeta, a donde iremos, nosotros vamos a ir.

D: *¿Qué quieres decir? ¿Dónde irás eventualmente, quieres decir?*

F: Sí, en la vida física, tridimensional, este cuerpo, viajará después con mucho otros, nos moveremos, iremos a una nueva casa (se escuchaba satisfecho), nuevo hogar.

D: *¿Era ese un mapa en la pared o que es?*

F: No, es un holograma... tri dimensional...generado...no se donde esta, es en algún lugar, puedo verlo un nuevo sol... un sol diferente, no es nuevo, es diferente, diferente en formas de vida.

D: *¿Crees que podrías dibujar algo del mapa para mi?*

F: No, no sé por donde empezar, no se donde esta, hacia donde va, ¿Por qué? ¿Dónde? No lo sé.

D: *¿Cuál es la apariencia del mapa?*

F: Los planetas son...pequeñas bolas, luces, sin mucha definición, no lo sé. Nunca he estado en el espacio antes, no se distinguir arriba o abajo.

D: *¿Entonces no hay un diseño o patrón para que pudieras dibujarlo?*

F: Ellos saben, ellos saben, apuntan hacia las cosas, esto es como y como, y hay tales cosas... No sé como describir lo primero, me siento ignorante, realmente me siento asi; como si debiera saber, me dijeron esto hace mucho tiempo, muchas veces antes y ahora... no sé. No sé lo que supuestamente sé, ¿porque debería saber eso?

D: *¿Entonces ellos apuntaron a esas diferentes cosas o algo como un holograma, es esto lo que tú mencionaste?*

F: Es una imagen tri dimensional, sería plana, pero aún así tú puedes, ver más, es un factor que serían los dos al mismo tiempo, es extraño. Ellos señalan cosas, puntos de referencias para ellos, yo no sé que son.

D: *¿Esta la Tierra en algún lugar de la imagen o ellos mencionaron algo?*

F: Partieron desde la Tierra...progresando...muy lejos creo, una distancia muy larga, para no ser afectados por...basura.

D: *¿Basura?*

F: (Curiosamente) Basura de la Tierra.

D: ¿A que te refieres con eso?

F: No me gusta el concepto, muchos no sobreviven. La Tierra se someterá a grandes cambios, lo he sabido, no me gusta esa idea.

D: ¿Mencionaste que ellos te dijeron que en algún tiempo te van a llevar?

F: Muchos, muchos quienes serían los apropiados, aquellos que no serán tomados, se quedarán atrás, simplemente transpirar…expirar, a través del proceso de revitalización espiritual. Otros serán transportados a un nuevo mundo, para hacer una nueva vida, para crear un mundo nuevo.

Las definiciones de transpirar y expirar son interesantes cuando son comparadas. Expirar significa: respirar el último aliento; morir. Llegar al final; expirar. Transpirar significa: causar (vapor, humedad, etc..); pasar a través de tejido u otras sustancias permeables, especialmente a través de los poros de la piel. ¿significa esto que es la manera que sucederá? Si es así, suena como lo que sucedió alas víctimas de Hiroshima, cuando sus cuerpos se evaporaron. También podría haber otra definición apropiada.

D: ¿Por qué están haciendo diferentes pruebas?

F: Pruebas, muestras, para que los cuerpos sean habitados, otros vendrán, se necesitan cuerpos nuevos, algunos no sobrevivirán, se necesitan cuerpos nuevos.

D: ¿Crees que todo aquél que haya hecho cosas como estas, van a tener que ir?

F: No, algunos no quieren.

Era un concepto extraño, pero comenzó a sonar como si los extraterrestres saben algo que va a suceder en la Tierra. En anticipación ellos estaban preparando otro planeta para la migración. Algunos humanos serían llevados en sus cuerpos terrenales para habitar un mundo nuevo. Otros aparentemente morirían aquí, pero sus espíritus podrán viajar a este mundo nuevo. Si así lo desean, y reencarnar en cuerpos físicos que serían similares a aquellos que dejaron en la Tierra y por lo tanto serían familiares para ellos. Es un concepto extraño e increíble. ¿Podría ser este uno de los motivos detrás de los experimentos que han sido conducidos por los extraterrestres? No solamente el análisis y observación de nuestra evolución como especies, así como la reacción a las enfermedades y las influencias del ambiente, pero también la continua investigación para la perfección de nuestra especie. Esto era el plan original que se había echado a perder por la "mala hierba" que había entrado en el jardín en el tiempo en que el asteroide se estrello. Esto había sido lo que había estropeado sus esperanzas, en ese tiempo, de crear un mundo perfecto libre de defectos y enfermedades. Aunque ellos se tuvieron que conformar con un menor desarrollo como nuestra especie se ajustaba a su ambiente, pareciera que ellos no se daban por vencidos a sus sueños de crear una utopía, un segundo jardín del edén para la humanidad. Un extraño concepto, pero entonces todo se conectaba con este proyecto que había sido extraño y original a mi mente.

D: *¿Bueno hay algo más que puedas ver en ese cuarto donde esta el holograma?*
F: (Sorpresa) Un mensaje...Un mensaje de... alguien. Alguien. ¡Para mi! ¡Un mensaje para mi!
D: *¿Qué quieres decir?*
F: No lo sé. (Él se estaba sintiendo muy emocionado al averiguar eso). Hay un mensaje para mí. De alguien...alguien que yo conocí. (Su voz era temblorosa). Una caja pequeña tipo cuadrada...Alguien de hace mucho tiempo, un recordatorio... (Él se sintió empático) Un mensaje para mí de hace mucho tiempo... para mí...para recordar. Para recordar el propósito. (Suavemente) Eso es, desde mi para mí, pero mucho, mucho tiempo atrás... Mundos diferentes... Vidas diferentes.

Su tono de voz en la cinta de grabación me causo escalofríos a través de mi cuerpo. Aparentemente yo no fui afectada durante la sesión porque mi voz se escuchaba tranquila.

D: *¿Es un mensaje escrito lo que estas viendo o que es?*
F: Mucho más de lo que yo puedo comprender en esta forma, pero está allí. Yo lo puedo reconocer, yo lo recuerdo. (Hubo un tono de tristeza definida en su voz) Yo construí eso (Pausa) Estos son amigos.

D: *Tú mencionaste que tenías sentimientos ¿Había más personas a bordo?*

F: Sí, otros. En otras partes de la nave.

D: *Solo tengo curiosidad si pudieras ver como la nave es operada.*

F: No tengo ni idea. No tengo la más absoluta idea. Esta más allá de mí y ni quiero saber.

D: *¿Hay algo más en ese cuarto que tú puedas describir?*

F: Ventanas, luces, manijas, marcadores de algún tipo. Nunca había visto algo parecido. No sé lo que es. Ni siquiera sé sí esto es real. Lo juro por Dios que esto no es nada que haya visto antes. No sé lo que es.

D: *¿Es ese cuarto iluminado como los otros?*

F: Sí lo es todo, lo único es que no es de ninguna parte, solo esta allí.

D: *¿Y que hay del piso, es hecho de algún material en particular?*

F: Es duro, gris, mmhh, pareciera ser como poroso. ¡Oh, Dios!... Espero que la nave no este viva. (Su voz se convirtió temerosa) No lo sé o ¿a caso sí?

D: *No lo sé, ¿Qué quieres decir?*

F: ¿Esta viva o quizá la nave esta viva? No lo sé, esa cosa estaba… Tal vez sus máquinas están vivas. (Ahora él definitivamente estaba temeroso).

D: *Quizás es algún tipo de material que nosotros no lo entendemos.*

F: (Él empezaba a incrementar su agitación) No lo sé. No quiero saber. No quiero saber.

D: *(Intente calmarlo). Todo está bien, no tienes que saber si tú no quieres.*

F: No quiero saber.

D: *Esta bien. (intente llamar su atención al cambiar el tema de interés) ¿Ellos te mostraron algo más?*

F: (Un gran suspiro) Muchas preguntas, no lo sé, quiero saber, pero no quiero saberlo.

D: *Puedo entenderlo, puede ser demasiado.*

F: Estoy temeroso por averiguarlo. Hay algunas cosas que no quiero saber porque sé que ¡no quiero saber!

D: *Todo está bien, no tienes que saber, solamente puedes tomar lo que puedas manejar y eso es todo lo que necesites saber. ¿Entonces eventualmente dejaste la nave?*

F: No me acuerdo, no sé como, no sé cuando, alguien dijo: "Es tiempo de marcharte". La última cosa que sé…una chispa un resplandor, eso fue lo último que sé.
D: *¿Qué quieres decir con una chispa o un resplandor?*
F: No lo sé, un tipo de chispa o un resplandor. "es tiempo de marcharte". Resplandor. No lo sé.
D: *¿Entonces donde estabas tú?*
F: Yo no sé, no recuerdo, yo no quiero saber.
D: *Todo esta bien, ¿te regresaste a tu carro?*
F: No sé, no sé a donde, no recuerdo, desperté. Lo que sigue es que desperté, un mal sueño, mal sueño, ¡realmente un mal sueño!
D: *¿No recuerdas cómo llegaste a casa?*
F: No, no quiero saber, no quiero saber.
D: *Esta bien, entonces solamente recuerdas que tuviste un mal sueño.*
F: Un mal sueño.
D: *Esta bien, pero ¿crees tú qué esta es la única experiencia como esa que has tenido?*
F: No quiero saber, no quiero saber, no quiero saber.
D: *Esta bien, todo esta bien, no tienes que y lo has hecho muy bien.*

Yo estaba lista para regresarlo a su conciencia, pero había algo pendiente y él me interrumpió.

F: El mensaje, recuerda.
D: *¿Qué es lo que supuestamente tienes que recordar?*
F: Recordar, mensajes, recordar, recordar. Esa es la pista, recordar.
D: *¿Qué quieres decir?*
F: No sé.
D: *¿Crees que ellos quieren que tú recuerdes ese mensaje y te olvides del resto?*
F: Vienes más. Recordar. Viene más. ¿Recordar?
D: *¿Qué quieres decir?*
F: Recordar. Más por venir. Más. Más.
D: *¿Información o qué?*
F: Diversión.
D: *¿Más diversión? Eso es lo que tú dijiste.*
F: Eso es lo que ellos dicen y no lo que yo dije.
D: *(Risa) ¿Qué es lo que ellos quieren decir?*

F: (toma un gran suspiro y después suavemente) yo sé, hay más por venir.

D: Esta bien, bueno yo creo que lo has hecho muy bien y realmente aprecio que lo hayas compartido conmigo.

Yo le di sugestiones, para su bienestar para que esto no le molestaría y así lo saque del trance. Después él se sentó al lado de la cama y comenzó a discutir los fragmentos de imágenes que permanecían en su memoria. Yo siempre motivo a las personas que hagan esto porque sé que las imágenes se disiparan rápidamente, como arrebatos de sueños que tenemos al despertar.

D: *¿Entonces no crees que eso fue un búho de verdad?*
F: Yo no sé porque yo pienso eso. Tú me preguntaste y siento como que no es.
D: *¿Pero fue eso que detono toda la experiencia o no es asi?*
F: No, eso fue una pantalla. Eso lo cubre todo y pone un enfoque. Yo no sé porque es importante, pero es algo que permite que la mente consciente se enfoque en eso en vez de bloquearlo. Te da algo neutral para enfocarte, algo insignificante o que no es amenazante.
D: *Algo dentro de lo ordinario dentro de tu mundo, por así decirlo. Incluso es extraño que un búho vuele en picada hacia tu carro.*
F: No estaba cayendo, estaba simplemente volando a lo largo del camino, me asusto muchísimo.
D: *Entonces eso permitió que tú te enfocaras en ello en lugar de lo que sucedió después. ¿Recuerdas cómo regresaste a tu casa esa noche?*
F: Yo no sé si lo sé o no, no quiero recordarlo ahora.
D: *Claro, eso sucedió hace 10 años, pero excepto por ese sueño extraño, tú no recordabas nada de esto.*
F: No, ahora lo sé, se siente vagamente familiar. Ahora se siente como una memoria en vez de una nueva experiencia.
D: *Esa es la mejor manera de tratarlo, como una memoria, y de esta manera no te molestará. Bueno yo no sé si tú tuviste algunas más experiencias como esas o sí esa fue la única.*
F: Yo no sé, yo no creo que quiera saber más de esto en este momento, ni por mucho tiempo.

D: En algún momento tú estabas enojado, pareciera que lo estabas, porque sabías lo que ellos iban a hacer.
F: Bueno, yo lo sabía.
D: ¿Cómo es que lo sabías?
F: No lo sé, solamente lo sabía, yo creo que yo estaba enojado porque yo no quería cambiar mi pequeña realidad. Me ha tomado, 21 años para descubrir la realidad que tenía, y aquí todo va a cambiar. Yo no quería eso.
D: ¡Ahí era donde el enojo provenía!
F: Sí, yo no quería cambiar mi realidad.
D: Pero de alguna manera sabías que ellos iban a hacer algo.
F: Yo creo que lo sabía, yo no sé si lo sabía antes o si... tal vez ellos me lo estaban diciendo en mi mente, pero intuitivamente yo sabía lo que estaba pasando. Yo casi tenia el sentimiento, "ahora no, es muy pronto, yo no quiero hacer esto ahora". Fue como sí casi de alguna manera lo sabía en algún nivel, pero no sentía que yo estaba listo. Yo estaba enojado porque mi realidad estaba armada. Yo estaba muy seguro de como funcionaba la vida y no quería cambiarlo. (Yo recuerdo otra parte después de la mantis religiosa, después de la operación o lo que sea que me hayan hecho, yo fui arriba al cuarto de control, fue como que ellos estaban diciendo, "bueno el trabajo esta hecho, ahora tú puedes disfrutar por un rato más", y yo no estaba seguro si tal vez incluso toda la nave no estaba viva. No había distinción entre las máquinas y la gente viva, yo había perdido esa realidad de alguna manera y no podía percibir la diferencia. ¿Cómo es que existe una máquina viva? Y después yo estaba pensando "quizá toda la nave esta viva". Y eso me hizo sentir nervioso, yo me estaba asustando, yo pensé quizás la cosa... la nave sabía donde yo estaba parado, tal vez sabía donde estaba parado.
D: Puedo ver lo que quieres decir, eso sería muy aterrante.
F: Fue una sensación incómoda, no sé si estaba viva, pero sé que por un minuto allí, solo de pensarlo me atemorizo.

Esta sesión pareciera molestarle o perturbar, incluso después de una hora de discusión él pareciera seguir agitado cuando nosotros nos despedimos. Fue un concepto difícil de aceptar y aparentemente él tenía problemas en analizarlo en muchos niveles. Yo no creía que él quisiera volver a intentar hacer esto de nuevo. La información le molestaba más que en otras ocasiones cuando habíamos trabajado juntos. Yo casi deseé no haber descubierto esto, pero fue su idea. Yo sentí que él desearía dejarlo así y no volver a mencionar este tipo de tópico de nuevo. Pero yo estaba equivocada, su curiosidad fue más fuerte… que su repulsión.

CAPÍTULO 21

EL DESCUBRIMIENTO DE LOS PRIMEROS CONTACTOS

FELIPE HABÍA ESTADO PERTURBADO por la última sesión, así que yo estaba esperando que me contactara si él quería continuar más allá el cuestionamiento OVNI. Yo verdaderamente no creía que el quisiera seguir, pero cuando él me llamo una semana después él dijo haber tenido algunos sueños extraños. Él se preguntaba si de alguna manera tenían alguna conexión con la última sesión. Quizás nosotros de alguna manera detonamos algo en su subconsciente.

Nosotros acordamos una sesión para explorar esto, yo encendí mi grabadora de cinta al mismo tiempo que él reportaba sus sueños. Felipe pensó que fue extraño que todos los sueños habían ocurrido casi al mismo tiempo, el despertaría alrededor de las tres de la mañana con la memoria del sueño firmemente adherida a su memoria. "A veces despierto sin ninguna razón después de uno de estos sueños importante", él recordaba, "y cuando miraba hacia el reloj siempre eran las tres en punto. Eso pareciera ser un tiempo significante de la mañana por alguna razón". Uno de esos sueños tenía que ver con su mamá y todos sus cinco hijos. Él se vio a sí mismo con sus hermanos y hermanas como niños en vez de adultos, ellos estaban en un vagón atravesando la ciudad hacia algún lado. (En esta etapa joven de su vida sus papas se separaron). En la siguiente escena él estaba sentado en algún tipo de mesa de exploración en algo similar a una oficina de doctor. El resto de su familia estaban en camillas en unos de los cuartos y todos estaban inconscientes.

F: Yo estaba hablando con una mujer y yo sentí que ellos me estaban haciendo algo muy peligroso, aun así, yo no tenía miedo, de ellos. Es un sentimiento complicado de describir, es como si en un nivel yo sentía que estaba en un peligro muy real, pero de otra manera yo no les tenia miedo porque sabia que no nos iban a lastimar. Aquí hay un tipo de paradoja, pero sabés que en un sueño es fácil de sentir cosas como esas. Esta mujer dijo que ellos estaban recolectando óvulos (eso es lo que entendí de la conversación) que ellos estaban tomando óvulos de mis hermanas, y de alguna manera de esa conversación sabía que ellos habían tomado algo de mi, y fue la mitad de lo que sea que yo tenía. Ella me dijo que no me dolería y pregunte, bueno ¿qué hay después si yo quiero tener hijos? Y ella no dijo nada. Entonces lo siguiente que yo recuerdo de ese sueño fue que vi otra vez a este tipo de mantis religioso.

Eso fue es todo lo que él pudo recordar de ese sueño, después él reporto otros tres más que fueron extraños, pero no lo creo que fueran sugestivos o encuentros reales con OVNIS o encuentros extraterrestres. Yo estuve de acuerdo en checarlos todos durante la sesión, él pensó que esos sueños fueron significativos porque estos comenzaron después de nuestra primera sesión y no eran del tipo de los que normalmente tenía. Muy a menudo al inicio cuando hacemos un tipo de exploración como esta y la puerta del pasado se ha abierto, las memorias se filtran a través de la barrera en forma de sueños.

Yo había trabajado en casos de abducción OVNIS y he visto un patrón emergente. Las diferentes personas pensaron que ellos habían tenido un incidente aislado, pero bajo una investigación hipnótica era a menudo descubrir que ellos habían tenido experiencias desde su niñez. Por alguna razón la edad alrededor de la pubertad era significante, y muchas personas reportaron incidentes alrededor de esa edad que habían sido bloqueadas de su memoria. Como yo me preparaba para esta sesión, tenia la esperanza de descubrir algunos otros encuentros de Felipe que pudiera haber tenido a temprana edad. Quizás estos conectarían con estos sueños que él había tenido durante nuestra última sesión, pero yo también tenía la esperanza de que no encontraríamos algo que a él le perturbara mucho como la última vez cuando por primera vez la puerta se abrió en esta parte oculta de su vida.

Yo usé la palabra clave y proseguí normalmente. Cada vez que la puerta del elevador se abría yo nunca sabía lo que Felipe pudiera ver, pero siempre pude proceder de lo que fuera la escena al comenzar. Esta vez en lugar de ir a las tres estructuras o cualquiera de las locaciones familiares, él estaba viendo una escena de su infancia. Sin ser dirigido para hacer esto, él había regresado a unos de sus primeros encuentros, fue como si su subconsciente pensara que ya era tiempo para que él recordara, y había seleccionado ese incidente para que lo viera él.

Era 1965 cuando Felipe tenia 10 años de edad, él estaba parado en un campo detrás de su casa durante el día observando a un objeto extraño. Los árboles cubrían la vista de él de la casa hacia la carretera, asi que nadie más pudo haberlo visto. Él lo describió como una forma de campana, redondo en la parte superior, ancho en su base, y más pequeño que una campana. El tamaño quizá era de 9 a 12 metros de ancho, estaba descansando en sus piernas de aterrizaje y resplandeciendo una luz blanca y luminosa.

D: ¿Qué estas haciendo allí?
F: Estoy hablando... hablando con ellos.

Su voz fue como de niño, él obviamente estaba reviviendo la experiencia. Cuando eso sucede, yo tengo que hablarles y tratar a la persona como un niño.

D: ¿Con quién?
F: Con la gente de adentro, me están diciendo cosas. Ellos están parados en la rampa, y yo estoy en el suelo.
D: ¿Cómo se ven ellos?
F: Ellos son de baja estatura con cabezas grandes y de piel gris, pero ellos son muy agradables. Es un hecho que ellos son muy amorosos, muy llenos de amor.
D: ¿Tú mencionaste que te están diciendo cosas?
F: Sí, cosas acerca de mi. Cosas que voy a hacer, cosas que supuestamente voy a hacer, cosas que yo hare y por qué. Cosas que están en mi futuro.

D: ¿Están hablando contigo?

F: No, pero yo sé que están diciendo ellos. Ellos están pensando en mi, ellos dicen que yo estoy aquí por una gran razón, una misión importante, y las cosas que suceden en mi vida son para ayudarme en esa misión, ese es el propósito. Que nunca lo olvide o que me de por vencido.

D: ¿Te han dicho cuál es la misión?

F: Sí, es ayudar a la gente porque la gente estará temerosa y ellos necesitan a alguien que sepa lo que esta sucediendo, alguien que la gente pueda buscar y no tener miedo. Alguien que los guie y los lideree cuando ellos tengan miedo.

D: ¿Cómo es que llegaste ahí?

F: Camine desde mi casa.

D: ¿Cómo sabias que tenías que ir ahí?

F: Yo lo sentí, solamente lo sabía.

D: Si es esto en el día, yo me pregunto si otra gente puede ver lo que esta allá fuera en el campo.

F: Yo no sé, yo puedo verlo, yo sé quienes son ellos, de alguna manera como si yo los hubiera visto antes. Ellos se me hacen familiares, de alguna manera se que ellos son amigos, aunque yo no sé porqué. (Tristemente) yo me lamentaba cuando ellos se marcharon, porque no quería quedarme aquí. Me quería ir con ellos y me puse a llorar. Después me fui a casa y me tome una siesta y me olvide de ellos.

D: ¿Entonces no subiste a bordo de la nave?

F: No, ellos me dijeron que me quedara allí. Ellos no me querían allí, no tendría que estarlo.

D: Pero entonces no les tuviste miedo. ¿Te olvidaste de ellos?

F: Sí, debía hacerlo, ellos me dijeron que lo haría.

D: ¿Y ellos solamente se comunicaron mentalmente contigo?

F: Sí, ellos pensaron en mi.

D: ¿Viste la nave marcharse?

F: No, me di la vuelta y me marche, después mire hacia atrás y ellos se habían ido. Ellos... me conocían, me agradaban.

D: ¿Fue esta la primera vez que tú los habías visto?

F: No, porque yo los conocía, pero no recuerdo... cuándo o dónde.

Desde que todo esto fue comprendido en ese temprano incidente, yo decidí en proceder. Yo le pregunté a su subconsciente si el sueño acerca de su familia fue una experiencia real o si había sido solamente un sueño. Él dijo que había sido un sueño de una memoria, así que yo le di instrucciones para que se moviera al tiempo en el que ese incidente ocurrió. Él inmediatamente comenzó describiendo unas vacaciones donde él y su familia habían tomado en Memphis para ver el festival de algodón en el rio. En las maravillas vistas a través de los ojos del niño, él mencionó los varios eventos emocionantes al ver los juegos pirotécnicos sobre el rio. Cuando yo le pregunte que, si algo fuera de lo ordinario había ocurrido, él dijo que nada había sucedido en Memphis, pero él se movió más adelante durante la noche en el viaje de regreso.

F: Yo no se donde era eso, debió haber sido un sueño.
D: *¿Piensas que fue un sueño?*
F: No, no era, ¡fue real!, yo estaba allí, yo era el único que estaba despierto. Los otros tenían miedo, así que se fueron a dormir. Pero yo no tenia miedo, ellos me permitieron estar despierto, yo sabia quienes eran ellos, ellos eran mis amigos... de allá arriba, gente agradable, pero daban miedo.
D: *¿Dónde estabas tú cuando esto estaba sucediendo?*
F: En la nave, en algún lado fuera de la carretera. En el viaje de regreso a casa desde Memphis, ellos dijeron que necesitaban algo, algunas cosas y yo dije esta bien.
D: *¿Cómo se ven ellos?*
F: Bueno... no tan mal, tipo gris, sin mucho color.
D: *¿Todos ellos se ven parecidos?*
F: No, no ese, no me gusta ese. (Voz infantil). Se ve atemorizante, como un tipo de... insecto. Yo no sé, no estoy seguro si esta vivo o no, se mueve, se ve como una máquina, pero actúa como si estuviera vivo. Ese no que gusta.
D: *¿Entonces que es lo que hicieron ellos? ¿Mencionaste tú que ellos querían algo?*
F: Ah, ja, muestras. Es todo lo que ellos querían, eran muestras.
D: *¿Qué hay del resto de tu familia? ¿Les hicieron algo a ellos?*
F: No, realmente no, nada malo. Ellos no querían lastimar a nadie, ellos solamente quieren muestras. Ellos están bien.

D: *¿Tomaron muestras de tus hermanos y hermanas también?*
F: De mis dos hermanas grandes de Linda y Gail. Ellos no tomaron nada de Cathy o de mi hermano.
D: *¿Qué hay acerca de tu mamá?*
F: No, ellos no tomaron nada de ella tampoco. Ellos querían tomar algo de mi, un espécimen, pero no era lo suficiente maduro.
D: *¿Sabés tú que tipo de muestras tomaron de tus hermanas?*
F: Como óvulos.
D: *¿Cómo pudieron haber hecho eso?*
F: Esa cosa. Metieron una aguja en ellos, en sus estómagos, y los sacaron.
D: *¿Les molesto?*
F: No, ellos estaban dormidos.
D: *¿Entonces qué sucedió después de eso?*
F: No pusieron de regreso en el carro. (Una larga pausa)
D: *¿Entonces todos ustedes despertaron o qué paso?*
F: (tomo un gran suspiro después su voz se volvió más suave y adormilada) yo no sé, me fui a dormir y se me olvido.
D: *¿Y tú no les dijiste nada acerca de lo que paso?*
F: No, se me olvido, debía hacerlo.
D: *Yo me pregunto de qué si eso fue un sueño o si eso podría estar relacionado a algo que realmente sucedió.*
F: Ah, ja. Sucedió.

Es muy interesante en notar que cuando yo pregunto acerca de otros sueños él había mencionado, su subconsciente reportó que ellos eran meramente sueños normales, aunque simbólicos en naturaleza y conteniendo mensajes de su mente consciente. Yo creo que, si él hubiera estado fantaseando, él hubiera incluido todos los sueños (especialmente de que uno de ellos fue definitivamente más emocionante) en su reporte y no enfocado en uno. Yo creo que esto aumenta la validez de este sueño siendo la memoria de un evento verdadero.

Cuando nos movimos más adelante en el tiempo, el reporto un segundo sueño muy similar que ocurrió unos años después, cuando él tenía 14 años. También había sucedido en un viaje a Memphis, porque su abuela vivía allí, así que, su familia hacia viajes regularmente a esa ciudad.

Cuando la escena llegó al enfoque, él inmediatamente se encontró otra vez sentado en una mesa gris. Él instintivamente sabía que el resto de su familia también estaba acostada en las mesas cerca de él. Él no podía verlos porque su atención estaba enfocada en el ser extraño parado enfrente de él. Cuando él comenzó a hablar su voz tomo la forma de una persona más joven. Su discurso no era tan complejo como el de un adulto, él veía el mundo en términos simples, él intento describir al ser.

F: Es una… mujer, un tipo de mujer. No es realmente una mujer. Ella es un tipo de mujer.
D: *¿Qué quieres decir?*
F: Ella no es como una mujer regular. Ella es un tipo diferente de mujer.
D: *¿Cómo es qué ella es diferente?*
F: Ella es agradable, pero su cara está toda arrugada.
D: *Pero las mujeres tienen arrugas a veces.*
F: Esta es diferente, su cara es como la piel de un elefante, es gris con muchas arrugas. Ella habla como con sus ojos, ella realmente no habla, pero me dice cosas con sus ojos cuando ella me mira.
D: *¿Es ella muy grande?*
F: Es difícil de decir, estamos a nivel del ojo y yo estoy sentado sobre la mesa.
D: *¿Qué otras facciones tiene ella?*
F: Principalmente lo que veo son sus ojos, son de un tipo de forma en almendra, son diferentes a nuestros ojos. Ellos son … solamente profundos, es como si ella siente cuando tú la estás viendo.
D: *¿Tiene cabello?*
F: No estoy seguro, todo lo que veo yo son sus ojos.
D: *¿Cómo es que sabés que ella es una mujer?*
F: Solamente por la manera en la que ella se siente, ella pareciera ser una mujer.
D: *¿Qué es lo que te está diciendo con sus ojos?*
F: Que no tenga miedo.
D: *¿Por qué el resto de tu familia esta dormida?*
F: Ellos los pusieron a dormir porque tenían miedo. Ella dijo que yo suelo hacer esto, y que no me molestaría, por eso estoy despierto, si me molestaría me hubieran puesto a dormir.

D: *¿Cómo llegaste ahí?*

F: Estábamos manejando a Memphis y vimos una luz. No recuerdo mucho, pareciera que fue en la carretera, pareciera como si ellos salieran del carro, no lo sé.

D: *¿Quiénes eran ellos?*

F: No lo sé, algunas personas... o algo. No estoy seguro de quienes eran ellos, yo tenia miedo y cerré mis ojos. Pero ellos nos sacaron del carro, y nos llevaron ... a algún lado, yo no sé a donde.

D: *¿Tenían los otros miedo?*

F: Yo no sé, no me acuerdo. Yo no creo que nadie dijera algo, pareciera como si todo fue muy tranquilo.

D: *Pero, ahora ellos están dormidos y tú estas despierto. ¿Entonces qué sucedió?*

F: Ella me estaba hablando, yo no recuerdo todo lo que ella dijo, ella me dio miedo, algo me espanto.

D: *¿Algo que ella dijo?*

F: Sí, yo pensé que me iba a lastimar, y no quería que me lastimaran, pero ella dijo que todo estaría bien, ellos iban a... picarme.

D: *¿Con qué te iban a picar?*

F: No sé, algo como una aguja.

D: *¿Dónde ellos te iban a picarte con una aguja?*

F: (Toma una gran pausa) en algún lado. (Tengo el sentimiento que él realmente sabía, pero no quería discutirlo) no dolió. Ella dijo que todo estaría bien.

D: *¿Qué más sucedió?*

F: Pude conocer a uno de los hombres que era un tipo de piloto, el era realmente agradable, el estaba riéndose... como de mí, pero, realmente conmigo, porque yo tenia miedo. Y él sabia que no había nada de que temer. Nosotros reímos juntos y me sentí como un tonto, se sintió bien reír.

D: *¿Hizo el sonido cuando se rio?*

F: No tan fuertes, pero fue en nuestras mentes... o a través de nuestros ojos, no lo sé. Nosotros hablamos, pero yo no recuerdo hablar realmente.

D: *¿Cómo lucia el piloto?*

F: Él era más normal que los otros, él se veía más como nosotros, pero sus ojos eran diferentes. Ellos eran de tipo más rasgados de lo que deberían de ser, pero estaban bien, simplemente eran diferentes.

D: ¿Era él de nuestra talla?

F: Sí, él tenia cabello, de alguna manera claro, plateado o rubio, algo asi. Él tenia un atuendo... casi como un chaleco o chaqueta y pans. No se si tenía zapatos o no, nunca mire abajo. Me agrado, él estaba feliz, amigable, y él pareciera ser importante.

D: Tú dijiste "los otros". ¿Los otros se veían como la mujer?

F: No, ellos eran diferentes también. Yo no recuerdo mucho de ellos. Tenia mis ojos cerrados, pero ellos me llevaron al cuarto, y después ella llego y empezó hablar. Yo me sentí cuando ella me hablaba, así que abrí mis ojos.

D: ¿Ellos querían que conocieras al piloto?

F: Si, fue como algo importante de alguna manera. Creo que toda la experiencia pareciera ser importante. Yo creo que fue muy estupendo que me hayan permitido hacer eso.

D: ¿Dónde estaba el piloto?

F: Él estaba enfrente... con sus controles. Él me mostro algo de sus cosas y las explico, pero realmente no sabía lo que estaba diciendo. Él me mostro como él podía mover su mano sobre un control y lo podía encender. (Sonriendo) y yo lo hice y se ilumino, como un panel con una parte plana de un control, con una palanca que salía de ella y la parte plana se encendería.

D: ¿Te dijo él para que era eso?

F: Él dijo algunas cosas, pero yo solamente no le entendí, no sé como funciona. Todo lo que yo podía decir tú puedes mover la mano sobre el panel y este se encendería. Yo no sé que significa esto, no lo entiendo.

D: Si tú pudieras recordar algunas de las palabras tal vez nosotros podríamos averiguarlo.

F: Solamente no entendí que es lo que estaba diciendo. Transluxtor ... algo como eso (fonéticamente) transluxtor, yo no sé qué es lo que significa, él dijo diferentes palabras. (Felipe tuvo dificultad al intentar repetir las palabras, fonética). Zerbok, Zerboks, o Zarbay (¿Zerber?) como algo asi. Solamente palabras que yo no sé que significan. Zerboing (¿Zerbeling?) o Zerboxing o algo así, yo no sé qué es, impulso. Tal vez es el impulso para manejar o algo así, las palabras realmente no tenían algún significado para mí. Él sabía que es lo que estaba diciendo y él estaba explicando como funcionaba, qué es lo que hacia y como. Yo no entiendo qué es lo que estaba diciendo.

D: ¿Mencionó él algo acerca de que energía utilizaba la nave?

F: Energía, el mencionó que canalizaba algún tipo de energía. Eso es lo que dijo.

D: ¿Mencionó él de donde venía la energía?

F: Yo creo que él dijo de todo alrededor. Es solamente pura energía.

D: Pero tienes que saber como usarla. ¿Te mostro él algo más en el cuarto de control?

F: Algunas otras cosas, es muy organizado, algún tipo de campo de fuerza o algo así. Ellos podían.... No lo sé, es atemorizante, no me gusta hablar de ello.

D: ¿Por qué? ¿Qué es lo que te da miedo acerca de eso?

F: No lo sé, solamente no me gusta hablar de ello, es atemorizante. Hay algo mal en ello, no me gusta lo que él esta diciendo de lo que ellos pueden hacer. Ellos pueden lastimar a la gente, retener a personas... como animales, no me gusta eso.

D: ¿Por qué ellos quieren hacer eso?

F: Yo no sé, no me gusta, yo no sé si él es mi amigo o no. No me gusta lo que está diciendo, y ... quizá él realmente no es un amigo.

D: Pero te sentiste cómodo con él.

F: No me gusta lo que dice que hacen a las personas, así es como lo hacen desde el cuarto de control, en parte es desde el panel, ellos hacen eso a la gente, me siento con miedo quizá porque ellos van a hacer eso conmigo. Él dijo que ellos pueden inmovilizar a la gente, hacerlos... aturdir, como punzando al ganado. Como nosotros hacemos a los animales a veces. De la manera que nosotros lastimamos cuando los pinchamos con unas varas y hacemos que hagan lo que nosotros queramos, y a nosotros no nos importa como ellos se sienten. Así es como ellos nos están haciendo a nosotros, yo no sabía que ellos podían, no me gusta (sospechosamente) yo no creo que sea un amigo, yo creo... tal vez estoy en problemas.

D: Oh, no lo creo, ¿podrías preguntarle por qué ellos quieren hacer esto con las personas?

F: Él dijo que a veces ellos tienen que hacerlo porque la gente se vuelve violenta o histérica y ellos tienen que someterla, eso fue lo que dijo.

D: *¿Entonces probablemente no los lastimarían permanentemente o sí?*

F: No, eso fue lo que dijo.

D: *¿Menciono él por qué ellos te subieron a bordo?*

F: No, él no hablo acerca de eso, él solamente esta hablando acerca de las cosas del cuarto de control, cosas eléctricas. Él dijo que yo entendería después, él jalo una cubierta, había estas luces... en pequeñas hileras de algún tipo de... parece como luces líquidas, de un tipo como un tubo o algo así, como un fusible, pero pareciera como un fluido. Se mueve, algo acerca como una unión, algún tipo de conexión o algo así, y es parte de como funciona.

D: *¿Existe muchas de estas luces de liquido?*

F: Cuatro... cinco, ¡cinco! En una fila de lado a lado. Ellos son como pequeños tubos que tienen... pareciera como luz liquida que fluye a través de ella y después ellas van por detrás del resto de los paneles hacia algún lado o algo allí.

D: *¿Son como luces de neón?*

F: Sí, un tipo de, excepto que no puedes ver a través, se ve como una luz solida.

D: *¿Dijo él para que los usaban?*

F: Es parecido como nuestra sangre es para nuestro cuerpo. Así es como es esa cosa en el... lo que sea que es esto.

D: *¿Quieres decir como un combustible de algún tipo?*

F: No, no como combustible, sino más como sangre, algo que lo mantiene circulando, yo pienso que él esta tratando de decir que acarrea la energía alrededor.

D: *¿Quieres decir que estos están en otros lugares en la nave?*

F: (Interrumpió) va a través de la nave, circula, así es como fluye a través de la nave, circulando. Eso fue lo que dijo.

D: *¿En las paredes o en el piso?*

F: Si, a través de la maquinaria, yo creo como aceite. Circula, no es únicamente el combustible, acarrea el combustible, la energía. ¡Eso es! acarrea la energía. Circula a través de la nave, a través del resto de la maquinaria o lo que sea que es. No es como una maquinaria, a través del resto de las cosas que funcionan de lo que sea que es.

D: *¿Es esto una parte importante?*

F: Es solamente una parte, no es la parte principal o algo. Él solamente me lo está mostrando, explicando como este tipo de cosas funcionan.

D: *¿Puedes ver los otros lugares donde circula o están escondidas?*

F: Es como yo no puedo verlos con mis ojos, pero puedo ver una imagen en mi cabeza hacia donde van. Es algo de adentro y va a través del medio, hay muchas cosas, yo no sé que es. Solamente es parte de las cosas que hace que funcione esto.

D: *¿Esta escondido atrás de las paredes?*

F: Algo así, esta en diferentes partes, diferentes áreas, cubierto con diferentes cosas. Muchas cosas hay allí, esta detrás de un pequeño panel, esta ahí para verlo y pienso, hacer ajustes o checarlo tal vez. No lo sé, pero esta ahí para que lo puedas ver.

D: *Eso es extraño, ¿tiene algún tipo de color?*

F: Es blanco, luz brillante, se ve como líquido, pero solo es energía, es lo que él dijo.

Felipe se gana la vida trabajando con aparatos electrónicos, uno pensaría que él hubiera visto algo en ese cuarto de control y pudo haber reconocido. Pero él se encontraba en un estado mental en sus 14 años y todo era extraño, misterioso e imposible de explicar.

D: *¿Él te mostro algo más?*

F: Una pequeña caja negra, dijo que era mía, dijo que no podía quedármela, pero quería mostrármela.

Esto sonaba como a la misma caja negra que Felipe había visto después de su encuentro con el búho. Aparentemente a él se la habían mostrado en diferentes ocasiones, como esperando a que él la reconociera.

D: *¿Cómo es que se veía?*

F: Es pequeña... no es cuadrada pero larga, tipo negra... y brillosa, suave. Creo que se abre, pero no pude adivinar como; hay algo adentro pero no se que es. Él dijo que es mío... pero no puedo tomarlo.

D: *¿Qué significa que es tuya?*

F: Él dijo que yo la había hecho hace mucho tiempo.

D: *¿Y que piensas de eso?*

F: Lo que fuera que dijo yo no iba a argumentar, parece que esta bien, yo pensé que fue estupendo, pero se abre de alguna manera, hay algo que existe dentro de ella, creo que eso fue lo que me dijo, pero creo que también yo sabía.

D: *¿De donde saco la caja?*

F: Yo no sé, creo que alguien se la dio. ¡Él dijo "! ¡Aquí! mira esto" yo dije "¿Qué es?" él dijo; "esto es tuyo, tú construiste esto… hace mucho tiempo, cuando tú eras parte de otra raza. Esto es un recuerdo de tu herencia". Yo dije, "¿qué es?" yo no sé qué fue lo que dijo que era, algo, alguna palabra. Él dijo … (él estaba teniendo dificultad para encontrar el sonido) Obs… Obsinite o algo así, eso fue lo que dijo, era algún tipo de cosas. Creo que eso él quiso decir de lo que estaba hecho. Él dijo que era para mi, para que recordara mi herencia, que yo era parte de otra raza, era pesada, lisa y negra, y como brillosa. Yo creo que hay algo adentro de ella, yo tenía miedo de intentar abrirla, pensé que él se enojaría. Se veía como si fuera un pequeño cofre, era como voluminoso y era redonda en la parte superior.

D: *¿Podrías abrirla si tú hubieras intentado?*

F: Sí, creo que yo sé como, pero tenía miedo de hacerlo, es como si tú lo supieras en tu mente. Creo que el cerrojo es mental y está en la mente, si tú no sabes como funciona, no se abrirá. Pero si tú ves en tu mente como hacerlo entonces se abre y puedes levantar la tapa.

D: *¿Puede alguien más abrirla?*

F: Yo creo que yo soy el único. Porque como él dijo, yo la hice.

D: *Entonces él no esta curioso de averiguar qué es.*

F: Él no pareciera curioso en encontrar lo que era, solamente que quizás me hubiera gustado verla, como si fuera importante para mi.

D: *¿Y qué pasó con la caja negra?*

F: Se la devolví, él sonrió como si supiera algo. Él estaba sonriendo como conmigo, pero yo creo que estaba riéndose de mi, justamente como a veces cuando alguien sabe algo y ellos no dicen lo que saben. Pero tú puedes darte cuenta por la manera que ellos te ven, que ellos saben algo.

D: *¿Te mostro algo más después de eso?*

F: Es como si fue mucho, estaban pasando muchas cosas, también había otras personas allí, gente pequeña que estaba trabajando.

D: *¿Cómo es que se veían ellos?*

F: Ellos eran como pequeños, feos y grises. Ellos tenían sus cabezas grandes y calvas.

D: *¿Pero que tú dijiste que la qué tú pensaste que era mujer no se veía como ellos?*

F: No, ella era diferente de alguna manera, era agradable y amigable. Ella solamente tenia la piel realmente arrugada. Había algo acerca de sus ojos, tú simplemente no podías alejarte de su mirada, es como si me estuviera reteniendo, yo no podía voltearme, pero me sentí bien. Solo fue diferente, ella era agradable.

D: *Y lo que tú mencionaste que eran feos, ¿Se comunicaron contigo de alguna manera?*

F: No, solamente estaba ahí, no hay mucho que decir acerca de ellos, estaban haciendo algo más, moviendo cosas, tocando cosas, acarreando cosas... haciendo cosas. Yo no se qué eran ellos, pero parecían que estaban siempre ocupados, ellos realmente no me prestaron atención.

D: *¿Entonces él que se comunico contigo mayormente fue el piloto?*

F: No estoy seguro acerca de eso, los dos (el piloto y la mujer) pareciera que ellos se comunicaban conmigo, pero no sé cuál de ellos lo hizo más.

D: *¿Viste a alguien más que se pareciera como el piloto?*

F: Yo vi a otro, alguien que yo vi caminar al otro extremo del pasillo. Él no voltio a verme ... él no dijo nada, solamente paso por ahí. Él tenia un parecido al tipo del piloto, más como nosotros y eso fue todo lo que vi. Yo creo que probablemente habían más, pero no estoy seguro, no vi más.

D: *¿Y qué sucedió después de eso? (una larga pausa)*

F: No estoy seguro, lo próximo pareciera como si fuera en la noche y nosotros estábamos en la camioneta de nuevo. Mi hermano y yo estábamos en el asiento trasero, Linda enfrente con mi mamá, Gail y Cathy están en el medio. Ellos están dormidos y mamá esta manejando, pareciera como nosotros estamos yendo hacia Memphis.

D: *¿Sabés como regresaste al carro?*

F: No estoy seguro.

D: *¿Dijo tu mamá algo?*
F: Ella esta preocupada en llegar a Memphis a tiempo, más adelante ella no dijo nada. Por un largo rato... todo fue silencio, estoy escuchando el recorrido.
D: *¿Era muy tarde en la noche?*
F: Es temprano en la mañana.
D: *¿Y no dijo ella algo acerca de lo qué sucedió?*
F: Nadie lo hizo, ellos no saben.
D: *¿Recuerda algo de lo que sucedió?*
F: No, ni después, yo no recordaba nada, pero ahora sí.
D: *En ese tiempo, tú solamente recordabas haber tomado ese viaje, pero ahora tú recuerdas lo que realmente sucedió ¿eso es lo qué quieres decir?*
F: Ahora recuerdo más, eso creo.
D: *¿Piensas tú que esa experiencia fue un sueño?*
F: Yo no sé, no fue tan mal, todo esta bien, algo de susto, pero no dolió. Yo no creo que quisiera hacerlo otra vez, fue muy diferente, como raro o algo asi; no me gusto.
D: *¿Pero ellos realmente nunca te hicieron nada a ti o sí?*
F: Sí ¡si lo hicieron! ellos tomaron algo de mi, algunas muestras.
D: *¿Sabés tú qué tipo de muestras fueron?*
F: De piel.
D: *¿Algo más?*
F: (Toma una pausa) eso es todo lo que recuerdo.

Yo le dije que la experiencia puede ser recordada como a una visita similar cuando vas al doctor. Mucha gente no le gusta ir, ya sea porque las cosas (especialmente las pruebas) que a menudo se les hace a ellos son muy incómodas. Ellos también sienten que no tienen el control porque no pueden parar las cosas que les hacen a ellos en clínicas y hospitales. Yo pensé que, si yo podía persuadir a su subconsciente al ponerlo en ese tipo de contexto, entonces no le molestaría conscientemente.

D: *Vamos a movernos hacia adelante en el tiempo para ver si tú tuviste otro encuentro con ellos después de esa ocasión. Contare hasta tres y estaremos allí, si es que ese tiempo existe. 1,2,3, ahora nos hemos movido adelante en el tiempo. ¿Qué es lo que estas haciendo ahora, qué es lo que ves?*

Fue muy notable que la voz de Felipe durante el evento en sus 14 años de edad había sido muy adormilada, lenta y un poco inmadura. No era realmente infantil pero inmadura. Como él estaba emergiendo en la próxima escena su voz regreso a la normalidad. Él dijo que estaba buscando a una muy profunda herida abierta y estaba confundido.

F: Yo no sé porque está allí, no recuerdo nada, no estoy seguro de lo que estoy viendo.
D: *¿Estas sangrando?*
F: No, pero puedo ver dentro de ella, como tipo de abertura con bordes limpios.
D: *¿Puedes ver donde esta la herida?*
F: Creo que yo la tengo... a mi lado derecho, únicamente unos centímetros de largo... y tal vez unos siete centímetros de ancho, pero la herida esta limpia, no esta sangrando, pero es profunda y muy roja obscura.
D: *¿Cómo te hiciste eso?*
F: Se abrió... al remover algo. No sé lo que fue, algo que estaba colocado allí, algo que había estado allí por algún tiempo y después fue removido.
D: *¿Cómo es que fue removido?*
F: Quirúrgicamente, la piel fue cortada, abierta en capas ... y la capa superficial de la piel fue rasurada.
D: *¿Quién hizo esto?*
F: Ellos lo hicieron, ellos, los observadores, los amigos.
D: *¿Dónde estabas tú cuando eso sucedió?*
F: Yo estaba dentro de la nave en una de las mesas, en la mesa. La única mesa en el cuarto.
D: *¿Sabés en que año sucedió esto?*
F: (Pausa) no estoy seguro, no siento el tiempo del todo.
D: *¿Puedes ver lo que fue removido?*
F: Era un tipo de masa que estaba causando problema, tenia que ser movida porque era... dañina.
D: *¿Esto fue que tú mencionaste que pusieron ahí?*

F: Era un tipo de derivado que ellos pusieron ahí. Un resultado de una cosa que puesta allí. Una bola brillante de metal, y la masa se formo alrededor de eso. La masa es lo que ellos querían que creciera, ellos necesitaban el tejido, un tumor. Hubiera sido dañino para mi, pero era necesario para ellos, así que ellos lo removieron para que no me causara daño.

D: *¿Removieron ellos la pequeña bola brillosa también?*

F: Sí, estaba dentro de la masa, el tumor se formo alrededor de la bola, era más como una bolita. El tumor era para estudiar mi sistema, algún tipo de sistema que es… no inmunológico, pero es de alguna manera relacionado distantemente a eso. Yo no entiendo exactamente qué es, pero es un tipo de sistema de regeneración. La masa fue una reacción a esta bolita que hubiera causado problemas si se hubiera dejado, pero ellos necesitaban la masa para estudiar la reacción a esta bolita.

D: *¿Algo como el sistema de defensa del cuerpo?*

F: Más que solamente la defensa, mucho más complicado que eso, una asimilación. Un crecimiento generado por la bolita para estudiar y comprender los diferentes sistemas en mi cuerpo incluyendo el inmunológico. Ellos colocaron la bolita para estudiar el crecimiento de lo que rodeaba a la bolita.

D: *¿Era la bolita muy grande?*

F: Muy pequeña, era de un tamaño aproximado de 7/40 de una pulgada.

D: *¿Y esto no te causo algunos problemas mientras estaba dentro de tu cuerpo?*

F: De alguna manera, sí, aunque nada serio, más una molestia que un peligro, nada que no pudiera vivir sin ella.

D: *¿Qué tipo de malestar tenias?*

F: De alguna manera sentía náuseas, cansancio, desbalance, lenguaje lento. Era como si la energía de mi cuerpo de alguna manera era absorbida y concentrada hacia la bolita y la masa.

D: *¿Tienes alguna idea por cuánto tiempo permaneció dentro de ti?*

F: Sigue allí.

D: *(Eso fue una sorpresiva declaración) ¿sigue allí?, ¿pensé que ya la habían removido?*

F: Aún no.

D: *Oh, ¿quieres decir que la están removiendo en este momento?*

F: No, ahora no, sigue allí.

D: *(Yo no entendía) ¿Cuándo ellos removieron la masa, acaso no removieron también la bolita?*

F: Eso no ha sucedió aún, supongo que es algo que estamos mirando hacia adelante.

D: *Bueno, ¿mencionaste tú que viste el agujero en tu lado y que ellos estaban removiendo la masa de tu cuerpo?*

F: Ellos lo harán, pero aún no. Es importante para ellos y para mi, para otras cosas que vendrán.

D: *¿Qué quieres decir?*

F: Yo no sé, eso es todo, otras cosas por venir, eso es todo lo que yo sé.

D: *Pero no mencionaste tú que era peligroso para ti, si dejaban la masa dentro de ti.*

F: Si la hubieran dejado, sí, pero no será asi. No ha sido removido aún, no es tiempo, fue colocado, inyectado.

D: *¿Entonces por qué ellos hicieron la incisión?*

F: Eso es una imagen de lo que sería como cuando fuera removida, una visualización.

D: *Esta bien, eso es de lo que tú estabas hablando (él estaba teniendo un vistazo de una escena del futuro). Así que tiene que permanecer por un determinado tiempo para después ser removida y examinada. ¿Qué sucedería si es que ellos no la remueven?*

F: Se convertiría en tumor y causaría problemas renales, problemas del riñón. Causaría una falla renal, porque por su tamaño causaría un bloqueo.

D: *Entonces esta localizado en el área del riñón.*

Aparentemente este objeto fue colocado dentro de Felipe al tiempo de la experiencia con el búho.

Al despertar nosotros examinamos el lado de su espalda y no había cicatriz. Si algo había sido hecho, era obvio que había sanado sin dejar ninguna marca. Él recordaba alguno otros detalles acerca de la bolita. Él asumió que debió haber sido puesta por la extraña máquina de la mantis religiosa. La bolita tenía una apariencia plateada y brillosa, más pequeña que una bala de pequeño calibre, pero él pensó que probablemente no era metal, tal vez algún tipo de mineral que no se mostraba en una prueba de rayos X.

D: *Bueno, pareciera como si vas a volver a verlos otra vez, porque ellos tienen que removerlo en algún cierto tiempo en el futuro. (risa)*
F: Esta bien para mi, recordando la emoción que tuve con ellos, fue de que todo esta bien, puedo decir que ellos son amigables.
D: *Si, incluso cuando tú tenías 10 años, tú no les tenías miedo.*
F: Sí, sentía como si los conociera, yo no sabía si los conocía personalmente o de manera general.

La primera situación que quería discutir era en aquel cuarto con la creatura mujer arrugada. Había ocurrido mucho de lo que él había reportado, aparentemente en la edad joven de 14 años era algo que él no podía por sí mismo discutir. Incluso ahora él se sentía apenado, como él hablaba y miraba a la pared evitando mis ojos. De todos modos, esto no es el tipo de cosas que normalmente hablarías.

F: No quería decirlo mientras estaba bajo hipnosis, pero ... ellos introdujeron una probeta en uno de mis testículos, y sacaron ... oh, no sé que fue, un fluido o células o algo así.
D: *¿Fue eso de lo que tenías miedo que te iban a lastimar? Tú mencionaste que ellos te iban a picar con algo.*
F: Fue un tubo pequeño delgado y plateado y tenía algo en el extremo. Yo vi el tubo y cerré mis ojos, ya no quise ver más. Yo podía decir que ellos estaban haciendo algo, pero no dolió, ellos tomaron especímenes, muestras, eso creo.
D: *Yo creo que fue interesante lo que tú pensaste que el ser era una mujer.*
F: Tú podrías decir básicamente por su energía, que su personalidad era muy femenina. Ella era algo que podía ser el equivalente a una jefa de enfermeras, o algo asi. Su piel era arrugada realmente, no podía ver otra cosa más excepto sus ojos. Pareciera como cuando ella te mira, tú estabas enganchado en sus ojos y no podías dejar de verlos, pero de la esquina de mi vista podía ver el resto de ella. Realmente no puedo recordar mucho excepto ver sus arrugas, no recuerdo si ella tenia cabello o no.
D: *Tal vez de esa manera es como funciona ella estaba enganchada en ti y de esa manera no podías sentir nada.*

F: Creo que sí, cuando esa enfermera estaba tomando las muestras... yo estaba consciente de que ella me estaba tocando, pero realmente yo estaba enfocado en la comunicación de sus ojos. Yo asumí que algo estaba sucediendo con el resto de mi familia, ella no lo dijo, pero yo solamente asumí que eso probablemente estaba bien.

D: *¿Pero el otro hombre, el piloto, pareciera ser muy diferente o no fue asi?*

F: Sí, él pareciera ser más humano, aunque había algo diferente en él también. No era de miedo solo era diferente. Sus ojos eran de un tipo como de asiático o de indios americanos, algo asi. Únicamente en vez de que fueran rasgados eran más de una forma almendrados, es difícil de describirlo. Los ojos no eran negros, sus pupilas eran como la de nosotros, en sí lo ojos parecieran ser muy normales. Básicamente eran la forma de los ojos, redondo en medio, pero eran rasgados a los lados. Él tenia pelo claro, rubio o gris o algo asi. Una vez más es como si yo no estaba mirando mucho a ellos o alrededor de ellos, sino a su cara o a sus ojos. Ósea como que te enganchabas en eso, y el otro pequeño detalle es que nuestros ojos son como magnetos y se enganchan, es casi irresistible, cuando ellos te miran y tienen una forma magnética que te jala, y no puedes evitarlo.

D: *Quizás es la manera como la información es comunicada.*

F: Sí lo es, es casi como que allí existe una conexión física y la comunicación es a través del enganche, del jalón magnético o lo que sea que es. Él realmente fue amigable y era como si él supiera algo que yo no, pero era algo agradable, no era nada malo del todo. Fue casi como si sus ojos tuvieran un centelleo.

D: *La única parte que te molesto fue la cosa que paralizaba a las personas.*

F: Sí, eso me molesto cuando él me estaba diciendo como es que ellos podían hacer que la gente parara e inmovilizarlos. Ellos pueden controlar con un rayo que ellos operan desde su panel, es muy parecido como cuando nosotros manejamos al ganado al marcaje. Nosotros guiamos a través de pasadizos y usamos una varilla eléctrica para inmovilizar al ganado y hacer que hagan lo que nosotros queramos, eso es lo que me recordó. Creo que eso fue lo que salió de la nave, él estaba diciendo que ellos usan esa luz para controlar a la gente cuando tienen que hacerlo. Pareciera como si nosotros fuéramos ganado para ellos, asi que no parecían ser muy amigables de esa manera.

D: ¿Y ahora como te sientes al respecto a eso?

F: Mmm, neutral, a este punto realmente no sé que creer o no, pero no me molesta eso. desearía que sí, me gustaría creerlo. Vamos a ponerlo de esta manera, desearía que hubiera algo que pudiera tener un sustento para decir que realmente creo en esto, pero no. Creo que es más mi imaginación o algo, no sé si esto es real, creo que estoy como decepcionado que no experimente algo que realmente pueda creer en el.

D: ¿Por qué sientes que tienes que creerlo?

F: (Lentamente y dudando) solamente creo que es algo que … bueno, nos da la esperanza que hay más de la vida que solamente estas cosas mundanas que vivimos del día al día. Justo el saber que hay una gran realidad, algo más allá afuera. Es más emocionante que nuestra rutinaria vida, pero no solamente es algo que nosotros podemos decir, "bueno, si, esto es real". Ya sea un producto de una imaginación fértil o… no se qué es.

Es increíble que todos estos eventos (y quien sabe cuantos más) han estado dormidos toda su vida en el subconsciente de Felipe. No existe una absoluta indicación que ellos estén allí. No los hubiéramos explorado porque no sabíamos de su existencia. Ellos hubieran permanecido durmiendo si las memorias no hubieran sido detonadas por sus sueños.

Esta sesión, no dio, indicación de que a él le hubiera molestado más allá por estas experiencias, por su amigable actitud hacia estos seres, pero no fue verdadero. Durante el período del próximo mes él no experimento mucho trauma, como él intento hacer que estas experiencias se amoldaran en su estilo de vida. Él no me llamo por teléfono ni me dijo nada, asi que no supe nada acerca de sus problemas internos de los que él estaba luchando.

CAPÍTULO 22

PERDIENDO CONTACTO CON LA REALIDAD

NO ESTABA CONSCIENTE de que las sesiones habían perturbado tan profundamente a Felipe hasta la siguiente reunión unas semanas después. Él quería replantear lo que había estado pasando por su mente, así que, encendí la grabadora. Yo creo que el reporte de Felipe de sus emociones confundidas que se manifestaron después de haber revivido las memorias de abducción será de beneficio para otros investigadores quienes están tratando de entender fenómeno inusual.

F: Tengo que decírtelo, estas sesiones ... trabajar en esta área me ha molestado. Si siento que pueda solamente alejarme de ello, lo haría, es perturbador. Yo no quiero que te molestes acerca de eso te sientas nerviosa por mi, pero algunas veces en los días después de que trabajamos, un sentimiento de miedo regresa hacia a mi por alguna razón. No un pánico, pero me siento totalmente enfermo. Por un tiempo me estaba cuestionando mi salud mental, me sentía como si hubiera perdido contacto con la realidad.

D: *¿Quieres decir después de tu primera sesión?*

F: Después de la primera y segunda sesión, especialmente después de la segunda.

D: *¿La segunda? La primera fue perturbadora, pero no pensé que hubiéramos tocado algo aterrador en la segunda.*

F: No lo sé, yo tengo una teoría de lo que pudo haber sido y la manera de que yo lo veo es que hay ciertas cosas que trabajar aquí. Primeramente, es el hecho de que cuando estos eventos tomaron lugar originalmente, es muy perturbador y esas emociones tienen que ser atenuadas o calmadas. Es una manera para ellas de ser liberadas después del hecho en la carretera.

D: *¿Pero te sentiste bien cuando ellas fueron liberadas?*

F: No, me sentí horrible, de hecho, gustaría decir que pudiera estar deprimido y temeroso de … nada. No puedo definir exactamente de lo que me da miedo, porque solamente tengo estas emociones de algo que no me doy cuenta y me deprimen de… algo. Y me siento fuera de sintonía, como que… fuera de la realidad. Es muy inusual para mi sentirme de esa manera.

D: *¿Y eso te dura mucho?*

F: Oh, tal vez me dura un día o a veces la mitad del día, en diferentes ocasiones, y ha sucedido únicamente como tres o cuatro veces. No es una cosa que se extienda mucho. Me ha sucedido como en un día o dos después del trabajo y como que viene de la nada. Es un sentimiento horrible sentirse fuera de la realidad, fuera de control y el sentirse atemorizado es feo. Yo no se porque me siento atemorizado, lo que quiero decir es que no hay nada que yo pueda visualizar o al menos imaginar. No hay un enfoque de eso, solamente es un sentimiento horrible de miedo, yo no sé si otra gente creería que es horrible, tal vez ellos se han sentido mucho peor, pero esto es nuevo para mi. Yo nunca me había sentido antes de esta manera y como dije, si yo hubiera sentido que no es importante, yo podría haberlo ignorarlo, si pudiera, pero realmente me complica la vida y no quiero complicármela.

D: *Yo pensé que las otras cosas que habíamos descubierto años atrás tal vez te habían complicado, ya sabés cuando estábamos trabajando en las vidas pasadas y tú comenzaste a canalizar acerca de la siembra de la tierra.*

F: No, eso no me complico del todo, es más eso fue aparte. Esto pareciera que esto sumo a mi vida, pero esto es directamente a mi vida. Esto no es algo que es aparte, esto viene a través de otro canal diferente, por así decirlo o algo así.

D: *Sí, las vidas pasadas, aunque son extrañas no te afectaron directamente.*

F: Fueron removidas.

D: *Sí, estas están relacionadas a tu vida, es algo que te ha estado sucediendo ahora, y eso haría la diferencia. ¿O no es asi?*

F: Sabés, esa primera vez que trabajamos en esto y vi la primera creatura en la carretera, yo recordé el sentimiento de "yo no quiero cambiar mi realidad, yo no quiero que esto suceda". Yo me resistí porque estaba cambiando mi concepto de realidad y mis cimientos. Siento como si parte de lo que esta sucediendo ahora es que otra vez mis cimientos de la realidad están siendo retados, las cosas que yo había asimilado como verdaderas y que he obtenido mucha fuerza de ellas, basando mis percepciones en lo que es y no es realidad están siendo... francamente se están yendo al infierno.

Yo estaba verdaderamente preocupada que, si Felipe estaba confrontándose por algo de esta magnitud y que no lo podía manejar, yo temía que las tendencias suicidas podían regresar. Él se había ajustado y adaptado admirablemente desde aquella vez de la decisión en los años setenta, ¿pero que sucedería y de esta nueva información descubierta amenazaba en abrumarlo? Yo no quería que se relacionara con estos miedos, seguramente aumentaría la complejidad de emociones que él sentía.

D: *Yo no quiero que te lastimes de ninguna manera.*
F: No, yo sé que no, y como dije, si esto fuera algo insignificante, yo pudiera ignorarlo, pero no puedo. Aquí existe una responsabilidad, no solo conmigo mismo, pero hay una gran responsabilidad de algo o de alguien más. Yo siento que yo tengo que hacer esto, es algo que no puedo cerrarlo, no puedo olvidarme de ello.
D: *Sabés, después de la primera sesión tú estabas perturbado y yo pensé que tal vez tú querías dejarlo todo, pero algunos días después, tú dijiste: "bueno, quiero seguir con esto", y yo pensé si le molesto no le hubiera gustado explorarlo.*
F: Los sentimientos no son algo que yo no pueda manejar, me complican mi vida y me hacen pasarla muy mal por un rato, pero aún así, es importante para mi, por alguna razón liberarlos. No es algo que yo disfrute hacerlo, pero es algo que yo siento muy fuerte que tengo que hacer. Yo no tengo una visión clara de porque o de lo que va a resultar, pero es importante en continuarlo.

D: *Esta bien, pero si te esta molestando nosotros podemos parar, no tenemos que hacer esto.*

F: Yo entiendo eso y lo valoro mucho, solamente quiero que tú estes consciente. Un par de veces yo pospuse llamarte para organizar otra sesión porque sentí que tenia que alejarme de esto por un tiempo.

D: *Por eso yo permito que tú tomes las decisiones, yo nunca quiero forzarte a algo que tú no quieras hacer, ¿pero existe alguna manera que tú puedas empujar esto atrás de tu mente y que pretendas que es un sueño para que no te moleste?*

F: No, es importante que yo libere esto, es un tipo como bloqueo. Esto es como una perturbación que esta adentro y necesita ser expulsada y liberada, yo creo por eso es importante, desde un nivel personal que yo continúe.

D: *Tal vez si tú no lo líberas podría actuar en tu subconsciente de alguna manera.*

F: Exacto, siento como si lo consciente y lo subconsciente están batallando por esto e intentan ajustar la percepción de mi realidad. Está en el subconsciente y necesita liberarlo a través del consciente. Es como sanar una quemada de piel, cuando te remueven lo quemado es horrible y doloroso, pero es lo que se tiene que hacer para promover la sanación. ¿Sabés de lo que estoy hablando?

D: *Yo no sé mucho de eso, pero entiendo la idea.*

F: Eso es un proceso horrible cuando la gente esta severamente quemada. Ellos tienen que remover la piel muerta ocasionalmente para prevenir retracción o algo asi. Exactamente no estoy seguro de que es lo que hacen, pero esta dentro de esas líneas, así es, como yo lo veo, es una perturbación dentro que tiene que ser liberada y expulsada, tiene que salir, tiene que ser expresado. Eso es parte del proceso. Al estar siendo liberado causa estas emociones, pero después siempre pasan. Yo tengo un fuerte carácter y puedo manejarlo. No va a causar ningún problema permanente, yo solo quiero que sepas que lo que dije no me hizo sentir bien o algo así o si me estaba perturbando, tu entenderías por qué. Yo necesitaba decírtelo para que tú tomaras conciencia de lo que estaba sucediendo.

D: Pero, de todos modos, tú dijiste que tú pensabas que podías manejarlo mejor ahora que hace un par de años, cuando nosotros primeramente empezáramos a trabajar en estas vidas pasadas, pudo haberlo salido también.

F: No me hubiera querido o incluso intentado tratar con esto en aquel tiempo, es difícil de describir. Yo no sé por qué, es tan molesto, pero el conocimiento de todas esas cosas que nosotros trabajamos antes en la canalización y el estar familiarizados con otras entidades y extraterrestres y demás, es un buen antecedente para poder manejar esto. Eso fue una preparación para tratar con esto, yo he dicho que mi carácter realmente es fuerte, pero aún así, al mismo tiempo mi psique humana es muy frágil.

D: Oh, sí, por eso tienes que ser cuidadoso, pero usualmente el subconsciente no permitirá mostrar algo que pueda lastimarte, es muy protector. Eso es probablemente porque se ha mantenido oculto todo este tiempo.

F: Sí, exacto, pero aún así existe el factor de crecimiento. Tú tienes que crecer, tienes que sanar y existe un entendimiento entre el confort versus sanación. No toda sanación es necesariamente cómoda, pero la prioridad sería la sanación por encima del malestar relativamente menor. Así que es algo que yo tengo que continuar hasta ... no sé, no sé a donde nos va a llevar esto.

D: Sí, yo pensé que ya habíamos terminado la semana pasada, pero aparentemente existen algo más por explorar.

F: Yo tengo un buen presentimiento de cuando parar algo, o de que explorar. No mucho conscientemente, pero creo que mi subconsciente o alguien en el otro lado, quizás esta dirigiendo lo que necesita salir o lo que no.

D: Sí, yo creo que tu subconsciente parará sí piensa, que tú no puedes manejarlo, esa es la manera de como funciona. De otra manera en primer lugar las memorias no se podrían haber removido.

F: Existe un mecanismo definitivo en este trabajo que esta dirigiendo que és lo que sale, cuándo, cómo y porqué. Aparentemente este es el tiempo y aquí estamos, nos encontramos haciendo exactamente lo que supuestamente debemos de hacer.

D: Pero aún así cuando estabas rodeado de aquellos seres tú mencionaste que sentiste amor por ellos.

F: Exacto, hay una contradicción allí porque cuando realmente sucede en los sueños o en lo que me acuerdo, pareciera que no es de temer o de miedo. No existe un sentimiento de miedo, es como si las experiencias van dirigidas hacia la psique o algo así. Si yo estoy interpretando esto bien, si yo estoy entendiendo esto correctamente, estos sentimientos de miedo son de la mente consciente intentando lidiar con esto. Es como si la mente consciente es pequeña (no solamente un poco) pero muy inmadura y entonces la mente consciente tiene que someterse a algo para que lo pueda experimentar. Es tan poderosa la experiencia durante la visitación, a mi no me gusta el termino "abducción"

D: *No, a mi tampoco.*

F: Es como si la mente consciente de alguna manera quisiera reprimirlo y la experiencia va directamente a ... no sé si el subconsciente sería lo acertado o en que nivel esta.

D: *Es el banco de memoria o como sea, yo puedo entender eso y de repente cuando la mente consciente lo ve dice, "ey, algo realmente esta sucediendo aquí" y comienza a espantarse.*

F: Eso es una de las cosas que suceden ¿realmente sucedieron? Eso es uno de los sentimientos de sentirse perdido, perdiendo la realidad, es ese sentimiento de ¿realmente paso? "Ahora, esperate un minuto ¡te estas volviendo loco! Te lo estas inventando"

D: *Eso suena como la menta consciente, esto sería un sentimiento de: "sí estas cosas suceden, ¿porqué yo no podría controlarlo?" no podías manejarlo en ese tiempo y ahora probablemente está intentando reprimirlo de nuevo.*

F: Yo creo que es que la mente consciente está intentando lidiar con algo que está más allá de su compresión, esto es tan nuevo en el nivel consciente. Yo creo que por eso es importante continuar, porque mi mente consciente esta aprendiendo de esto y esta creciendo en expansión de conciencia. La situación importante es no dejar que la mente consciente solamente racionalice, sino que realmente llegue a términos. Por eso es que tengo que continuar, para permitir a mi mente consciente que realmente entienda esta situación.

D: *Tú podías aceptarlo y lidiar con ellos como tú podrías hacerlo en cualquier evento traumático o desagradable en tu vida. Tal vez esto es parte de la razón porque la persona promedio no quiere intentar recordar algo de estas cosas, porque ellos no saben si serían capaces de manejarlo o no.*

F: Es sorprendente como la mente consciente realmente es inmadura e infantil.

A veces cuando Felipe intentaba racionalizar los eventos, él dijo que seguía teniendo la impresión de la dirección de órdenes y demandas de una figura paternal, y eso de alguna manera estaba revelando estas cosas. Él estaba arriesgando el castigo de los padres. El sentimiento oculto de que estaba haciendo algo que no debía de hacer y que ese padre estricto estaría enojado si lo descubriera. Es como sí el niño pequeño, fuera desafiante al padre.

Yo sentí que és, eso fue una buena terapia para Felipe, el de analizar lo que él estaba percibiendo de lo que le sucedía. Si él pudo hablarlo e intentar entenderlo, tal vez él averiguaría una manera de vivir con ello sin perturbar su vida normal. En esta vida lo más importante, después de todo, es que la persona tiene que aprender a integrar cualquier información que ellos reciban en su vida rutinaria normal. Ellos tienen que aprender en tratarlo como una curiosidad interesante y aplicarlo, pero no permitir tomarlo en un punto que ellos sientan su vida cambiante. Cuando una persona desea explorar sus vidas pasadas o estas experiencias OVNI, mayormente ellos están subconscientemente listos en aceptar y entender lo que surja, aunque podría ser extraño. Pero ocasionalmente existe alguien quien tenga más dificultad, es posible que Felipe tuvo más problemas debido a su linaje de ser niño de las estrellas. Él no tenía el antecedente dado por el subconsciente de varias vidas terrenales para ayudarle en entender estas extrañas y confusas emociones humanas que lo estaban atormentando. Como él dijo, el tendría que trabajar en sí mismo y sentir que podía hacer eso.

DURANTE EL MES PASADO Felipe había tenido un par más de sueños extraños. Él no podía recordar los detalles de ellos, pero él vio un instrumento de tipo pistola, como la forma de un rifle con un pequeño alambre al final. Él sabia que ellos de alguna manera habían insertado este cable en el conducto lagrimal de su ojo derecho cuando ellos lo removieron el vio un poquito de sangre en la punta del alambre, él tuvo el sentimiento de que algo fue insertado que podría ser similar a un artefacto que fue colocado en su espalda.

En otro fragmento de un sueño, Felipe otra vez estaba en cuarto de examinación similar a un consultorio de doctor. Él recordaba que todo estaba blando y sabía que el cuarto estaba muy esterilizado, entonces alguien inserto una larga probeta de metal en su pecho justo por arriba de su pecho izquierdo. Atravesó su piel, pero él no recordaba ningún sentimiento. Él no sabía si ellos le estaban poniendo algo o sacando algo, después Felipe descubrió que él no estaba solo en el cuarto. Él vio a otro joven casi de su edad quien estaba casi histérico en la anticipación al procedimiento que se le realizaría. El joven pensó que le iba a doler y Felipe observo su rostro para ver su reacción cuando la probeta entró a su pecho. El joven se calmó y su expresión fue casi como de placer en vez de dolor o miedo. Felipe pensó quizás ellos lo sugestionaron para que se sintiera bien y calmarlo; este sueño dejo a Felipe intrigado.

Entonces Felipe alzo su camisa y nosotros examinamos el área de su pecho y otra vez no había marca o ninguna indicación de que se le había hecho. ¿Acaso únicamente estos sueños o arrebatos son de memorias reales?

Aparentemente muchas cosas físicas fueron hechas durante la exploración y examinación en la nave. La paradoja fue que, aunque su subconsciente estaba liberando pedazos y piezas a través de los sueños, también estaba bloqueando nuestro acceso a más información.

CAPÍTULO 22

NEGACIÓN DE ACCESO

DESPUÉS DE LA CONVERSACIÓN iniciamos con la sesión. Yo había planeado explorar el sueño acerca de la probeta de metal insertada en su torso. Además, quería regresar al tiempo de la caja negra que él aparentemente había construido y dejado en la nave para descubrirla en su futura encarnación como Felipe. Estos fueron los objetivos, a pesar de que Felipe estaba dispuesto (o aparentemente pensaba estarlo) explorar estas situaciones, su subconsciente no estaba tan ansioso de cooperar en esta ocasión.

Cuando Felipe entro a su trance familiar, él se encontró con una variedad de barreras. Las entidades o lo que sea que pareciera tener control en estas sesiones anunciaron que ellos no permitirían a Felipe explorar cualquier evento pertinente a su vida presente. Ellos estaban conscientes de la confusión en la que su mente consciente estaba pasando y sus intentos en ajustar estas revelaciones con su versión de la realidad, los problemas que él estaba teniendo, tratando de integrar la información dentro de su vida normal. Hasta que este conflicto fuera resuelto estaba determinado que él no podía explorar más estos incidentes. Por esta razón el acceso estaba negado, pero ellos aceptaron responder preguntas, siempre y cuando no me aproximará a estas experiencias personales.

F: Nosotros compartimos tu interés por el vehículo, porque él es uno de nosotros y nosotros no le permitiremos experienciar lo que sería destructivo para alguien quien ha escogido tal delicada misión. Nosotros vemos con gran interés, porque él ha sido escogido, desde nuestra perspectiva, quizás la misión más peligrosa que uno podría escoger y que aún así, lo ha hecho muy bien. Él literalmente ha corrido riesgo de perder el total control, él esta en este tiempo por su cuenta, por así decirlo alejado de lo que muchos podrían obtener con el fin de guiarlos y protegerlos. Él, sin embargo, ha decidido ir solo para probar su devoción y lealtad a la causa, el propósito. Así que nosotros somos muy protegedores en no permitir que él mismo se lastime o permitir a otros que lo hagan.

D: *Sí, y ustedes saben que yo siempre estoy trabajando en el mismo objetivo.*

F: Eso es correcto y por eso es que nosotros estamos asistiendo en este esfuerzo, siempre y cuando seas tú quien trabaje con él, porque tu preocupación es válida y genuina.

D: *Hay algo que no entiendo, ustedes dijeron que él esta solo, yo pensé que nosotros tenemos nuestros guardianes y nuestros guias que siempre están para asistirnos; y que nosotros no regresaríamos a la tierra sin esa ayuda.*

F: Existen experiencias dadas las cuáles tienden a dirigir la vida de uno; experiencias las cuáles redirigirían a la entidad de vuelta a su propósito original, pero solo suavemente dirigir el camino al curso apropiado, cuando quizás el camino se ha perdido. En este tiempo, el vehículo esta bajo preparaciones a lo que nosotros diríamos el termino "cambio" de conciencia, a una alta, más refinado a un nivel de comunicación con aquellas entidades y energías las cuáles él ha trabajado a través de eones para traer ayuda a este planeta. Ha habido muchas preparaciones hechas para habilitar este intercambio de conciencia, porque no es simple el dar y tomar unilateralmente. Es un cambio bilateral de estado de conciencia, un intercambio de lugares tal cuál uno llega a ser el otro. El viaje de estos dos es figurativo y literal, porque habrá un desplazamiento dado para facilitar este intercambio de conciencia. El recorrido espiritual es aquel que expande las habilidades a un reino, el cuál al menos desde un punto de vista físico, nunca se ha obtenido aún. Claro, existen muchas dimensiones que no hemos mencionado aquí las cuáles también serán afectadas, sin embargo, sería preciso decir que este recorrido es de alguna manera en un sentido de graduación, de todo lo que se ha venido antes en preparación, y aún así, al mismo tiempo es claramente un nuevo comienzo, un nuevo capítulo.

D: *¿Afectará esto a la vida de este vehículo?*

F: Eso es correcto, en un nivel emocional existirá un cambio de conciencia no solamente para él, pero también a otros.

D: *Yo me estaba preguntando como le afectaría en su vida del día al día.*

F: Nosotros diríamos que sería mucho para su beneficio.

D: *En una de sus experiencias, bueno, realmente en dos, a él se le había mostrado una caja negra pequeña cuando él había abordado una de esas naves. ¿Me podrías dar alguna información acerca de esa caja negra?*

F: Tal vez se le había mostrado en esa ocasión como una indicación de solamente su herencia, por la dirección que él pronto tomaría. Hubo en ese punto una conexión, una elección severa de diferentes opciones en su vida. Se le dio esta experiencia para que él pudiera, en sus planos interiores, acceder y asimilar la información que se sería disponible para él, y al elegir a través de su alta conciencia, por la cuál sería la más apropiada de su profesión elegida y responsabilidades de esta vida. Esto conllevo que lo que él había logrado con eso, aún tenía que ser logrado. Esta experiencia con la caja fue simplemente un catalizador para esta asimilación y determinación; fue simplemente ligar el pasado, presente y futuro.

D: *¿Entonces en esa ocasión se le mostro que la caja era una conexión en su vida?*

F: Eso es correcto, desde un punto de vista particular, sin embargo, no en el sentido literal.

D: *Él dijo que la caja era familiar para él.*

F: Sí, el origen de la caja esta conectado con su propio origen.

D: *¿Contiene algo la caja?*

F: Si, ambas literal y figurativamente. Existe información obtenida o almacenada dentro de la caja, como también información la cuál es literal e inscrita dentro y sobre la caja.

D: *Pero él no pudo encontrar como abrirla.*

F: Eso es correcto, esta... está construida, con seguridad, la llave esta dentro de su mente; la llave es mental y la información dentro de la caja no puede ser accedida y llevada a su realidad de conciencia hasta que él haya alcanzado el estado apropiado de madurez o desarrollo espiritual.

D: *¿Podrá él en algún tiempo, ser capaz de abrir la caja?*

F: Sí, ese es su destino o parte de su destino elegido, a ese punto cuando su experiencia alcance al nivel que él pueda, no solamente entenderá si no asimilará la información dada a través de la caja, entonces se le proveerá. La experiencia es otra vez, de una naturaleza catalizadora, dada para verificar aquello que ha sido e ilustrar lo que podría ser otra vez.

D: *Una vez él remarco que él pensó que había hecho la caja.*

F: Eso es correcto.

D: *¿Podrías ir al tiempo cuando la caja por primera vez fue hecha?*

F: Eso no lo podemos conceder.

D: *¿Entonces no estamos permitidos ir a ese tiempo?*

F: Eso es correcto.

D: *Esta bien, yo respeto eso, yo me preguntaba por ello porque esa caja es como un rompecabezas para mi.*

F: También es verdaderamente y acertado un rompecabezas para él, en el sentido que no fue entendible para él en el tiempo que lo vio. Un marco de referencia es necesario y la experiencia tiene que ser dada, la cuál permitiría para el entendimiento completo de aquello que ha sido y será.

D: *¿Entonces cuando eso suceda estará él listo para ello?*

F: Eso es correcto, nosotros diríamos que la apariencia física era de un objeto pequeño, quizás en apariencia rectangular y casi de color negro, fue hecha de un elemento natural, de un tipo de piedra que se encuentra en el área que es muy familiar para él.

D: *¿Es de la tierra?*

F: Eso no lo podemos decir, esa es toda la información que puedes tener acerca de la caja en esta ocasión.

La puerta se había cerrado en ese tópico, esa avenida ha sido cortada, así que decidí comenzar mi cuestionamiento acerca de otras cosas.

D: *¿Se me permitirá tener información general acerca de estos extraterrestres?*

F: Eso es correcto, mientras tú no te envuelvas en el área volátil de sus propias experiencias personales. Es tiempo para que esta información sea completamente expuesta, examinada y entendida por otros.

Yo inicie mis cuestionamientos con dos tópicos de mi interés y le había sugerido a Felipe sus propias experiencias.

D: *¿Cuál es el tipo de ser más común que este visitando nuestra tierra en este momento, del tipo ser extraterrestre físico?*

Yo no quería entrar en discusión acerca de los seres de energía o entidades espirituales.

F: Nosotros diremos del subgrupo de humanoides... no encontramos el equivalente traducible, sin embargo, existen subgrupos de la categoría general de humanoides. Existen muchos los cuáles son idénticos a sus cuerpos físicos. La plantación que fue hecha en su planeta fue de esta naturaleza y, sin embargo, existen aquellos que son distantemente relacionados, no muy convencionales a sus estándares, este tipo de primo distante es más prevalente de este tipo de visitación. Los androides, como ustedes les llaman, son simplemente trabajadores quienes han sido voluntarios para esta misión. Ellos se han removido del área en la cuál habían sido programados, para ser voluntarios sus servicios en este logro. Nosotros dudamos en usar la palabra "experimento", porque el resultado ya esta predicho y conocido, sin embargo, nosotros no queremos decir "misión", porque la mayoría del trabajo... nosotros encontramos mayormente descontinuado esta línea de discurso, porque existe un malentendido que surge del intento de la dirección tomada. La información ha sido malinterpretada como agresiva y no de una naturaleza de ayuda. Nosotros no deseamos promover la idea que venimos como conquistadores, sino como ayudantes.

D: *Ustedes mencionaron que el resultado ya era sabido, ¿Qué quisieron decir?*

F: El último resultado y no los resultados personales que cada uno de ustedes deben de crear en su propia manera.

D: *¿Cuál es el último resultado?*

F: La elevación de la raza humana a un nivel de conciencia universal, para que sean hermanos de la gente de las estrellas y no subyugados o subordinados.

D: *¿Cómo es la apariencia de estas creaturas, humanoides o androides?*

F: Aquellos los cuáles tú has descrito como grises en apariencia y pequeños en estatura son típicos, obviamente, los ojos son el rasgo facial más prominente, simplemente porque ellos son los receptores comunicativos.

D: *¿Funcionan sus ojos de la misma manera que los ojos humanos?*

F: En un sentido, ellos ven, sin embargo, ellos recolectan mucho más de lo que tú llamarías el espectro visible de luz incluyendo las regiones infrarrojo y ultravioleta.

D: *¿Tienes sus ojos pupilas y funcionan de la misma manera que los de nosotros?*

F: No en el sentido de que ellos enfocan y capturan luz, en ese sentido ellos son diferentes. Ellos reciben, sin embargo, sus métodos de recepción son basados en un principio diferente envuelto aquí.

D: *¿Tienen sus ojos parpados?*

F: No en el sentido que ellos cubren, no como tú dirían que los tuyos hacen.

D: *¿Tienen ellos sistema respiratorio similar?*

F: Nosotros diríamos que ellos son similares únicamente en el hecho de que es usado para analizar, no para digerir o ventilar.

D: *¿Toman estas personas alguna forma de sustento?*

F: Ellos no necesitan sustento físico para su mantenimiento, ellos son seres de energía los cuáles pueden mantenerse en pura energía mental y eso es suficiente.

D: *¿Entonces ellos no consumen nada como un humano lo haría?*

F: No en ese abrupto sentido físico.

D: *¿Asimilarían ellos por osmosis?*

F: Existe la asimilación, existe la analización de compuestos y quizás la rectificación de ciertas anomalías las cuáles podrían aparecer, sin embargo, ellos obtienen energía como sustento de fuentes de energía, a comparación de funciones digestivas o respiratorias.

D: *¿De qué tipo de energía ellos viven? ¿Quieres decir como del tipo de elementos presentes en la atmosfera?*

F: Sustento mental energético.

D: ¿Prosperan ellos en emociones?

F: No hay un contenido emocional aquí, estos son llamados androides los cuáles no tienen emociones, sin embargo, responden a la energía mental.

D: *Quise yo decir, si ellos reaccionan a las emociones expresadas de otros.*

F: Ellos serían afectados, sin embargo, no sostenidos.

D: *¿Cómo son producidas estas creaturas?*

F: Este es un proceso asignado a la parte central del planeta los cuáles sostienen la residencia de aquellas energías de naturaleza gobernadora. como analogía es como el condado o tal vez estado en el cuál reside tu sistema político. El proceso es una combinación de energías, ambas de naturaleza física y mental, para que esta construcción física después se le de la sensibilidad mental. No una identidad mental, sin embargo, una sensibilidad mental la cuál permita esta creación física responder a una estimulación mental.

D: *¿Son ellos clonados, manufacturados de alguna manera o hechos por algún otro individuo?*

F: Ellos son ambos, en el sentido de que la energía mental es dada por fuerzas de vida, pero ellos son en un sentido manufacturados porque el proceso es más de ensamblaje que de crecimiento. Ellos son elementos o maquinaria, sin embargo, eso no quiere decir que no hay fuerza vital en estas unidades. Estos androides son sensibles a sus energías mentales, pero, sin embargo, ellos obedecen o son subordinados de aquellos quienes están dirigiendo aquella operación particular en la cuál se podrían encontrar, ellos son serviciales.

D: *¿Están sucediendo experimentos genéticos entre humanos y androides?*

F: Así no, porque no existen procreación entre androides. Ellos no son en naturaleza autosustentables. Ellos son simplemente creaciones las cuáles son a través de un proceso de vinculación, dada una fuerza de vida la cuál reacciona con y es empática a la fuerza de vida con la cuál ellos tienen en contacto, sin embargo, ellos no son procreadores.

D: *¿Cómo los androides se comunican con los seres en el planeta Tierra?*

F: Nos gustaría aclarar que ellos no se comunican con ustedes los terrícolas, pero sí con los que son sus superiores.

D: *¿Quiénes son sus superiores?*

F: Aquellos que son responsables por aquella misión particular en la cuál existe una interacción, sin embargo, hay elementos de conciencia por arriba y más allá de eso. Sería como si los maestros del universo están enviando a subordinados quienes participan en cualquier misión deseada y a su vez reportando de regreso, es muy parecido a su estructura militar.

D: *¿Entonces los androides no se comunican con personas de la Tierra?*

F: No en el sentido que se le es dada la dirección, en otras palabras, un humano no dirigiría la operación, Los androides no responden a la emoción humana, pero no se extiende que ellos interactúen con el intelecto.

D: *¿Entienden ellos la emoción humana?*

F: Eso es correcto, ellos son empáticos.

D: *¿Son estos seres sujetos a cualquier aflicción que limite sus términos de vida?*

F: No hay nada que nosotros podemos relacionarlo, sin embargo, existen aquellos, en contexto propio, podría ser debilitante, y no es nada que ustedes pudieran esperar en reconciliar.

D: *¿Significa esto que tienen vida eterna?*

F: No porque los cuerpos son programados y después de ser usados expiran.

D: *¿Existen otros seres en esas naves con los androides?*

F: Ciertamente existen varios, quienes son de formas diferentes, sin embargo, no es necesario decir que ellos tienen que ser.

D: *¿Son ellos creaturas más como nosotros, que requieren tomar sustento etc...?*

F: Eso es correcto.

D: *¿Cómo lucen la mayoría que son comunes que acompañan a esos androides?*

F: Ellos también son de apariencia humana, y aún así muchas veces pasan desapercibidos. Ellos se pueden ver, pero no son vistos, aparentemente no son vistos de inmediato por aquellos que serían tomados a bordo.

D: *¿Quieres decir que ellos usualmente no se revelan a la persona?*
F: Eso es correcto.

D: *Si ellos toman sustento ¿de que tipo sería?*
F: Se les provee elementos y minerales en forma líquida las cuáles serían necesarios para las funciones de sus cuerpos.

D: *¿No sería esto en la forma de comida sólida como nosotros la conocemos?*
F: No en el sentido que no se les provee de comida sólida, sin embargo, no es el mismo tipo de sustento que ustedes tienen.

D: *¿Son grandes cantidades de habitantes de la Tierra que están pasando una forma de contacto o comunicación con estas cosas?*
F: Si existen muchos quienes son voluntarios para esto.

D: *¿Por qué estos seres están tomando personas a bordo de sus naves? ¿Cuál es el propósito de eso?*
F: Nosotros preguntaríamos que comprendan que su residencia en este planeta no es, como algunos sienten, accidental. Nunca lo ha sido, como otros sienten, correctamente según a lo que es llamado Biblia, por decir que Dios creo al hombre en su propia imagen; tal hecho es entendido de alguna manera de un punto de vista fundamentalista. Nos gustaría preguntar que ustedes entiendan que la existencia humana en este planeta fue dada por aquellos quienes están ahora regresando para examinar el fruto de su labor, como ustedes podrían decir.

D: *Yo me pregunto ¿Por qué las visitaciones continúan?*
F: Un planeta con residencia se les da a aquellos quienes escogerían comenzar en otro lugar y no participar en la convulsión final de este planeta Tierra. Por lo tanto, es necesario entender que el estado biológico de aquellos vehículos quienes eligieran emigrar, no se transmita la contaminación al otro planeta que es nativa de esta Tierra. Aquellos quienes escogerían ir serían filtrados y revisados cuidadosamente, para que no existan defectos genéticos o biológicos introducidos en esa población. Es un deseo que únicamente aquellos quienes son los más aptos para ser transportados, sean una raza que evolucionara estaría libre de cualquier defecto posible. Existen muchos defectos genéticos en su propia reserva humana, solo necesitas observar a tu alrededor

para reconocerlo, tal como las deformidades físicas y mentales. Eso no sería deseable, esta entidad como Felipe, fue elegido para ser involucrado en este proyecto. Él mismo en otro tiempo y en otro planeta fue el científico, al contrario, de ser el experimento. Él ahora eligió estar en esa posición como el experimento, para que él entienda la experiencia de otro ángulo.

D: *En otras palabras, es justo cambiar los roles.*

F: Eso es correcto.

D: *Se ha dicho que habrán naves flotando para tomar sobrevivientes de nuestro planeta en caso que se usen bombas atómicas, ¿Hay algo que nos puedan decir acerca de eso?*

F: Nosotros diríamos que ese escenario que has descrito como si llegara ser real, entonces existiría una oferta de opción para aquellos que puedan ser relocalizados en otro planeta. Esto también se ofrecerá al tiempo del cambio de la Tierra. En este momento el nuevo planeta esta en alguna manera en el estado de construcción imperfecto. Sin embargo, es uno el cuál será capaz de soportar vida muy rápidamente para aquellos que elijan ir allá. Habrá aquellos que elijan permanecer y cuidar de lo que quede atrás o intentar volver a empezar o reconstruir en este planeta. La opción será dada y será enteramente voluntaria que corresponde a cada individuo. Justo como su planeta fue sembrado, cuidado y observado por eones, otro ha recibido su carta de vida y esta listo para ser habitado, sus tipos de cuerpo son compatibles y están siendo preparados como la nueva raza. La historia meramente se esta repitiendo así misma y el proceso esta ocurriendo, como su planeta esta entrando a la agonía de su muerte y haciendo listos cambios drásticos traumáticos, otro planeta nuevo, fresco y limpio esta siendo alistado para aquellos quienes quieran hacer el viaje. Esta como alguna vez fue originalmente inmaculado. Durante las próximas tribulaciones muchos no sobrevirán y otros van a desear ser relocalizados y ojalá los mismos errores no serán hechos en ese planeta.

D: *Si uno escoge ir al otro planeta, ¿serían transportados con el cuerpo que tienen o serían cambiados?*

F: Eso es correcto, sería físico tri-dimensionalmente transportados en masa.

D: *¿Serían las naves usadas para la transportación?*

F: Eso es correcto.

D: *¿El planeta del que están hablando está en nuestro sistema solar?*

F: No en el sistema solar, pero en la galaxia.

D: *¿Es similar a la Tierra?*

F: En algunos aspectos lo es, en otros no, existirá un periodo de aclimatación necesaria para sus cuerpos humanos, los cuáles llegaran a ser adaptados a la energía de ese planeta, para alinearse con esa energía nueva. Existirá un sentimiento de desorientación y un periodo de melancolía, sin embargo, las energías que sustentan en ese planeta sanaran eventualmente aquellos desequilibrios remanentes por las energías de este planeta. Ese planeta sería mucho más conductivo a sus formas humanas de vida, que este planeta.

D: *¿Esta habitado ese planeta ahora?*

F: No ahora por aquellos de su raza, sin embargo, existen aquellos quienes son más como custodios o de una naturaleza constructiva que siguen trabajando para prepararlo para aquellos de ustedes quienes elijan habitarlo. No esta habitado, pero si poblado. No ha estado poblado en masa, pero podría estarlo en cualquier momento.

D: *Ustedes mencionaron que hay algunas diferencias, ¿Cómo es de diferente ese planeta?*

F: Existen aquellas energías presentes en el planeta las cuáles son ausentes en este planeta. Tiene que ver con los flujos de energía los cuáles pasan a través de los universos, ese planeta esta en un flujo diferente de energía.

D: *¿Tiene algún nombre ese planeta?*

F: El nombre dado a ese planeta no tiene un equivalente de traducción en este momento, sin embargo, en las realidades de vibración se les dado. Ustedes mismos, aquellos que elijan habitar ese planeta, se les dará la responsabilidad de escoger un nombre basado en las experiencias previas a la migración como también las experiencias de aquellos en el planeta en ese tiempo. No deberíamos ser tan presuntuosos como para asignar un nombre por adelantado, sino más bien por aquellos verdaderos herederos de el planeta que aún no ha sido decidido.

D: *¿existen diferencias topográficas entre ese planeta y nuestro planeta?*

F: Si, las áreas más aptas para ser habitadas en este momento serían similares a sus planicies del medio oeste (de Estados Unidos). El planeta en si de alguna manera no se ha asentado; no ha completado su crecimiento y sigue siendo un planeta inmaduro, sin embargo, sería mayormente conductivo a albergar vida como ustedes conocen las formas de vida, y si también animales podrán ser transportados, soportará la vida animal.

D: *Si nosotros escogemos ir a ese planeta, ¿recordaríamos lo que dejamos en la Tierra?*

F: Ciertamente no habrá perdida de conciencia, sin embargo, únicamente aquellos quienes sean más productivos en ese planeta serán permitidos en emigrar. Aquellos quienes introdujan elementos criminales no serán permitidos, únicamente aquellos de alta naturaleza serán permitidos para transmigrar.

D: *¿Aquellos que permanecieran y no elijan ir a ese otro planeta, más o menos recogerán las piezas y van a restructurar según de lo que era? ¿o habrá el deseo de crear algo diferente?*

F: Habrá aquellos que escojan permanecer en este planeta, para limpiar el desastre, por asi decirlo, y comenzar de nuevo. Estos serán asistidos de muchas maneras por los extraterrestres. También los seres de luz que permanezcan para asistir a aquellos que se quedaron, para poder construir un ambiente perfecto de la unión de mente, cuerpo y espíritu. Muchas lecciones de fuerza, en naturaleza, podrán ser aprendidas al permanecer aquí. Aquellos quienes decidan marcharse comenzaran una nueva civilización en otro planeta, primos de aquellos quienes quedaran atrás.

D: *¿Habrá también calificaciones para aquellos quienes permanezcan?*

F: Los individuos por sí mismos harán la decisión de permanecer o no. Las calificaciones son simplemente siendo físicamente disponibles para sobrevivir. No habrá una forzada transmigración, la elección será simple por el individuo. Los tiempos en ese período serán de una naturaleza de prueba, no por aquellos quienes serían, quizás delicados.

D: *¿Sera disponible ese planeta incluso si nada le sucede a la Tierra?*

F: Eso es correcto.

D: *¿Qué tipo de ambiente existirá para las personas que vivan en ese planeta?*

F: Se les proveerá aquellas tecnologías las cuáles les permitirá construir ciudades y sociedades como las conocen aquí, sin embargo, también se les dará tecnologías adicionales y conceptos que les permitirá más estructuras perfectas libres de prejuicios y restricciones encontradas presentes en sus sociedades.

Existió una resistencia dentro de mi al ceder totalmente mi hogar, este mundo de nosotros, incluso si tal planeta perfecto existiría.

D: *¿Es posible para nosotros eventualmente construir una nave que tomara gente para llevarlas y traerlas entre los dos planetas?*
F: No hay necesidad para su tecnología para intentar eso porque no han alcanzado el punto que les permitiría hacerlo. La habilidad para hacer esto ya está disponible, sin embargo, no es su tecnología que les permita hacer eso.
D: *¿Las personas que elijan ir a ese planeta se les permitirá ir y regresar para regresar a la Tierra y viajar entre los dos planetas?*
F: Existirán aquellos quienes sean un enlace, tomando lo que han aprendido del nuevo planeta e integrarlo a este viejo planeta y compartir el conocimiento.
D: *¿Existirá comunicación telepática en ese nuevo mundo?*
F: Habrá comunicación, sin embargo, la naturaleza telepática de comunicación recaerá enteramente con los individuos envueltos. Aquellos quienes elijan así mismos con esa habilidad se les darán lecciones en como mejorarlo y en que maneras puede ser usado. Eventualmente la entera población estará en el nivel telepático porque esto será universal.
D: *¿Nos pueden informar un poco acerca de aquellos quienes asistirán a los terrícolas en esa transportación?*
F: Ellos son como se había dicho antes, los ayudantes. Aquellos de alta naturaleza espiritual, quienes incluso ahora están asistiendo en redireccionar las energías de su planeta, para ojalá prevenir la auto destrucción. Ellos son aquellos que están tomando muestras y abducciones, en el pasado como ustedes les han denominado. Ellos mismos han experimentado en su pasado, la destrucción de su planeta en una forma similar y la subsecuente migración a otro planeta. Ellos son muy preparados para cumplir la asistencia, porque ellos pueden recordar personalmente del conocimiento de

los eventos que sucedieron en su planeta. Ellos mismos se han hecho voluntarios para esta asignación, como ellos pueden relacionar todo muy bien en las necesidades envueltas en trasplantar una sociedad en masa de un planeta a otro. Existen muchos tipos de ayudantes envueltos aquí, no todos son de un mismo planeta, pero todos ellos comparten en alguna forma u otra el deseo de asistir aquellos de ustedes en este planeta; para ayudar en levantar la conciencia y permitir que ustedes lleguen a tener más conciencia de no solo ustedes, pero de aquellos que los rodean. Y para estar conscientes "de y" para ser capaces de relacionarse y compartir en amor de aquellos que ustedes le llaman el universo que es el espíritu cristico o energía de Dios del cuál el universo esta hecho y es tan rutinariamente negado en este planeta.

D: *¿Tienen las pléyades algún especial significado en este proceso de relocación que hemos estado discutiendo?*

F: Únicamente aquellos quienes están asistiendo son de pleyadiana naturaleza, muchos vienen de esa área, o son habitantes de el sistema de las pléyades, sin embargo, no es que el nuevo planeta hogar, en sí esta en ese sistema.

D: *Esa iba a ser mi próxima pregunta; se ha dicho que en el estado de sueño algunos de nosotros están siendo tomados a bordo de las naves e intercambiando información concerniente a los eventos por venir, ¿es esto verdad?*

F: Eso es correcto, porque siempre en cualquier civilización que este bajo el dramático cambio como este, habrá un asesoramiento y práctica por hacer, así que durante la transportación no existirá un sentimiento de desorientación total, pero más bien de un logro, el haber tenido práctica o hecho eso varias veces antes. Esto es simplemente para preparar aquellos quienes escojan ser relocalizados permitiéndoles que estén lo más cómodos posibles en esta transferencia. Así que el concepto no sería nuevo, pero sería muy familiar. Esto no es hecho en el sentido físico, pero es enteramente verdadero en el sentido espiritual. Son unos ensayos por asi decirlo. Nosotros pediríamos que ustedes visualicen en este momento un concepto de un refugio, un área para mover aquellos individuos, quienes serían lo más afectados traumáticamente por este cambio, el cuál ahora esta en progreso en su planeta.

D: *¿Ha estado ocurriendo este cambio por mucho tiempo?*

F: No en sus años cronológicos, sin embargo, se ha trabajado en preparaciones por muchos eones desde el plano espiritual.

D: *Pareciera como si nuestras estaciones están cambiando, ¿tiene que ver algo con esto?*

F: Eso es una manifestación de ese cambio, pero no es la causa, es una simple reflexión de la realidad que este cambio es un factor que esta ocurriendo, justo como muchos otros cambios están ahora ocurriendo en muchos diferentes niveles y son aparentes para aquellos quienes prestan atención a estos cambios.

D: *¿Estoy siendo correcta en asumir que las temporadas han cambiado?*

F: Eso es correcto.

D: *¿Es esto causado por el cambio de la tierra?*

F: Eso es correcto.

D: *¿Son los terremotos de California parte de esto?*

F: Eso es correcto. Existe un movimiento en la posición de las placas tectónicas las cuáles ahora están ocurriendo en tu planeta en lo que es de alguna manera más estable y que sea más fluido. Ha sido observado que existe un incremento en movimiento en sus placas tectónicas. Esto es debido al hecho de que el campo electromagnético alrededor de su planeta está en flujo continuo. Esta por lo tanto causando que el contenido de hierro de la corteza intente realinearse por sí misma con esta nueva posición electromagnética, las placas están siguiendo el nuevo flujo de alineamiento.

D: *¿Entonces tiene que ver algo con el contenido de hierro?*

F: La corteza en sí misma es de alguna manera reactiva a las propiedades magnéticas del campo electromagnético que rodea su planeta. Es como si las placas son de alguna manera magnéticas en reacciones a estos campos electromagnéticos y están intentando realinearse a sí mismas a estos campos. Es similar a los rellenos de hierro siguiendo a un magneto localizado por debajo de un papel. Como nosotros lo percibimos en este punto de la teoría de la placa tectónica ha sido entendido como dinámica en base al cambio en la rotación de la tierra. Esto no es completamente correcto en lo que la corteza esta intentando alinearse por sí misma a estos campos magnéticos. Este flujo en el campo magnético es la causa de que las placas se muevan y no el alineamiento polar.

D: Por muchos años ha habido muchos casos de mutilación de ganado que se le han atribuido a la actividad de OVNIs y posiblemente de extraterrestres, si esto es verdad ¿Por qué se esta haciendo?, desde que ha habido muchos casos como si fueran una operación de granjas en vez de una operación de investigación.

F: Nosotros diríamos que en muchos casos esto fue simplemente un trabajo de individuos quienes, a través del mal uso de sus propias energías, habían desarrollado una necesidad de generar alguna exaltación y no fueron más que simples demostraciones. Sin embargo, esto no es para decir que todas las mutilaciones fueron de esta naturaleza, existe un segmento de estas instancias en las cuáles los extraterrestres están envueltos, en estos casos las mutilaciones son experimentos para obtener un mejor entendimiento biológico, fisiológico e inmunológico del componente de estos animales. Existe en este momento unas pruebas de compatibilidad de ciertos animales para ser permitidos para emigrar o ser transportados, para poblar el planeta de siembra que ahora esta siendo preparado. Hubo necesidad de órganos para la experimentación biológica y genética, sin embargo, estos serían en minoría.

D: Entonces ellos no únicamente están preparando humanos, ellos están preparando las fuentes de comida que ellos necesitaran, ¿eso es lo qué quieres decir?

F: No por decir preparando, pero en vez de obtener un mejor entendimiento de aquellas especies las cuáles serían las más apropiadas, en otras palabras, de alguna manera mutar aquellas fuentes ahora disponibles en tu planeta a un nivel más alto para que ellos puedan ser más compatibles con aquel otro planeta.

D: ¿Seguramente en el nuevo planeta ellos no estarían comiendo carne o no es asi?

F: Existen aquellos quienes serían mayormente sostenidos por carne.

D: Nosotros no vamos a cambiar totalmente nuestros hábitos (risa). Estoy interesada en saber si los extraterrestres están haciendo algo genéticamente con nosotros. ¿Existe algunas técnicas de aceleración genética que estén siendo usadas?

F: Nosotros sentimos aquí que estas hablando en términos humanoides, eso es como aplicar a sus cuerpos físicos humanos. Nosotros diríamos que existe el intento de crear un cuerpo humano más perfecto, en términos de la respuesta inmunológica a la enfermedad y resistencia a la enfermedad inicialmente. Tal como existirá en aquellos o en las reservas quizás de sus cuerpos humanos que eventualmente serían mayormente resistentes a la mayoría de las formas de enfermedad ahora en tu planeta. En intento de esta ingeniería genética es en esencia de crear un cuerpo físico más perfecto. De tal manera que el espíritu una vez alzado en conciencia puede perfectamente habitar estos cuerpos más perfectos. Un espíritu más perfecto requiere un cuerpo más perfecto.

D: *Entonces de esta manera ellos están actualmente ayudando más que lastimándolos ¿no es asi?*

F: Por supuesto, no existe intento o daño en nada de esto, para poder perfeccionar tu especie humana, tus cuerpos físicos, es necesario estudiar y tomar muestras. El esfuerzo hecho aquí es para hacer un vehículo humano perfecto. De tal manera que las enfermedades debilitantes de la vejez y retraso mental y todas formas de enfermedad serían eliminadas. Es necesario estudiar la anatomía humana en su ambiente íntimo para poder entender totalmente los mecanismos que causan estas manifestaciones debilitantes. El esfuerzo es para crear un vehículo humano perfecto, de tal manera que aquellos que lo habiten en este otro planeta entonces podrán iniciar a procrear estos cuerpos o vehículos superiores genéticamente.

D: *¿Cuál sería el objetivo de tener un cuerpo superior? Yo pensé que nuestro principal objetico era elevar nuestro espíritu.*

F: Eso es correcto, pero ¿te gustaría habitar un vehículo inferior o menor opuesto a un más superior?

D: *¿Realmente importa si el espíritu solo esta temporalmente aquí de todos modos?*

F: Ciertamente, pero para la habilidad de hacer el trabajo que tu espíritu se ha prescrito esta directamente influenciado por la habilidad de tu vehículo de hacer ese trabajo.

D: *Yo trabajo con otras personas quienes han tenido este tipo de experiencias OVNI ¿será también difícil para ellos obtener su información?*

F: La información es simplemente difícil de alcanzar o acceder, debido a la naturaleza volátil de las personalidades envueltas. La información es enterrada bajo la cubierta altamente disruptiva del trauma emocional causado por el cambio extremo de realidad consciente.

D: *¿Este enterramiento de información sucede a través del subconsciente de la persona o por los seres hacen algo para causar que la información se resguarde por asi decirlo?*

F: Es un mecanismo de defensa permitir que la información sea protegida de manipulaciones por el subconsciente. Tal vez aquí debemos decir que el subconsciente podría cambiar la interpretación para que así sea presentado de una manera más apetecedora. Nosotros entonces necesitamos reacomodar la información para que sea presentada más precisamente.

D: *¿Piensan entonces que es este un sistema de defensa cuando el subconsciente lo interpreta de diferente manera?*

F: Eso es correcto, será interpretado en una manera racional, nosotros diremos que el enterramiento de información es necesario para que la experiencia se deje tranquila y no sea adulterada por racionalización consciente o pensamiento racional consciente. Entonces es por necesidad tener que ser enterrada a un nivel lejos de la mente consciente.

D: *Yo me estaba preguntando si los seres usaban algún tipo de hipnosis como los que uso para causar que esta información sea escondida.*

F: Es posiblemente que pueda estar relacionado en esos términos, sin embargo, es de alguna manera un proceso más elaborado porque conlleva muchas funciones espirituales, aún sin ser descubiertas en la conciencia humana. Son áreas inexploradas de conciencia que aún tienen, la mayor parte, grandes áreas desconocidas.

D: *Entonces es más complicado de lo que nos daríamos cuenta. ¿Es esta la razón por la que es difícil abstraerlo?*

F: Eso es correcto.

D: *Pareciera que a través de la hipnosis se puede encontrarlo. ¿Hay alguna razón por eso?*

F: Es simplemente de que la información esta enterrada por debajo de las capas de conciencia, y debe de ser alcanzada de tal manera que excluye el estado consciente de editar o reordenar la información. La hipnosis es una forma de comunicación directa con lo que usualmente es llamado "el subconsciente".

D: *¿Entonces al usar este método será la información exacta cuando surge?*

F: Como mejor pueda ser interpretada por las percepciones envueltas del individuo, porque es simplemente relacionado en reiterar aquello que ha sido percibido.

D: *¿Pero ustedes creen que yo pueda ser razonable asegurando la exactitud cuando surja de esta manera?*

F: La información dada sería tal vez, coloreada, por el trauma emocional de la naturaleza de la experiencia.

D: *¿Pero la persona realmente no podrá falsificarla?*

F: Una vez más dependería del carácter de el individuo envuelto, porque serán tales sus estándares que la información no sea adulterada o cambiada y sea presentada lo más exactamente posible, entonces eso sería el estándar que el individuo seguiría, sin embargo, existen, otra vez, aquellos quienes no sostendrán aquel alto estándar.

D: *Entonces si alguien tuvo una tendencia de exagerar o de manufacturar una historia, ¿ellos lo harían bajo hipnosis también?*

F: Eso es correcto.

D: *¿Se inventarían ellos toda la historia o cambiarían ellos solamente algunos detalles? Yo siempre soy curiosa en como puedo darme cuenta.*

F: Quizás no existe una verdadera manera de discernir a lo que es "toda la historia" y a lo que es la experiencia verdadera. La patología de la personalidad de aquel individuo dictaría los estándares morales que el individuo ha seguido. Por lo tanto, uno necesariamente necesitaría un entendimiento completo de la patología de ese individuo, para tener la seguridad en un grado de desvirtuar la información. La necesidad de embellecer quizás sería más prevalente en alguna manera menos refinada de la personalidad, aunque no podemos decir que todas de las menos refinadas personalidades serían exageradas. Simplemente que las… (pausa, buscando la palabra) predisposición a exagerar sería quizás más prevalente en las menos refinadas personalidades.

D: *Yo me estaba preguntando si existiera la posibilidad de que la historia completa que ellos me dijeron pudiera ser inventada.*

F: Eso es posible, sin embargo, no es común.

D: *Entonces sería más común en tener algunos factores en vez que solamente los adornos en detalles.*

F: Eso es correcto, en tal vez relacionarlo en términos de malinterpretaciones en vez que deliberadamente dar falsos testimonios.

D: *Entonces básicamente cuando ellos me cuentan una historia yo puedo asumir que está basado en alguna precisión.*

F: Basado en algunos factores reales, sin embargo, otra vez, la percepción de dichos factores dictamina aquello que es traducido o relacionado.

D: *Aquellas son cosas que me preocupo, porque como puedo estar segura, cuando estoy trabajando con este tipo de información, pero tú mencionaste que estas memorias están enterradas profundamente en el subconsciente y la psique lo protege de la persona. Yo estoy de acuerdo con eso, algunas personas que han tenido estas experiencias con seres extraterrestres comienzan a tener pesadillas, ¿hay alguna razón por eso?*

Hubo una gran pausa, después Felipe abrió sus ojos, inesperadamente rompiendo el trance. Él simplemente dijo, "lo lamento, estoy despierto, me levante".

Aparentemente yo había inadvertidamente traspasado en el área prohibida, ellos aparentemente no habían percibido mis otras preguntas como amenazantes hasta que yo inadvertidamente cruce la línea en la que ellos pensaron podría relacionar a las propias experiencias de Felipe. Incluso que yo no podía ver la conexión, ellos aparentemente pensaron que yo estaba dirigiéndome en esa dirección. Pareciera que no les gusto la manera a donde iba ir el cuestionamiento y se fueron rompiendo el trance. Ellos me habían advertido, para poder proteger a Felipe de un trauma, ellos interfirieron. Esto solo había ocurrido unas raras veces en el pasado. Él no tiene respuestas conscientes, asi que nosotros sabemos definitivamente que la información no proviene de él, pero a través de él.

CAPÍTULO 24

LA MISTERIOSA CAJA NEGRA

VARIOS MESES PASARON y como yo estaba envuelta en muchos otros proyectos, puse las experiencias de Felipe a un lado. Yo pensé que habíamos ido lo más lejos posible que pudimos dadas las circunstancias. Felipe estaba aparentemente asimilando la información extraña, relacionada, con sus experiencias de su vida presente, porque yo no había recibido ninguna llamada telefónica de él. Las preguntas referentes a la caja negra continuaban levantando mucha curiosidad en mi, yo quería saber como se podría abrir y que era lo que contenía, pero yo tenía que considerar ese proyecto temporalmente cerrado. Pareciera que hay información que nosotros no tenemos acceso. En mi método de trabajo, la seguridad del sujeto siempre viene primero, yo nunca pusiera en peligro su seguridad mental y física solo para satisfacer mi propia curiosidad, la historia nunca lo vale. Yo nunca los forzaría a ninguna situación en la que no se sintieran cómodos. Si la respuesta estuviera por venir, hubiera venido cuando Felipe tomo la decisión de que estaba listo para continuar explorando esto.

Por lo tanto, meses pasaron antes de que Felipe inesperadamente me llamara, él había tenido un sueño extraño que sugería la fuerte posibilidad de otro encuentro extraterrestre, no es sorprendente que él pensara que tenía relación a la caja negra. Él quiso tener otra sesión porque solo recordaba escenas del sueño y sintió una fuerte impresión de que habían dado mucha información que se estaba evitando recordar. Él sintió que la información estaba recostada bajo la superficie y sería fácilmente accesible, la necesidad de saber estaba convirtiéndose extremadamente pertinente, él sabía que se iba a poder relajarse hasta que destapara todo lo que se trataba. Nosotros agendamos una sesión al siguiente día porque él sintió que si esperaba más, se sentiría más ansioso.

Cuando nos reunimos iniciamos por decir las memorias de el sueño, él estaba de nuevo a bordo de la nave, rodeado por las pequeñas creaturas grises, sus pequeñas manos tocando amorosamente sus brazos y cuerpo, enfrente de él el piloto rubio sosteniendo la caja negra. Esta vez Felipe recibió la impresión de preocupación y ansiedad de los seres. Los ojos del piloto expresaban un sentimiento de urgencia, como si un tiempo importante de decisión hubiera llegado. Él tuvo el sentimiento de que ellos estaban "enlazados" por él, esperando que pudiera reconocer la importancia de la caja y al fin fuera capaz de descifrar el mensaje. Pero el también sabía que, si el tiempo no era el indicado, él no sería capaz de hacerlo, la caja simplemente se regresaría a su lugar de almacén dentro de la nave, esperando el tiempo apropiado.

Él recordaba que él sintió la gran expectación y apego cuando alcanzo la caja y la sostuvo entre sus manos. Desde allí el sueño se convirtió en algo indescifrable. Todo lo que él podía recordar eran destellos de luz blanca, desde ese punto todo fue bloqueado excepto el sentimiento de gran amor y satisfacción emanado por los seres, lo que quiera que hubiera ocurrido ellos estaban muy felices por él. Se despertó con el sentimiento de placer en su mente consciente pero la presencia persistente de algo asomándose hacia la superficie. Después de que él reporto el sueño, ambos llegamos a la conclusión de que aparentemente él había tenido la manera de obtener acceso a la caja misteriosa. La información aparentemente había sido liberada, pero no esta aún en su mente consciente. Ese sería mi trabajo, ganar acceso y sacarlo a flote en la memoria consciente de Felipe, si el acceso no fuera negado de nuevo.

Felipe se reclino confortablemente sobre la cama y la sesión inicio. Cuando la puerta del elevador se abrió, él estaba inmediatamente dentro de la misma escena que había estado describiendo. Los seres lo rodeaban, sus ojos dándole sentimientos de ansiedad y expectación. El piloto dándole la caja y ellos esperando la reacción de Felipe. Él la estudio y la describió como una caja pequeña, negra, rectangular de forma de ataúd. Él sabia que estaba hecha de algún tipo de piedra no disponible en la tierra, la caja solo podía ser abierta por la correcta vibración mental de su propia mente. Estaba tan afinada en esta vibración que hasta el desarrollo de un punto apropiado fuera alcanzado no había cantidad de concentración que la abriera. Por lo tanto, no podía ser falsificada, y no podría ser abierta por nadie más porque él mismo la programo. De repente vino una prisa de que la caja contenía tanta información que sería imposible acceder todo mientras estuviera en una forma física. La totalidad real era tan profunda y vasta que era imposible para la mente humana comprenderlo. Él se había dado cuenta de esto y sabía que solo podía acceder a una pequeña porción que le ayudaría a entender su vida presente, eso sería suficiente por ahora.

Cuando llego a este entendimiento algo raro sucedió, fue un pensamiento, un detonante había sido presionado, un pequeño cajón se había abierto del lado más ancho al final de la caja. Él vio que contenía una piedra redonda que emitía un brillo turquesa, al fin había encontrado el procedimiento para abrir la caja. ¿Pero todo esto tenía que ver con la piedra brillante? Él recibió el mensaje mental de que, si quedaba observando en su superficie opaca, la porción apropiada de su subconsciente sería desbloqueada. Su memoria sería detonada y la información traída adelante a su mente consciente.

Yo estaba llena de escalofríos de expectativa. ¿Tendríamos al fin acceso a la información escondida? Y ¿Qué tipo sería? Mi curiosidad estaba intensa y esperaba que al fin la última barrera fuera removida. Mientras miraba en lo profundo de la piedra la escena del cuarto en la nave se desvanecía y era reemplazada por algo más.

F: Yo veo una luz blanca intensa, una pura y radiante luz que es de una orden alta de magnitud, tan blanca como eléctrica en naturaleza. Esta energía es comúnmente referida a "La Blanca Luz de Protección". Esta es la luz blanca de protección, esta energía no tiene identidad, ya que la identidad no tiene sentido en este nivel. Sin embargo, tiene lo que en su nivel llaman "conciencia" o una definitiva conciencia. Es de la suprema orden o magnitud de energías en el universo.

D: *¿Estoy hablando con lo que sería considerado la "luz blanca"?*

Yo estoy muy familiarizada con el concepto de luz blanca porque yo siempre mentalmente uso su protección alrededor de mis clientes cuando nosotros trabajamos, de esta manera cualquier influencia negativa estaría alejada de mis sesiones.

F: Sería más preciso decía que estas energías de luz blanca están en comunicación. Esta energía podrá ahora hablar a Felipe, porque existe un mensaje muy definitivo aquí, el cuál será dado en este tiempo. Nosotros traduciremos, ya que la diferencia en energías desde ese nivel a este en el cuál hablamos no es conductiva a una traducción directa. Asi que nosotros traduciremos y asistiremos en esta comunicación. Esta información es la siguiente: Nosotros nos gustaría decir que has aprendido tus lecciones muy bien, nuestro hijo. En este tiempo en tu evolución existe un canal de conciencia abierto para permitir acceso más directo a aquellas áreas de las cuáles tú parecieras estar más aislado. Se te ha negado acceso por esta razón; existió un periodo de tiempo, una vida pasada previa (si quisieras usar esa terminología) en la cuál abusaste este privilegio. Esta área de tu conciencia estuvo cerrada en este tiempo, para que tú pudieras experienciar una falta, un sentimiento muy definitivo de negación. Esto fue hecho para que tú pudieras totalmente apreciar el uso de esta conciencia y este poder. Esto te ha causado mucha aflicción y preocupación en esta encarnación. Tanto que tú, has sentido en ocasiones el sentimiento de regresar al espíritu y estar de nuevo con estas energías. (Esto estaba aparentemente referido a las tendencias suicidas en su edad temprana). En el tiempo de tu vida previa en otro planeta, hubo una experiencia donde estas energías se convirtieron en desbalance debido a su mal uso. Esta experiencia te causo que decidieras para tí mismo la manera más apropiada en la cuál tú podrías balancearlas.

D: *¿Uso de una manera negativa estas energías en su otra vida? ¿Fue esa la razón por la cuál se le retiro a él?*

F: Eso es preciso, pudiera ser comparado como una caída.

D: *Ustedes continúan diciendo que no existe tal cosa como el tiempo, pero me estaba preguntando, ¿Cuándo ocurrió esto?*

F: Nosotros podríamos traducir en tus términos… aproximadamente varios millones de años de sus años, sin embargo, la analogía es de alguna manera aproximada.

D: *¿Pero él tuvo que esperar tanto a través de muchas, muchas vidas para ganar el derecho de regresar a usar la energía de nuevo?*
F: Eso es preciso, nosotros hablaremos libremente de este incidente en este tiempo, porque esto fue una experiencia la cuál era necesaria para el desarrollo de este.... Nosotros dudamos en usar el termino "vehículo", porque no es la declaración más precisa. Las experiencias compuestas de esta energía (Felipe) sería lo más precisamente descrito al ser una "fase". Así que, fue importante para esta fase experienciar lo que se produjo, por el mal uso y la remoción de estas energías. Esto ocurrió porque él divulgo lo que aún no había sido dado. Hubo una situación en ese periodo, cuando él tuvo el deseo de asistir en la elevación de aquellos que estaban bajo su cargo. Existen reglas estrictas en el universo de lo que se puede dar y lo que no se puede dar. Estas reglas son absolutas y no deben de ser sobrepasadas. En su intento de asistir estas reglas fueron rotas y en el proceso el derecho de las energías fue removido. Estas energías de las que hablamos son aquellas de conocimiento, información e intuición. Estas fueron removidas para permitirle a él entender porque son necesarias estas reglas. Las energías simplemente fueron cerradas, así que, un largo proceso de encarnaciones fue iniciado, culminando en esta encarnación física en la cuál el vehículo se encuentra a él mismo. Estas energías ahora están siendo regresadas y su uso vueltas a aprender. A través de muchas encarnaciones la remembranza de el uso de estas energías fue gradualmente olvidado y entonces ahora es importante y necesario, entrenar su conciencia en el uso apropiado de estas energías. Esta experiencia ha llegado a su ciclo final y ha regresado al vehículo al punto en el cuál, él puede hacer uso apropiado de estas energías.
D: *¿Esto ocurrió en otro planeta?*
F: Esto ocurrió en otra dimensión, no en este universo, pero en una parte física de otro universo similar.
D: *¿En que tipo de posición estaba él en ese tiempo? Mencionaste que tenia responsabilidades.*
F: Hubo muchos millones de seres o individuos encarnados bajo su jurisdicción. Sería como si él era un sistema soberano en ese tiempo.

D: Esto tratando de entender. Tú mencionaste anteriormente que había concilios en los diferentes universos. ¿Sería de ese tipo?
F: No en el nivel universal, pero a nivel sistema. Un sistema podría ser una subunidad de el universo.
D: ¿Cómo una galaxia o un sistema solar?
F: Eso sería preciso, una colección de planetas habitados.
D: ¿Estaba él en forma física en ese tiempo?
F: Eso no es preciso. No sería posible para un sistema soberano delegar sus responsabilidades en forma física, por lo tanto, es necesario cubrir el sistema o estar a través del sistema simultáneamente, en tales maneras estar consciente de todo lo que esta pasando alrededor del sistema. La conciencia sería vasta y diversa, esparcida a través del sistema, asi que todo dentro del sistema estaría en contacto con la soberanía.
D: ¿Eso significa que el progreso a un nivel muy alto o no?
F: Eso sería una declaración precisa.
D: Estoy tratando de entender, así que mis preguntas podrían parecer ingenuas. Existen concilios sobre los universos y después, ¿estos concilios son divididos en soberanía o en diferentes sistemas?
F: Existen jerarquías que fueran comparadas a los niveles de gobierno en tu plano. Iniciando con posiblemente con el nivel más bajo (la cabeza de familia), quien sería responsable de la colonia, hay muchas cosas como esas en muchas existencias análogas. Cada colonia tiene uno quien es, responsable de la seguridad de aquellos en esa comuna. Quien podría ser responsable hacia el alcalde o concilio gubernamental de la ciudad. Quienes serían responsable al gobierno del estado, al estado y al nivel federal, y entonces al nivel planetario si uno pudiera decidir.
D: ¿Y entonces existen uno sobre muchos planetas o un sistema?
F: Eso sería preciso.
D: ¿Estaría él directamente responsable del concilio o existe alguien en medio?
F: Existen muchos concilios en muchos diferentes niveles, el sistema es responsable a lo que esta debajo de el y así sucesivamente. Y aquellos debajo serían responsables al sistema. No ninguno el más alto o el más bajo de estaciones.

D: *En otras palabras, en ese tiempo él tenia una gran responsabilidad y conocimiento y al mal usarlo, él reveló asuntos no autorizados, ¿es eso correcto?*

F: Él dio información y energía a una raza de personas quienes querían elevar la conciencia de su planeta. La soberanía sintió que en esta situación sería más apropiado que esta información fuera dada, fue una situación de lo más única, no generalmente cubierta bajo las reglas, en tales casos.

D: *Parece ser que él tuvo los motivos correctos en mente.*

F: Eso es correcto, no existió una intención maliciosa, sin embargo, las reglas fueron rotas en total consternación de la soberanía. La información se usó mal y retardó el mismo progreso que él buscaba asistir.

D: *Entonces él revelo información a aquello quienes pensó podrían ayudar en el progreso, la evolución.*

F: Nosotros diríamos no tanto como información sino energías. Existen muchas energías, energías particulares las cuáles fueron dadas y si se usaran de manera apropiada, pudieran definitivamente avanzar las especies, sin embargo, ellas no fueron entendidas y fueron mal usadas y eso causo el retroceso de esas personas.

D: *¿Podrían ser más específicos acerca de que tipo de energías eran?*

F: Sería imposible de traducir ya que no hay equivalentes en este reino de experiencia.

D: *Yo estaba curiosa en que saber como le dieron un mal uso.*

F: Fue como cualquier energía puede ser mal usada.

D: *Yo pienso que siempre hay dos lados en toda energía. ¿La usaron ellos en la manera negativa?*

F: Eso es correcto.

D: *Entonces al darles a ellos el uso de las energías, él no les dio el entendimiento que conlleva.*

F: No hubo suficiente progreso en la evolución para permitir el entendimiento de esas energías. Fue un riesgo calculado.

D: *¿Acaso no ha pasado esto en nuestro planeta? ¿Ellos toman el riesgo a veces y nos revelan cosas a nosotros y es nuestro libre albedrio lo que se hará y como usarlo?*

F: Eso es preciso, porque hay reglas las cuáles aplican a las energías que pueden ser dadas a individuos específicos en tiempos específicos.

D: Esto fue un caso similar, pero su libre albedrio lo convirtió en algo negativo.

F: Eso es correcto.

D: Bueno entonces yo no veo como pudo haber sido su culpa.

F: Las reglas fueron rotas. Las reglas estipulaban que hasta que la evolución de las personas garantizara el uso de esas energías, ellos estarían bajo supervisión. Ellas no se pudieron haber dado hasta tal tiempo, hasta el tiempo que las personas podrían entender el potencial completo de aquellas energías. Eso no ocurrió.

D: Pero aparentemente ellas podrían haber sido dadas en algún tiempo futuro de todas maneras.

F: Eso es lo más probable.

D: Pero de las historias que me han contado de lo que también ha sucedido en el pasado en la Tierra, las cosas han sido dadas en tiempos inapropiados.

F: Nosotros no discutiremos eso; como es conocido en el universo también se cometen errores.

D: ¿Pero en este caso fue más o menos como un castigo, al quitarle esa posición?

F: Nosotros no diríamos un castigo, ya que no es una evaluación justa de las energías universales. Fue necesario para el individuo el experimentar porque las reglas están establecidas, y esto podría ser facilitado al poner al transgresor de las reglas debajo de las energías, asi que la falta de estas mismas energías podría ser experimentado y entonces a través de un gradual envolvimiento en el plano en el cuál las energías son regresadas, uno podría apreciar totalmente el dar y tomar de estas energías.

D: Ya veo, ustedes le llaman como caída, en otras palabras, él cayó a una posición más baja.

F: Nosotros no pondríamos un juicio de valor aquí, porque en tus frases "caída" se le da una connotación negativa. En nuestra perspectiva es simplemente una lección de experiencia, una necesidad muy neutral la cuál le añade a la total experiencia del individuo, errores son hechos en muchos niveles y el entendimiento el cuál sana la herida del error, es ganado a través de lo que tú llamas "caída".

D: *Esto es difícil de comprender, que incluso cuando alguien ha alcanzado aquellos niveles, es aún posible cometer errores y retroceder. ¿Entonces le ha tomado muchas, muchas, tal vez cientas, de encarnaciones para permitirle alcanzar este punto de nuevo?*

F: Nosotros no pusiéramos tal número de encarnaciones, cientos serían suficientes. Las vidas que se te han mostrado y las cuáles han sido discutidas solamente son una fracción pequeña de un respiro de experiencias que esta energía ha aprendido de ellas. Fue una gran búsqueda de alma para que él tomara, la decisión de venir a este planeta en esta forma celeste. Él sabía que la experiencia podría ser extraña, difícil y solitaria. Fue por eso el porque él decidió salir de esta encarnación terrestre, el ajuste es muy difícil para estas altas energías porque ellas son básicas inocentes y puras. Ellas están más acostumbradas al lado de la luz y no pueden entender el lado obscuro de tu mundo. Toma un gran valor para ellos dejar la luz y viajar a este mundo obscuro para la misión, y ellos tienen nuestro amor y respeto.

D: *¿Entonces se le esta brindando esta información ahora para que él aprenda a usar la energía correctamente cuando la reciba?*

F: La razón de esto es que ahora, es tiempo para que la energía sea regresada y entonces debe estar consciente del propósito de esto. Porque esta energía simplemente aparecerá y pareciera ser que no tiene un propósito real, pareciera ser que simplemente aparece de la nada, así que, debe, ser conscientemente dirigida al porque esta energía es concedida y permanecer alerta de las responsabilidades de posición de esta energía.

D: *De esa manera él la puede usar sabiamente.*

F: Eso es correcto, esto es en gran amor y armonía universal que esto ha llegado ser. Uno en el plano físico tal como este, no es común que se brinde esta oportunidad, sin embargo, en la evolución de este planeta es muy apropiado para aquellos quienes son merecedores de recibir esto y usarlos de tal manera como las metas en necesidad del universo, como un todo, son expandidas para su uso.

D: *¿Usará esta energía de alguna manera?*

F: Él se convertirá adecuadamente y familiarmente con esta energía y conocerá su uso apropiado y el tiempo para usarse. Le brindara mucho sentimiento de verdadero valor el cuál él ha sentido una gran carestía en esta encarnación.

D: *¿Entonces cuando el tiempo llegue será él ayudado a saber que hacer con esto?*

F: Eso es correcto, él está siendo ayudado incluso ahora que estamos hablando, ya que a través de estas sesiones la conciencia esta regresando.

D: *Yo muchas veces pensé que donde quiera que nos encontramos "accidentalmente" fue por un propósito definitivo.*

F: Eso es correcto, los propósitos servidos son para cada uno, no existe "accidente" como tú lo llamarías en el universo, todo lo que sucede tiene ritmo y razón, no hubo coincidencia. ¡Hijo nuestro! ahora nosotros te decimos, que has llegado a completar tu ciclo en esta misión y ahora has llegado al punto desde donde empiezas en la edad de la obscuridad personal. Ahora has tenido el mérito de total restitución de lo que tú verdaderamente eres, en lo cuál tú deseaste fuertemente. Tú tienes ahora la opción de regresar a este lado para usar este poder en las maneras que tú sientas más apropiadas o permanecer y usar estos poderes en tu nivel de la manera que te sientas más confortable. Esta es tu opción enteramente en este tiempo, nosotros te diremos que medites y pienses en esto y regreses a nosotros de la manera que tú has aprendido previamente. Se te ha dado un método recientemente en el cuál tú puedes regresar al ser superior y comunicarte con las energías del universo a nivel consciente, danos tú respuesta en ese tiempo para que sea hecha a nivel consiente porque esta respuesta debe ser considerada desde el nivel consciente. Nosotros le diremos a Felipe que, si él decide permanecer en este planeta, más información será dada después en el tiempo apropiado y más instrucciones serán proveídas. No trates de anticipar lo que esto podría ser, simplemente permite que suceda lo que será. El camino ha sido tomado por ahora es apropiado y se te dará más dirección más adelante. Cuando te despiertes tú debes pensar en esto, y hacer la decisión de manera consciente si quedarte o salir, simplemente continúa siguiendo aquella respuesta que sentiste desde adentro porque ese es el verdadero maestro. ¡Escoge sabiamente hijo nuestro! y recuerda que no habrá juicio más adelante, cualquier camino que escojas será el camino para que tu misión progrese y para ti Dolores, nosotros te diremos que te motivamos a usar esta información que se te ha brindado. No existen restricciones en esta información, si existiesen no serían dadas.

En este punto Felipe reporto que la luz blanca estaba retrocediendo y él estaba de nuevo consciente de estar sosteniendo la caja conteniendo la piedra brillante en sus manos. Él vio las caras del piloto y los pequeños seres grises y sintió como el amor, la alegría y satisfacción emanaban de ellos. Aparentemente ellos sabían que al fin había sido permitido acceder a algunos de los secretos de su pasado.

Después que la información fue revelada y que se le dijo que hiciera la decisión conscientemente, él devolvió la piedra y el cajón se retrajo dentro de la caja. El piloto extraterrestre la tomo por él y le comunico que sería escondida de nuevo en el mismo compartimiento dentro de la nave, donde fue puesta por Felipe eones atrás. Donde había estado esperando que él recordara y accediera y allí permanecería hasta que fuera necesitada de nuevo. Felipe se dio cuenta que la información recibida fue solo una pequeña porción de lo que estaba en el contenido de la piedra. Él también sabía que lo que faltaba por saber probablemente nunca se le daría mientras él este en esta vida. Cuando el alcance la siguiente etapa (en cualquier vida futura) la liberación de futura información acerca de su origen y destino será detonada.

Felipe entonces fue traído a completa conciencia y por el gesto en su mirada, yo supe que él tendría mucho que reflexionar en los días por venir.

Al comienzo yo estaba dudando en incluir esta información en este libro porque estaba preocupada que pudiera ser malinterpretada, y el lector pudiera pensar que Felipe estaba indicando que él estaba en un nivel con Dios. Esto fue aclarado de que el nivel de sistema soberano estaba muy abajo del estado supremo. Él reconoció y fue subordinado a un poder elevado.

Yo creo que esta información esta tratando de demostrarnos que el Hombre no es la única forma que el espíritu puede tomar. Que todo lo que nosotros podemos percibir en nuestro pensamiento humano es muy limitante. Esta sesión demostró que tú puedes evolucionar (o retroceder) al estado de energía pura el cuál sin las limitaciones físicas puede contener poderes increíbles. Pero desde que el alma no ha alcanzado el estado último de perfección, es aún capaz de cometer un error, incluso en esa forma e incluso en esa etapa las leyes del universo aún aplican. Y si esto significa un regreso completo, un retroceder todo el camino y comenzar de nuevo, no importa porque el alma y las lecciones son eternas y no existe tal cosa como el tiempo. Solo existe crecimiento, aprendizaje, experiencia y búsqueda eterna de conocimiento. Por lo tanto, el hombre llega a la realización que él es más que lo que conscientemente percibe, existe más de lo que es posible para él de percibir. Él es inmortal y como alma inmortal sus horizontes y experiencias son totalmente ilimitadas. Él juega en el juego de vida en cualquier forma o dimensión que encuentra, hasta que eventualmente, a través de eones, él obtiene la búsqueda para la perfección y regresa al fin a su fuente. La última fuente de Todo, el Creador de lo que Todo ha florecido. Permitamos removernos de nuestros anteojos terrestres y permitamos a nuestra vista volar, entonces nosotros descubriremos que tan pequeño y limitadas son nuestras realidades impuestas por nosotros mismos son. El universo es nuestro mundo y nada es imposible.

DESPUÉS de esto, Felipe comenzó a cambiar en muchas maneras. Esto usualmente sucede con las personas que he tratado, especialmente si es que hemos tenido varias sesiones en largos períodos de tiempo. No puedo explicarlo porque definitivamente no les doy sugestiones que podrían causarles los cambios en sus vidas. Pareciera que algo ocurre, quizás porque ellos llegan a ser más abiertos y conscientes de su propia mente subconsciente, la cuál es similar a la "vocecita persistente" en cada uno de nosotros. Ellos llegan a entonarse con su verdadera personalidad y descubren realmente que quieren de la vida. Ellos comienzan a hacer decisiones importantes y a comprometerse, cuando antes de esto, ellos a menudamente estaban confundidos, inseguros y asustados. En cada caso el cambio aparentemente ha sido para sus beneficios; yo sinceramente no espero ni querría tener parte en cualquier influencia negativa inconsciente indebida.

Felipe seguía siendo la misma persona noble de naturaleza, pero llegó a ser más seguro. Él decidió que ya no tendría su negocio en la cochera de sus padres y consiguió un trabajo en una empresa de electrónicos, después de un mes de haber comenzado su nuevo trabajo, él conoció a una joven atractiva quien trabajaba en la oficina con quien se involucro emocionalmente; sorpresivamente él decidió mudarse al departamento de ella con su hijo pequeño. Todo esto definitivamente era fuera de su personalidad al menos del Felipe que llegué a conocer; aunque yo estaba sorprendida, pensé que eso fue maravilloso, mostraba que él estaba creciendo y madurando emocionalmente. Él ya no era tímido en situaciones sentimentales, él estaba dándose una oportunidad de cambiar, al ponerse en una posición muy vulnerable y posible de ser lastimado. Él había hecho un compromiso con otro ser humano como también un compromiso con la vida.

Ahora él hablo acerca de su existencia muy diferentemente, "solía tener períodos de mi vida cuando quería abandonarlo todo, yo podía predecirlo, sería como un ciclo indefinido. Esto sucedía dos veces al año, uno en la primavera y otra vez en el otoño. Durante ese tiempo yo me sentía como que estaba siendo jalado como anhelando irme al hogar, regresar a casa. Duraría desde algunos días y se agravaría hasta varias semanas. Yo me sentía horriblemente deprimido durante esa época, pero nunca llegué al punto como lo que hice en California, y nunca lo volví a intentar otra vez. Pero ahora en este último año pareciera que tengo un tipo de estabilidad en mis emociones. Los sentimientos y las depresiones parecieran que se han desvanecido; pareciera como si yo realmente estuviera aterrizando en mi vida y llegando a estar de alguna manera contento con la manera de como son las cosas. He aceptado todos los ciclos, las altas y las bajas, pareciera que he llegado a tener más paz con esos factores y ahora yo los reconozco por lo que son".

Yo le pregunte si él había pensado en las cosas que habíamos descubierto en nuestro trabajo y si le había ayudado.

"Yo creo que, sí lo ha hecho", él respondió, "me ha hecho ver a mi mismo completamente en una manera profunda, yo veo ahora que existe más de mi de lo que realmente no me había dado cuenta y me siento feliz por todo eso, incluso que, aunque no recuerde completamente todo; solamente el saber que he experimentado todas esas cosas me da el sentimiento de satisfacción y alegría.

"¿Crees tú que estas sesiones han ayudado a explicar el origen de esos sentimientos de incomodidad?" yo pregunté.

"Sí yo creo que eso es verdad, yo creo que explica porque yo me sentía raro y que no pertenecía. Las grandes ideas que yo me reservaba para mi mismo, también las reservaba a los demás y realmente me desmotivaba el ver a la gente siendo muy prejuiciosa, muy cerrada, muy ... asaltando, robando y asesinando, todas esas cosas que suceden en el mundo. Realmente solían molestarme y usaba eso como una excusa para decir "yo no quiero estar aquí". Porque este no es el tipo de mundo en el que quiero estar, quiero algo más ordenado, limpio, más estable, más en armonía. Lo que realmente me lastimo es que quería ser como los demás y empezaba a hacer algunas de las cosas que me disgustaba de las personas, en aparentar el ser normal. Yo siempre sentí que tenía que hacer lo que los demás para encajar y eso solamente aumento mi sentimiento de aislamiento, de confusión y frustración".

"Sí", yo simpatice, "porque tú estabas intentando ir en contra de tu carácter básico, puedo como todo eso te llevo a la frustración. Yo creo que hay una probabilidad de mucha gente allá afuera, especialmente en adolescentes quienes probablemente están atravesando en esos mismos tipos de sentimientos, y es difícil en poner tu dedo exactamente en lo que es, cuando es tan incierto".

"Sí, estoy de acuerdo, no es algo que salte enfrente de ti y solamente se te presente enfrente de tu cabeza y demande la atención. Esta allá atrás y tú sabés que esta allí, es muy difícil de definirlo, pero esta muy presente también; yo creo que tenía miedo de mi mismo, miedo porque yo no me conocía, yo estaba temeroso de permitir que alguien se me acercara porque yo tampoco sabía lo que quería y creo también que tenía miedo de ser lastimado. Pero ahora estoy comenzando a comprenderme a mi mismo y estoy iniciando a ver que puedo encontrar algunas cosas de mi mismo que me gustan. No tengo que temer o pensar que soy diferente porque yo puedo ver que realmente no soy tan diferente a los demás. Mi problema fue que tenía muchas expectativas de la vida, yo tenía la esperanza de estar aquí como lo hacia allá y siempre estaba decepcionado cuando veía que la vida no podía vivirla con mis expectativas".

"Pero, por supuesto, tú no te dabas cuenta en esa época porque estabas experimentando esas depresiones".

"No", él respondió seriamente. "Ahora me doy cuenta de que tenía muchas expectativas de esta vida de lo que debería de tener, ahora que ya sé, hace las decepciones mucho más fáciles porque no son tan personales. Yo he descubierto que todos sienten las decepciones, yo no soy el único, esto es solo parte de esta existencia, solo es parte de ser humano. Ahora cuando me deprimo, solamente dura un breve periodo de tiempo y ya no es tan malo del todo, porque ya sé de donde viene. Ahora sé que todo va a estar bien".

Que más yo podría preguntar ahora, no puedo decir que debería tener el crédito parcial de lo que le sucedió a Felipe, porque yo no me di cuenta de que esos cambios estaban tomando lugar. Ni siquiera sabía acerca de los problemas que él tuvo que tratar en toda su vida hasta que él eligió confiármelos. Parecería que el descubrir su herencia extraterrestre tuvo una influencia muy positiva en él. Yo creo que todo ese conocimiento que él recibió de su subconsciente él ha llegado a tener paz consigo mismo y debería funcionar normalmente como cualquiera lo puede hacer en nuestro mundo caótico. Si nuestro trabajo juntos ayudo a lograr esto, entonces yo estoy tan agradecida por la oportunidad.

Una noche yo estaba cómodamente viendo una película de ciencia ficción con el tópico familiar "los extraterrestres están invadiendo el mundo", cuando inesperadamente una voz fuerte y clara hablo dentro de mi cabeza.

"¿Por qué ustedes nos retratan de esta manera? Esto solamente inculca más miedo en un mundo ya temeroso, nosotros no somos así, nosotros te hemos mostrado esto a ti. Por favor dile al mundo quien realmente somos, sus hermanos, sus guardines y protectores de las estrellas. Nosotros no necesitamos invadir este planeta con violencia, ya que siempre ha sido nuestro. Nosotros hemos estado desde el comienzo de los tiempos, cuidando y alimentando, ahora nosotros intentamos evitar que ustedes destruyan este planeta, porque a este planeta se le fue dado por encima de todo libre albedrio en su privilegio de vida, ustedes deben permitirse hacer sus propias decisiones, pero no podemos quedarnos sentados y solamente observar como nuestra familia se aniquila a si misma con su hogar. La infusión de nueva sangre fue la única respuesta. Si las influencias de la tierra no son muy fuertes, no fallaremos, nosotros lograremos nuestro objetivo, pero no en invadir al planeta, sino en salvarlo".

Sí, los extraterrestres están aquí, ellos están viviendo entre nosotros; ellos están aquí de tres maneras: como espíritus que han nacido en cuerpos humanos, como seres del espacio exterior quienes han formulado cuerpos aceptables para vivir entre nosotros sin ser detectados, y como aquellos visitantes quienes viven en bases secretas mirándonos y observándonos, ellos han venido para salvarnos de nosotros mismos.

Sería inútil para la gente en tratar de encontrarlos, cazarlos y señalarlos para decir, "tú eres uno de ellos", a menos que ellos también estén dispuestos a mirarse en el espejo y decir "tú eres uno".

Porque ellos son nuestros familiares, nuestros ancestros, su sangre fluye en las venas en cada creatura viviente en este planeta. Los últimos que han llegado con programación e implantación de vidas pasadas y emociones para ayudarlos a tratar con la vida caótica de nuestro mundo. Ellos son una infusión de nueva sangre que no cree que el miedo, la guerra y la destrucción son la última respuesta. Ellos están programados con amor, paz y entendimiento. Ellos también son más sensibles a las emociones y sentimientos de otros, aunque ellos raramente saben su verdadera herencia. La tasa de suicidios ha incrementado entre los adolescentes y es una evidencia que muchos de estos dóciles recién llegados no pueden ajustarse sin importar que tan altas espiritualmente fueron sus intenciones en ser voluntarios para el trabajo. El estilo de vida en este planeta es simplemente muy doloroso.

Desde que no hay manera de distinguir a los seres de las estrellas y desde que muy pocos de nosotros sabemos de las historias de nuestras almas, no existe sentido en preguntar por ello. Nosotros debemos simplemente intentar de incorporar las creencias y objetivos de los seres de las estrellas en nuestras vidas y ayudarles a salvar nuestro planeta.

Sí, los extraterrestres están aquí, gracias a Dios ellos están aquí, porque sin ellos ¡nosotros estaríamos perdidos!

ACERCA DEL AUTOR

DOLORES CANNON nació en 1931 en San Luis, Missouri, Estados Unidos. Ella estudió y vivió en Missouri hasta que se caso en 1951 con un marino del ejercito. Ella se paso los próximos 20 años viajando alrededor del mundo como una esposa típica de un marino, criando a su familia.

En 1968 ella tuvo su primera experiencia de reencarnación a través de hipnosis regresiva cuando su esposo, un hipno terapeuta amateur, se encontró trabajando con una mujer que tenia problemas de sobre peso y entro a una vida pasada. En ese tiempo el concepto de "vida pasada" no era muy convencional y muy poca gente tenia la experiencia en ese campo. Encendió su interés, pero tuvo que dejarlo a un lado para atender las demandas de su familia.

En 1970 su esposo fue relevado como un veterano discapacitado y se retiraron a las colinas de Arkansas. Después ella comenzó su carrera de escritora e inicio vendiendo sus artículos a varias revistas y periódicos. Cuando sus hijos comenzaron a ser independientes, su interés en la hipnosis regresiva y reencarnación volvió a despertar. Ella estudio varios métodos de hipnosis y de esa manera desarrollo su propia técnica la cuál le permitió obtener las más eficientes aperturas de información de sus clientes. Desde 1979 ella hizo regresiones y catalogo información obtenida de sus miles de voluntarios y clientes. Ella se nombró a si misma como una regresionista e investigadora psíquica quien registra "el conocimiento perdido". Ella también trabajó con MUFON (Mutual UFO Network – red mutua de investigación OVNI) por muchos años.

En 1986 expandió sus investigaciones en el fenómeno OVNI; haciendo estudios de campo en lugares donde se sospechaba que hubo aterrizajes de naves de OVNI, asi como también investigo el fenómeno de los campos de cultivo o agro gramas en Reino Unido, la mayoría de su trabajo en este campo ha sido la acumulación de evidencia de personas bajo hipnosis que sospechaban que habían sido abducidas.

Dolores fue una conferencista internacional, la cuál impartió seminarios en todos los continentes; sus 19 libros han sido traducidos a 20 diferentes idiomas. Ella ha dado entrevistas en radio y televisión para audiencias alrededor del mundo; asi como también artículos por y acerca de Dolores han aparecido en varias revistas, periódicos, programas televisivos y documentales internacionales y en los Estados Unidos. Dolores fue la primer estadounidense y primer extranjera en recibir el "Premio Orpheus" en Bulgaria, por el alto avance en investigación del fenómeno psíquico. Dolores también recibió el premio "Sobresaliente Contribución y Trayectoria de Vida" de diversas organizaciones de hipnosis.

Dolores ha tenido una numerosa familia quien mantiene su balance y solidez.

Other Books by Ozark Mountain Publishing, Inc.

Dolores Cannon
A Soul Remembers Hiroshima
Between Death and Life
Conversations with Nostradamus, Volume I, II, III
The Convoluted Universe -Book One, Two, Three, Four, Five
The Custodians
Five Lives Remembered
Jesus and the Essenes
Keepers of the Garden
Legacy from the Stars
The Legend of Starcrash
The Search for Hidden Sacred Knowledge
They Walked with Jesus
The Three Waves of Volunteers and the New Earth
A Vey Special Friend
Aron Abrahamsen
Holiday in Heaven
James Ream Adams
Little Steps
Justine Alessi & M. E. McMillan
Rebirth of the Oracle
Kathryn Andries
Cat Baldwin
Divine Gifts of Healing
The Forgiveness Workshop
Penny Barron
The Oracle of UR
Dan Bird
Finding Your Way in the Spiritual Age
Waking Up in the Spiritual Age
Julia Cannon
Soul Speak – The Language of Your Body
Ronald Chapman
Seeing True

Jack Churchward
Lifting the Veil on the Lost Continent of Mu
The Stone Tablets of Mu
Patrick De Haan
The Alien Handbook
Paulinne Delcour-Min
Spiritual Gold
Holly Ice
Divine Fire
Joanne DiMaggio
Edgar Cayce and the Unfulfilled Destiny of Thomas Jefferson Reborn
Anthony DeNino
The Power of Giving and Gratitude
Carolyn Greer Daly
Opening to Fullness of Spirit
Anita Holmes
Twidders
Aaron Hoopes
Reconnecting to the Earth
Patricia Irvine
In Light and In Shade
Kevin Killen
Ghosts and Me
Donna Lynn
From Fear to Love
Curt Melliger
Heaven Here on Earth
Where the Weeds Grow
Henry Michaelson
And Jesus Said – A Conversation
Andy Myers
Not Your Average Angel Book
Guy Needler
Avoiding Karma
Beyond the Source – Book 1, Book 2
The History of God

For more information about any of the above titles, soon to be released titles, or other items in our catalog, write, phone or visit our website:
PO Box 754, Huntsville, AR 72740|479-738-2348/800-935-0045|www.ozarkmt.com

Other Books by Ozark Mountain Publishing, Inc.

The Origin Speaks
The Anne Dialogues
The Curators
Psycho Spiritual Healing
James Nussbaumer
And Then I Knew My Abundance
The Master of Everything
Mastering Your Own Spiritual Freedom
Living Your Dram, Not Someone Else's
Gabrielle Orr
Akashic Records: One True Love
Let Miracles Happen
Nikki Pattillo
Children of the Stars
Victoria Pendragon
Sleep Magic
The Sleeping Phoenix
Being In A Body
Charmian Redwood
A New Earth Rising
Coming Home to Lemuria
Richard Rowe
Imagining the Unimaginable
Exploring the Divine Library
Garnet Schulhauser
Dancing on a Stamp
Dancing Forever with Spirit
Dance of Heavenly Bliss
Dance of Eternal Rapture
Dancing with Angels in Heaven
Manuella Stoerzer
Headless Chicken
Annie Stillwater Gray
Education of a Guardian Angel
The Dawn Book
Work of a Guardian Angel

Joys of a Guardian Angel
Blair Styra
Don't Change the Channel
Who Catharted
Natalie Sudman
Application of Impossible Things
L.R. Sumpter
Judy's Story
The Old is New
We Are the Creators
Artur Tradevosyan
Croton
Jim Thomas
Tales from the Trance
Jolene and Jason Tierney
A Quest of Transcendence
Paul Travers
Dancing with the Mountains
Nicholas Vesey
Living the Life-Force
Dennis Wheatley/ Maria Wheatley
The Essential Dowsing Guide
Maria Wheatley
Druidic Soul Star Astrology
Sherry Wilde
The Forgotten Promise
Lyn Willmott
A Small Book of Comfort
Beyond all Boundaries Book 1
Beyond all Boundaries Book 2
Stuart Wilson & Joanna Prentis
Atlantis and the New Consciousness
Beyond Limitations
The Essenes -Children of the Light
The Magdalene Version
Power of the Magdalene

For more information about any of the above titles, soon to be released titles, or other items in our catalog, write, phone or visit our website:
PO Box 754, Huntsville, AR 72740|479-738-2348/800-935-0045|www.ozarkmt.com